LES SUZERAINS DE FIMARÇON

D'après les recherches et notes de M. Bernard [...]

Essai d'Histoire féodale

PAR

L'Abbé FERDINAND MACQUIE

Curé de [...]

AUCH

IMPRIMERIE CENTRALE, RUE DE LISBONNE

1905

LES SUZERAINS

DE FIMARCON

LES SUZERAINS

DE FIMARCON

D'après les recherches et notes de M. Bernard Lafitte, curé de Caussens

Essai d'Histoire féodale

PAR

L'Abbé FERDINAND MAUQUIÉ

Curé de Gimbrède,
Ancien Curé de Caussens (Successeur de M. Lafitte),
Ancien Vice-Président de la 1041e Section (Astaffort) de la Société des Vétérans,
Lauréat de l'Académie de Maine
Membre et Lauréat de l'ancienne Académie Lamartine.

AUCH

IMPRIMERIE CENTRALE, RUE DE BELFORT, 5

1908

V. J. H.

—

Monsieur C. Cézérac, vicaire-général d'Auch.

Gimbrède, le 17 octobre 1904.

Monsieur le Grand-Vicaire,

Comme vous m'en avez témoigné le désir, j'ai placé au frontis-pice de ce livre une dédicace à la mémoire de feu M. Bernard Lafitte, curé de Caussens. Cette mémoire vous est chère à plus d'un titre, je le sais. Moi-même, je dois à M. Lafitte, avec l'exem-ple d'un labeur intelligent et opiniâtre, le parfum de toutes les vertus sacerdotales. Son nom ne sera jamais voué à l'oubli dans la chère paroisse où je fus appelé à lui succéder.

Mais je dois me souvenir, Monsieur le Grand-Vicaire, que vous êtes, vous aussi, une des gloires de Caussens si fécond en hommes dont la mémoire méritait de mieux vivre dans les annales de notre pays : François et Odet du Boutet, Bernard, Paul-Antoine, Jacques, Gaston de Cassagnet et tant d'autres dont ce livre, hélas! donne pour la première fois les noms.

Je ne dois pas taire non plus la bienveillance dont vous m'ho-norez, ni négliger de vous dire merci pour les renseignements que vous avez bien voulu me donner.

Je place donc ce travail sous votre protection, espérant que votre nom, mis avec celui de M. Bernard Lafitte en tête de ce livre, lui vaudra l'indulgence de nombreux lecteurs. Je les prie d'ailleurs d'en rapporter tout le mérite au laborieux chercheur qui sut en recueillir les matériaux ; je n'ai pu ajouter que quelques haillons à la belle étoffe qu'il avait préparée et la coudre ensuite d'une manière bien imparfaite.

Recevez, Monsieur le Grand-Vicaire, l'expression de mon affec-tueux respect et de ma reconnaissance en Jésus et Marie.

Jᴴ.-V.-F. MAUQUIÉ,
Curé de Gimbrède, ancien curé de Caussens.

Auch, le 23 octobre 1904.

Cher Monsieur le Curé,

Je suis heureux d'apprendre que vous allez enfin donner aux fervents de notre histoire provinciale la Monographie dont M. l'abbé B. Lafitte avait, en mourant, laissé les éléments.

Ainsi va se réaliser le vœu général dont je me faisais l'interprète au lendemain de la mort de ce laborieux infatigable (1). Grâce à vous le fruit de vingt ans de recherches ne sera pas perdu.

Vous y avez d'ailleurs certainement ajouté le résultat de vos recherches personnelles, augmenté de la contribution des publications récentes, comme les « Rôles Gascons », ce qui fait que ce travail de M. Lafitte est bien le vôtre aussi.

Je vous remercie de grand cœur de dédier cette publication à la mémoire de M. Lafitte qui m'associa, tout enfant, comme vous me le rappelez, à ses travaux et à ses joies de chercheur heureux.

Mais le plaisir d'avoir en sa compagnie, il y a plus d'un quart de siècle, lu quelques grimoires et déchiffré mes premiers blasons aux murailles martelées des Fimarcon, ne suffit pas à me valoir l'honneur d'entendre mon nom prononcé à l'occasion du sien.

Vous me donnez la plus grande joie en publiant cette étude.

D'ailleurs elle comble une lacune de notre histoire féodale. A ce titre je sais qu'elle sera bien accueillie.

Les liens qui m'unissaient au regretté M. Lafitte et mon affection pour son digne successeur vous disent que j'attends votre œuvre avec impatience et que je lui souhaite un grand succès.

Veuillez agréer, cher Monsieur le Curé, mes sentiments bien dévoués et affectueux.

C. CÉZÉRAC, *v. g.*

(1) *Sem. rel.* de l'archidioc. d'Auch, 1888, p. 233 et s.

Les Suzerains de Fimarcon

Introduction

Le nom de Fimarcon (1) est représenté par Feudum Marco-
nis dans la légende encore inédite de Saint-Lézé, honoré au
Mas-d'Auvignon (2). On peut l'interpréter par *fief de Marcon*
et prendre ce dernier nom pour un propre d'homme ; mais la
vraie forme latine paraît être plutôt « Feudum Marchionis »,
terre ou fief de Marquis. On sait que le titre de Marquis, en
langue germanique « Markgraf », comte de la frontière ou
Marche, était porté, dans le haut moyen âge, par des comtes
ou commandants de cavalerie préposés à la garde et au gouvernement des pays situés sur les frontières. Ces commande-
ments, d'abord temporaires, devinrent héréditaires comme
tous les autres par le capitulaire de Kiersi-sur-Oise. Nous
n'osons pourtant affirmer, pour une date si reculée, l'existence
d'une Marche correspondante à notre Fimarcon. Toujours est-il
que, lorsque les ducs de Gascogne devinrent grands feudataires du royaume de France, presque indépendants de la couronne, les seigneurs de Fimarcon, s'il en existait déjà, ne
purent être que leurs très humbles vassaux. La suzeraineté du
Fimarcon échut enfin aux comtes de Lectoure et vicomtes de
Lomagne, qui établirent là, comme sur d'autres points de
leur territoire, des lieutenants pour faire respecter leur suprématie féodale.

---

(1) L'ortographe de ce nom a varié dans la suite des âges. Un acte latin de
1080, désignant une ville située sur ce territoire, l'indique comme étant *in
terra* de Feumarco Dans les pactes en langue vulgaire du mariage entre
Bernard Trencaleon et Marthe d'Armagnac en 1231 on trouve Fieumarcon
On écrivait encore quelquefois Fiefmarcon ou Fismarcon, mais jusqu'à la fin
du xvii· siècle la forme de Fieumarcon fut la plus usitée. Quelque temps
avant 1700 on écrivait couramment Fimarcon comme de nos jours.

(2) Bibliothèque de la ville d'Auch. Manuscrit Daignan du Sendat.

Il est hors de doute que la terre de *Feumarcon* était ainsi nommée dès le xe siècle ; un titre authentique du siècle suivant suppose qu'elle portait depuis longtemps ce nom. C'est une charte du 28 mai 1080, par laquelle Odon Ier, vicomte de Lomagne et d'Auvillars, et son épouse Adélaïs, donnent au monastère et aux religieux de Saint-Victor de Marseille, un lieu dit à La Romeu « in terrà de Feumarco » (1). Les seigneurs de ce territoire fixèrent, selon toutes les probabilités, leur demeure à Lagarde, l'un des points stratégiques principaux de la contrée. Le château de Lagarde devint, au xiiie siècle et resta jusqu'à la Révolution de 1789, le manoir principal des seigneurs de Fimarcon.

Ce château fut reconstruit vers 1725, sur de vastes proportions, par Jacques de Cassagnet, marquis de Fimarcon et seigneur de Caussens, qui venait d'achever ce grand travail lorsqu'il mourut à son hôtel de Lectoure le 15 mars 1730. La Révolution détruisit son œuvre. Il n'en reste plus que les écuries, d'un grand style, assez bien conservées, ainsi que les bases des tours et des courtines.

Toutefois, Lagarde ne fut pas d'abord la principale place du Fimarcon ; sur la fin du xe siècle et jusqu'au xiiie Castelnau-des-Loubères (2) parait avoir eu cet honneur. On assure que dans le xie siècle, un atelier monétaire était établi dans cette localité. C'est à peine si l'on parlait alors de La Romieu qui n'acquit de l'importance qu'à la suite de la donation mentionnée plus haut et surtout au commencement du xive siècle par les fondations du cardinal d'Aux.

La seigneurie de Fimarcon fut érigée en marquisat en 1503 et placée dans le ressort du Parlement de Bordeaux et de la sénéchaussée de Gascogne (3). Elle s'étendait dans les diocèses d'Auch, de Condom et de Lectoure, sur une circonférence de douze lieux (4). Elle confinait à l'orient avec les paroisses

---

(1) *Cartulaire de l'abbaye Saint-Victor de Marseille*, tome I, charte 150.
(2) « Castrum-novum de Luparis », aujourd'hui Castelnau-sur-l'Auvignon.
(3) Père ANSELME : *Grands officiers de la couronne.*
(4) D'EXPILLY : *Dictionnaire des Gaules.*

de Sempesserre (Saint-Pierre de Serra ou de Serris) et de Castéra-Lectourois, qui appartenaient à la Lomagne propredite, avec le territoire de Lectoure et le marquisat de Terraube (1) ; au midi avec La Sauvetat et le Sempuy, dans le comté de Gaure (2) ; au couchant, avec les paroisses de Saint-Orens de Cadefauld, de Caussens, de Sainte-Germaine, Gensac, Vicnau, Francescas, dans le Condomois ; au Nord, avec La Montjoie et Le Pergain, dans la vicomté de Bruilhois.

D'après des titres et documents authentiques, le marquisat de Fimarcon comprenait dans son ensemble une vingtaine de villages ou paroisses.

Ainsi, le dénombrement donné en 1533, par Bernard de Narbonne au roi François Ier, mentionne les paroisses suivantes : La Garde, Marsolan, Castelnau-des-Loubères, Gazaupouy, Le Mas, Blaziert, Saint-Martin-de-Goyne, Rignac, Abrin, La Romieu, Saint-Orens, Astaffort (3).

En 1553, François de Sage, premier président au parlement de Bordeaux, fut délégué pour mettre en exécution un arrêt rendu par le Conseil Privé le 25 juin de cette même année pour l'installation d'un siège présidial à Condom. Les consuls et les délégués de toutes les juridictions du ressort devaient assister à cette installation. Les consuls et les délégués du Fimarcon furent donc convoqués et l'acte de convocation énumère, comme appartenant à cette seigneurie, les communautés suivantes : La Romieu, Castelnau-des-Loubères, Abrin, Blaziert,

---

(1) La seigneurie de Terraube, première baronnie du Condomois, possédée dès le XIIe siècle par la maison de Galard, fut érigée en marquisat par lettres-patentes du 16 janvier 1683, enregistrées au parlement de Guienne, séant à La Réole le 19 mars suivant et à la Chambre des comptes de Navarre, le 14 novembre 1685. Cette érection eut lieu en faveur de Jean-Louis de Galard (NOULENS, généalogie de Galard).

(2) Le comté de Gaure se composait des localités suivantes : Fleurance, chef-lieu sous Philippe-le-Bel, vers 1280; Saint-Puy ou plus tôt Sempuy « Sommum Podium », une des principales seigneuries du comté; La Sauvetat, Paulhac, Saint-Lary, Réjaumont, Pouy-Petit. (MONLEZUN : *Histoire de Gascogne*, tome II, page 443.)

(3) Archives du château de Lagarde-Fimarcon. — Sur Saint-Orens et Astaffort nous nous expliquerons un peu plus bas.

Roquépine, Le Mas-de-Fimarcon, La Roque, Saint-Martin-de-Goyne, Pouy-Carréjelard, Ligardes, Gazaupouy, Berrac, Saint-Mézard et Terraube (1).

Un autre procès-verbal, consacré comme le précédent aux archives de Condom et fixant l'étendue de la sénéchaussée de cette ville, nous montre compris dans cette sénéchaussée « le marquisat de Fiefmarcon et les terres d'icelluy, sçavoir . Castelnau, Abrin, Blaziert, Roquépine, Le Mas et Pellegrue, Marsolan, La Roque, Saint-Martin-de-Goyne, Berrac, Ligardes et Gazaupouy » (2).

Dans la répartition d'un impôt frappé sur le marquisat en 1640 se trouvent comprises les paroisses dont les noms suivent : La Roque-Fimarcon, Gazaupouy, Castelnau, Astaffort, Pouy-Carréjelard, Roquelaure, Abrin, Saint-Martin-de-Goyne, Berrac, Blaziert, Lagarde-Fimarcon, Marsolan, Ligardes, Le Mas-de-Fimarcon Saint-Mézard, Rignac, La Romieu, Roquépine (3).

Enfin, un dénombrement donné en 1616 par Jean-Jacques de Cassagnet, Marquis de Fimarcon comprend : Lagarde, Marsolan, Ligardes, Castelnau-des Loubères, Gazaupouy, Le Mas, Abrin ; La baronnie de Saint-Martin comprenant : Saint-Martin de Goyne, Saint-Mézard, Berrac, Pouy-Carréjelard, la Roque-Fimarcon et Roquépine ; Rignac, Blaziert et La Romieu (4).

Les paroisses de Terraube et de Saint-Orens figurent à tort dans quelques-unes de ces listes parmi celles du marquisat. Les seigneurs de Fimarcon possédaient seulement dans Saint-Orens, juridiction de Condom, certains droits et certains devoirs seigneuriaux, quelques pièces de terre et de bois, une maison et place au village.

---

(1) Archives communales de Condom, FF 34.

(2) *Ibidem.* FF 35.

(3) Archives du département du Gers.

(4) Archives du département de la Gironde, E 2244. — Il y a dans les archives du Grand Séminaire d'Auch (n° 8452) un acte d'hommage de Géraud de Lomagne, sire de Fimarcon, au vicomte de Lomagne, pour la baronnie de Saint-Martin.

Pour la seigneurie d'Astaffort, il faut dire simplement, et c'est ce que nous verrons plus tard, que les sires de Fimarcon devinrent co-seigneurs au xve siècle.

En conséquence, nous pouvons tracer comme il suit le tableau des paroisses du marquisat de Fimarcon :

Dans le diocèse d'Auch : Le Mas-de-Fimarcon et La Mothe-Pellegrue.

Dans le diocèse de Condom : La Romieu, Belmont, Rignac (baronnie), Gazaupouy, Castelnau-des-Loubères et Abrin.

Dans le diocèse de Lectoure : Lagarde-Fimarcon, Marsolan, Blaziert, Roquelaure et la baronnie de Saint-Martin comprenant les paroisses de Saint-Martin-de-Goyne, Saint-Mézard, Berrac, Pouy-Carréjelard, La Roque-Fimarcon et Roquépine.

Indépendamment de leurs diverses seigneuries, châteaux, lieux et places, possessions, sens, fiefs, rentes, lods et ventes, biens nobles et autres droits et devoirs seigneuriaux, les seigneursde Fimarcon avaient dans toute l'étendue de leur territoire la suprématie féodale et tous les droits de suzeraineté sur les divers châtelains et seigneurs locaux. Ceux-ci leur faisaient, en conséquence, aveu et dénombrement (1), leur rendaient hommage à chaque mutation de seigneur et leur prêtaient serment de fidélité (2), comme relevant entièrement d'eux et

---

(1) Le dénombrement était une déclaration détaillée qu'un vassal faisait à son seigneur de tous les fiefs et droits qu'il reconnaissait tenir de lui. C'était un acte authentique comprenant la description exacte de tout ce qui composait un fief. Chaque vassal devait, une fois dans sa vie, fournir un dénombrement à son seigneur et ce dénombrement devait contenir la consistance détaillée des châteaux, parcs, jardins et pré-clôtures ; les prés, bois, terres, vignes et autres possessions qui en composaient le domaine utile, avec indication de la situation, qualités, quantités, tenants et aboutissants ; le détail des mouvances féodales et censuelles, les droits seigneuriaux ordinaires et extraordinaires, honorifiques et utiles, en un mot toutes les dépendances du fief. Le vassal transportait, dans le dénombrement fait par lui, tous ceux qui lui étaient fournis par ses propres vassaux.

(2) Cet hommage et ce serment de fidélité sont désignés dans le droit féodal par les termes *foi* et *hommage*. C'était un acte solennel par lequel un vassal reconnaissait relever d'un seigneur pour les fiefs qu'il possédait dans sa seigneurie. Le mot *foi* désignait la promesse et le serment du vassal d'être fidèle à son seigneur; le mot *hommage* marquait l'engagement général pris par ce même vassal d'être l'*homme* de son seigneur et de le servir envers et contre tous fors le roy.

tenant en arrière — fiefs nobles, châteaux, places, salles, seigneuries, possessions, métairies, fiefs, cens, ventes et tous autres droits seigneriaux.

Ils avaient droit de justice haute, moyenne et basse (1) dans toute l'étendue de leur seigneurie et dans les lieux et places à eux appartenant. Par conséquent, ils créaient, pour exercer ces divers modes de justice, tous les officiers nécessaires : juges, lieutenants, procureurs d'office, procureurs postulants, greffiers, baillis et sergents. Ils rendaient la justice dans les places de la seigneurie par un magistrat qui portait le titre de juge et lieutenant ordinaire. Ce même officier était juge et lieutenant ordinaire pour les places appartenant aux vassaux et hommagers de Fimarcon, juge ordinaire *d'appeaux* de toutes

---

(1) Haute justice « vitœ et necis potestas ». — Moyenne justice (Jus carceris et mulcta ». — Basse justice « Jus prœhensionis et levioris mulctœ.

Les seigneurs hauts justiciers avaient le droit de faire condamner à la peine capitale, de juger de toutes les causes civiles et criminelles hors les cas royaux. Ils avaient « Jus gladii in facinorosos homines ». C'est pourquoi ils pouvaient avoir *fourches patibulaires, piloris, échelles, potaux à mettre carcan.*

Les *fourches patibulaires* étaient des piliers ou colonnes de pierre portant à leur sommet une traverse où l'on attachait les condamnés pour les étrangler. Ils y étaient ensuite exposés à la vue des passants.

Le *pilori* était un poteau que le haut justicier élevait à un carrefour pour marque de sa seigneurie : il y faisait mettre ses armes et ordinairement un carcan. Le pilori et les fourches patibulaires avaient ceci de commun qu'ils étaient des marques de la justice des seigneurs hauts justiciers; mais le pilori différait des fourches patibulaires en ce qu'il était pour les punitions corporelles non capitales; aussi était-il toujours placé au carrefour de la ville, bourg ou village de la seigneurie. Les fourches patibulaires ne servaient que pour les supplices capitaux dont les exécutions ne se faisaient que hors des villes; c'est pourquoi ce gibet était toujours planté dans les champs.

Les *échelles* étaient une espèce de carcan ou potence, marque aussi de haute justice.

Le *poteau* était un gros pieu de bois fiché en terre et placé ordinairement dans un carrefour ou sur la place la plus apparente du bourg ou du village du seigneur haut justicier. Il y faisait mettre ses armes et plus bas un carcan ou collier de fer pour y attacher les criminels que l'on voulait exposer à la risée des passants. Ce supplice emportait infamie. Le seigneur haut justicier seul possédait le droit d'avoir dans ses terres des poteaux à mettre carcan.

L'exercice de la *moyenne justice* consistait à juger des actions de tutelle et des injures dont l'amende ne pouvait dépasser soixante sols.

La *basse justice* connaissait des droits du seigneur, du dégât des bêtes et

les terres, baronnies et seigneuries. Devant lui devaient, par droit de réssort, plaider tous les sujets et justiciables des hommagers ; ces derniers eux-mêmes y comparaissaient en première instance. Ce magistrat féodal avait aussi juridiction *d'appeaux* sur les appellations interjettées par les taillables ou contribuables aux tailles et impositions ordinaires et extra-ordinaires. C'est à La Romieu que se rendaient tous ces jugements.

Les seigneurs de Fimarcon avaient le droit, lorsqu'ils le jugeaient à propos, de rendre la justice d'une manière *ambulatoire*, c'est-à-dire, tantôt dans un lieu, tantôt dans un autre, en se faisant suivre de leurs officiers. Ceux-ci connaissaient également de « toutes les causes civiles, criminelles ,réelles, possessoires, mixtes, féodales et autres qui n'étaient pas des cas royaux, sans que personne put y contredire ». Ainsi fut-il décidé plusieurs fois par des arrêts du parlement de Bordeaux. contre les tenanciers et justiciables des seigneurs de Fimarcon et aussi contre les tenanciers et justiciables de leurs vassaux et de leurs arrières-vassaux. Sous prétexte d'aucun appel, le sénéchal ou les présidiaux de Condom ne pouvaient connaître des causes avant qu'elles eussent été définitivement jugées, ni appeler les accusés devant leurs tribunaux ; ils étaient obligés de les envoyer sur le champ devant le juge ordinaire de la seigneurie de Fimarcon. Les agents royaux eux-mêmes ne pouvaient exploiter aucune sorte de mandement ni commissions royales dans les terres de Fimarcon sans appeler le *bayle* du bourg et sans lui payer ses droits accoutumés. S'il passaient outre, le seigneur de Fimarcon avait le droit de les emprisonner et de les condamner à des amendes « comme contrevenant à ses privilèges ».

Ce même seigneur avait le droit de commettre un *sénéchal en robe courte* pour l'exercice et l'exécution de la justice et les

---

des injures dont l'amende ne pouvait dépasser sept sols six deniers. On l'appelait aussi *justice foncière.*

Il y avait encore la *justice manuelle.* C'était le droit que le seigneur avait de saisir les meubles de ceux qui lui devaient des arrérages de rentes.

suzerains de Fimarcon usèrent de ce droit jusqu'au commencement du XIVe siècle. A partir de cette époque, la justice fut rendue sur leur territoire par des juges *d'appeaux*.

Aux seigneurs de Fimarcon appartenaient les amendes, défauts et déclarations de peines « de tous les crimes qui se commettaient dans leur seigneurie » quand bien même la cause aurait été jugée par un tribunal supérieur ayant ressort sur leur justice seigneuriale.

Ils avaient droit de péage sur les marchandises qui traversaient leur territoire. Les marchands n'étaient tenus qu'à un seul péage s'ils ne faisaient que passer sur les terres de Fimarcon ; mais, s'ils mettaient plusieurs jours à les traverser, s'arrêtant chaque jour dans une ville ou dans une place, ils devaient un nombre de péages égal au nombre des jours qu'ils passaient dans la seignerie ou les places où ils séjournaient.

Les seigneurs de Fimarcon nommaient dans leurs terres les collecteurs chargés de lever les impôts qui leur revenaient personnnellement et même ceux qui devaient être versés dans les caisses de leur suzerain ou dans celles de l'Etat. Les sommes appartenant à ces deux dernières classes devaient être portées par ces collecteurs à la recette particulière de Condom.

Enfin, ils avaient le pouvoir d'établir, dans le pays de Fimarcon, des notaires seigneuriaux dont les droits et les pouvoirs étaient aussi étendus que ceux des notaires royaux. Les seigneurs avaient le droit de retenir eux-mêmes ou de confier à d'autres, les papiers que ces notaires venaient à délaisser. La publication par MM. Francisque Michel et Charles Bémont, des Rôles Gascons déposés par les rois d'Angleterre à la tour de Londres, nous a démontré que les sires de Fimarcon purent conserver de la sorte au moins des copies de la plus part des rescrits royaux et des actes publiés qui les concernaient.

Nous avons fini d'énumérer les pouvoirs féodaux des seigneurs de Fimarcon (1) ; mais à eux appartenait encore un

______

(1) Nous avons pris ce qui regarde les droits féodaux des seigneurs de Fimarcon dans le dénombrement de 1636. Ce dénombrement est conservé dans les archives du département de la Gironde, E 2241.

privilège qui leur était commun avec tous les seigneurs hauts justiciers et qui, pour être moins onéreux à leurs tenanciers et à leurs vassaux, n'en étaient pas moins chers à ceux qui le possédaient.

Ce privilège consistait en ce que l'on sonnait à leur décès les cloches des églises de leur seigneurie pendant quarante jours, ce que l'on appelait la sonnerie du *chante-pleure*. En conséquence de ce droit, une délibération capitulaire du chapitre de La Romieu, du 24 mars 1664, ordonne la sonnerie du chante-pleure à l'occasion de la mort de Paul-Antoine de Cassagnet Tilladet, marquis de Fimarcon et seigneur de Caussens, décédé dans son château de ce nom le 15 du même mois (1). La famille d'Aux de La Romieu voulut aussi obtenir cette sonnerie pour un de ses membres ; elle en fut empêchée, sur la requête du marquis de Fimarcon, par ordonnance du sénéchal de Condom du 31 janvier 1697.

Quatre familles, les Lomagne-Fimarcon, les Narbonne-Lara, les Cassagnet-Tilladet-Caussens et les Preissac d'Esclignac possédèrent successivement la seigneurie de Fimarcon. La première domina pendant une période de trois cent trente-cinq ans jusqu'à la mort de son dernier représentant mâle de la branche aînée, Jacques de Lomagne, vers 1518. A cette époque, la seigneurie vint aux mains des Narbonne-Lara par suite du mariage de l'héritière des Lomagne-Fimarcon avec Aymeri de Narbonne. L'alliance de l'héritière des Narbonne avec Paul-Antoine de Cassagnet-Tilladet, seigneur de Caussens, fit passer, en 1630, le marquisat de Fimarcon dans la famille de ce dernier. Enfin, Eymeric de Cassagnet étant mort en 1760 sans postérité, les Preissac d'Esclignac devinrent marquis de Fimarcon. Ce titre leur revenait par suite du mariage contracté en 1686 entre Louise de Cassagnet et Jean-Eymeric de Preissac, marquis d'Esclignac.

A part les faits de guerre et ceux qui touchent à l'histoire

---

(1) Inventaire des archives de Lagarde.

générale, ce que nous disons dans cette étude est pris dans les archives du château de Lagarde. Cependant, ces archives n'existent plus en dépôt unique ; on n'en pourrait trouver aujourd'hui que quelques pièces séparées dont plusieurs sont conservées à Lectoure dans l'étude de M° Boué du Boislong, notaire ; mais la plus grande partie est entre les mains de M. Masson, de Lectoure, avoué à Mirande. En 1890. M. Masson céda plusieurs de ces pièces à M. le comte de Pierre-Bufflère, qui les conserve à son tour dans un de ses château du Dauphiné.

M. l'abbé Lafitte a eu toutes ces pièces entre ses mains et en a fait passer la substance dans ses notes. Nous possédons nous-même une copie d'un inventaire des archives de Lagarde fait en 1760 par M° Pélauque, notaire royal à Condom. Cette pièce a été découverte en l'étude de M° Lebbé, notaire en cette même ville par M. Joseph Gardère/et notre copie est due à la plume de notre savant et modeste prédécesseur à Caussens que la mort a pu seule empêcher d'user complètement de ces recher-ches historiques. L'inventaire de M° Pélauque renferme, avec le titres des actes, un exposé sommaire de ce que contiennent les principaux d'entre eux. Il nous a été d'un très grand secours pour terminer le travail préparatoire de notre prédécesseur. Cependant, nous avons du faire quelques recherches person-nelles facilitées par la complaisance sans borne de M. Joseph Gardère que nous demandons la permission de remercier ici. Nous remercions aussi M. l'abbé Pébernat, curé d'Aurens-Cas-telnau, des notes précieuses qu'il nous a fournies sur l'origine et les premiers temps de lamaison de Narbonne ; mais nous sommes surtout redevable sur ce dernier sujet à MM. le mar-quis Manrique de Narbonne-Lara et bon comte de Narbonne-Lara, de Castel-Sarrazin. Nous prions ces descendants d'une illustre famille de vouloir bien accueillir le témoignage public de notre gratitude.

Préface

Lorsque l'obéissance due à nos supérieurs nous fit accepter la paroisse de Caussens, on nous avait dit qu'il y existait de riches et nombreuses notes sur l'histoire féodale, fruit des recherches de notre prédécesseur, M. l'abbé Lafitte, que la mort était venue trop tôt ravir à la science et à l'amour de ses paroissiens. Ces notes existaient en réalité, mais elles furent d'abord emportées par les héritiers du défunt. Nous sollicitâmes ces héritiers de vouloir bien les remettre quelque temps entre nos mains, et, grâce à l'aimable courtoisie de feu M. le Curé de Dému, frère du pasteur des âmes dont la paroisse de Caussens conservera toujours la mémoire, nous obtîmmes sans aucune difficulté ce que nous demandions.

Quand il nous a été donné de jeter les yeux sur le manuscrit de M. le Curé de Caussens, nous y avons trouvé une mine véritablement féconde. Ce nouveau bénédictin n'a reculé devant aucune fatigue, et, pendant. une grande partie de son existence, il a fouillé toutes les archives, accumulé toutes les recherches. Malheureusement son travail, tel qu'il l'a laissé, ne pouvait constituer une œuvre définitive. M. Lafitte n'avait encore pu que jeter au hasard quelques récits séparés. En même temps que des recherches supplémentaires mais devenues indispensables, il manquait donc à l'ouvrage l'unité de plan, l'éclat et la perfection du style que son auteur lui aurait donnés sans aucun doute, si la mort n'était venue l'en empêcher.

Il nous a paru bon de le suppléer en cela, selon que l'a permis notre faiblesse.

A lui donc tout le mérite de cette œuvre qui a pour but de faire connaître une partie de l'histoire féodale de Gascogne inexplorée jusqu'à ce jour et digne cependant d'être tirée de l'oubli.

La plupart des actes des deux premiers sires de Fimarcon semblent avoir été ignorés par les chroniqueurs de leur époque et les documents qui auraient pu les faire connaître n'ont pas été retrouvés; mais ce n'est ici qu'un essai et nous espérons que des chercheurs plus heureux pourront dissiper les dernières ténèbres de cette histoire.

Pour rendre cette étude complète au point de vue des origines, il nous a fallu jeter un coup d'œil sur l'histoire des vicomtes de Lomagne, à la famille desquels appartenait la première branche de la maison féodale de Fimarcon. Oïhénard en sa *Noticia utruisque Vasconiae*, le Père Anselme dans son *Histoire des Grands Officiers de la couronne*, *La Chaisnaie-des-Bois*, et les auteurs de *L'art de vérifier les dates* nous en ont fourni les éléments.

LES SUZERAINS DE FIMARCON

Les Suzerains de Fimarcon

LIVRE Ier

Les Seigneurs de Fimarcon de la Maison de Lomagne.

Armes : d'Azur au lion de gueules.

I

ORIGINE ET PREMIERS TEMPS DE LA MAISON DE LOMAGNE

Le vicomté de Lomagne correspondait au territoire des anciens Lactorates : Lectoure en était la capitale. Les premiers seigneurs, que l'on trouve quelquefois désignés sous le titre de comtes ou vicomtes de Lectoure, étaient capitaines généraux de la Gascogne et comme les lieutenants de ses ducs. La Lomagne était limitée au levant par la principauté de Verdun et le grand fief de l'Isle-Jourdain ; au midi par les comtés d'Armagnac, de Fezensac, de Fezensaguet et de Gaure ; au couchant par l'Eauzan, le Gabardan et le Bazadais ; au nord par la Garonne et le comté d'Agen. Suivant l'auteur de l'art de vérifier les dates, aux xe et xie siècles, la Lomagne était divisée en plusieurs parties dont chacune avait son seigneur, mais tous étaient vassaux du même suzerain qui exerçait les droits de souveraineté. Elle comprenait le comté de Condomois la vicomté de Bruilhois, celles de Gimont et d'Auvillars, une partie du Gabardan ; les chatellenies ou baronneries de Fimarcon, de Batz, de Rivière-Verdun et de Nérac. A l'époque où remonte ce dénombrement, Arnaud-Odon était vicomte de Gimoëz et avait pour vassal Roger, seigneur de Gabarret ; l'abbé Hugues était comte du Condomois et grand fendataire d'une partie de la Lomagne ; Raymond-Arnaud, seigneur effectif du reste et suzerain du tout (1). Ce dernier portait le titre de comte de Lectoure, vicomte de Gascogne et de Lomagne, et les chatellenies de Fimarcon, de Batz et de Rivière-Verdun étaient occupés par ses lieutenants. La vicomté de Lomagne

---

(1) *Art de vérifier les dates.* OÏHÉNARD, page 280.

avec ses annexes, le Bruilhois et le Condomois, relevait immédiatement du comté d'Agen dont les comtes étaient les vassaux
des ducs de Gascognes.

La Lomagne était gouvernée au spirituel par deux évêques :
celui d'Agen dont le diocèse, partant des bords du Gers et de
l'Auchie, allait jusqu'aux confins du Fezensac, du Gabardan
et du Bazardais ; celui de Lectoure, qui tenait sous sa juridiction le reste de la Lomagne au-delà de l'Auchie et du Gers.
Le Condomois et le Bruilhois étaient sous la dépendance du
premier ; ils constituaient, ainsi que nous l'avons dit le
domaine de l'abbé Hugues. Ce seigneur en donna une partie à
son abbaye de Condom, l'autre revint, comme part inalinéable,
à Raymond-Arnaud déjà possesseur suzerain du reste de la
vicomté.

Vers 1020, le château de Nérac et ses dépendances furent
cédés à l'abaye de Condom. Le Gabardan, le Bruilhois et le
Gimoëz restèrent jusqu'en 1050 sous la mouvance des vicomtes
de Lomagne, qui, à cette époque, cédèrent leurs droits et pré-
minence sur ces pays au comte d'Armagnac. Ils abdiquèrent
en même temps leurs droits sur le Condomois en faveur des
abbés de Condom. Enfin, la chatellenie de Batz en 1195 et celle
de Fimarcon en 1196 furent à leur tour détachées de la vicomté
de Lomagne.

Dès lors, il ne resta plus aux titulaires de cette vicomté que
la Lomagne proprement dite, la vicomté d'Auvillars et le pays
de Rivière-Verdun dont le chef-lieu s'appelle encore Beaumont-
de-Lomagne.

Les vicomtes de Lomagne jouissaient du droit régalien de
battre monnaie, droit qu'ils conservèrent lors même qu'ils ne
portèrent plus le titre de vicomtes de Gascogne. Leurs pièces
s'appelaient *Arnaudès*, « solidi arnaldenses », à cause du grand
nombre de princes de ce nom qu'il y eut dans la maison de
Lomagne. Si l'on en croit une tradition vague, leur atelier
monétaire était établi à Castelnau-des-Loubères.

Les maîtres de la Lomagne portèrent d'abord le titre de comtes. Les auteurs de *L'art de vérifier les dates* en nomment
deux : Arnaud-Haton, qui fut comte de Lectoure au temps de
Louis le Débonnaire et Eudes, contemporain de Sanche-le-
Courbé (1). Suivant les mêmes auteurs, les suzerains de la

____

(1) *Art de vérifier les dates*, édition in-folio, tome ii, page 280.

Lomagne descendirent plus tard, on ne sait pourquoi, au rang des vicomtes.

La Lomagne fut donnée en apanage par les anciens ducs de Gascogne à un de leurs enfants et c'est de celui-ci que ses premiers seigneurs suzerains tirèrent leur origine. Cela nous explique le titre de vicomtes de Gascogne qu'ils portèrent tout d'abord et le lieutenance générale de ce pays qu'ils conservèrent jusqu'à la fin du XIe siècle.

D'après Oihénard, suivi par le Père Anselme et par d'autres, le premier vicomte de Lomagne serait Odon ou Odoat ; mais, toutes choses mûrement examinées, M. Noulens, d'accord avec les auteurs de *L'art de vérifier les dates*, écarte ce personnage et indique comme le plus ancien possesseur de la vicomté Arnaud-Guillaume de Gascogne. Quand à Odon, il serait le fils d'Arnaud-Odon vicomte de Gimoëz, le même qu'Esquilly appelle Forton-Guillaume.

Arnaud vicomte ou Arnaud-Guillaume eut pour père un petit-fils de Sanche-le-Coürbé, Guillaume-Sanche de Gascogne qui prit pendant quelque temps le titre de comte, marquis et duc de Gascogne. Il fut comte sous le règne de son père Sanche-Garcie, Marquis sous celui de son frère aîné Sanche-Sanchez, duc enfin après la mort de ce dernier auquel il succéda. Nous ne connaissons aucun des actes d'Arnaud-Guillaume relatifs au gouvernement de la vicomté, et si quelque fait d'armes signala sa valeur aux yeux de ses contemporains, l'histoire n'en a pas gardé le souvenir. Il ne nous apparaît dans les annales de l'époque que prenant part à quelques actions pieuses. C'est ainsi que nous le voyons, en 980, figurer dans une donation faite au couvent de La Réole par Forcassin, abbé de Blasimont, et en 982, dans la cession d'une vigne faite au même couvent. Encore son nom ne se trouve-t-il dans ce dernier acte que comme indication d'époque. Il y est dit, aux dernières lignes, qu'il fut dressé sous le règne de Guillaume-Sanche et sous le protectorat ou lieutenance d'Arnaud, vicomte de Gascogne. Mais il donna, comme parent de l'abbé Hugues, son consentement aux riches donations que ce prélat, second fondateur de l'abbaye de Condom fit en 1011 à cette abbaye. Nous ne pouvons que regretter le silence de l'histoire sur les autres actes d'Arnaud, vicomte, car, il nous paraît peu probable qu'à l'époque tourmentée où il vivait, le premier vicomte de Lomagne ait passé tout le temps de son existence dans la paix et l'inactivité.

Le fils d'Arnaud Ier, Raymond-Arnaud, fut-il associé au pouvoir du vivant de son père ? Cela paraitrait ressortir de divers actes dans lesquels il apparaissait, dès 999, comme possesseur de la vicomté. Nous le voyons figurer avec son épouse Adalaïs dans la charte de l'abbé Hugues.

De celui-ci non plus nous ne connaissons aucun fait militaire ni aucun acte de gouvernement proprement dit et nous ne pouvons signaler que des donations pieuses. Vers 1020, après la mort de l'abbé Hugues, il céda le château de Nérac et toutes ses dépendances à l'abbaye de Condom en y ajoutant quelques redevances que lui valait sa dignité de vicomte de Gascogne. Quelques années plus tard, Raymond-Arnaud donnait à l'abbé Séguin des biens situés dans le voisinage de Lectoure. Cette dernière donation précéda de bien peu la mort du vicomte de Lomagne qui descendit dans la tombe vers 1045. Il eut un fils nommé Arnaud qui lui succéda dans la possession de la vicomté.

Un des premiers actes d'Arnaud II fut de reprendre à l'abbaye de Condom ce que lui avait cédé son père. Ces donations, faites par Raymond-Arnaud dans l'intérêt de son âme, étaient sacrées, aussi fut-ce par la violence et l'injustice que son fils reprit possession du château de Nérac et de ses dépendances. Il les détint longtemps, mais enfin, pris d'un repentir tardif pour une faute qui, comme détenteur des biens de l'Eglise, le constituait dans un état permanent de sacrilège, il réintégra les moines de Condom dans leur possessions, et renonça même en leur faveur à ses prétentions ultérieures sur le Condomois, confirmant ainsi une cession qui avait été faite par Raymond-Arnaud en sa qualité de co-héritier de Hugues, comte de ce pays. Raymond-Arnaud avait cédé de plus à l'abbaye tous les honneurs, droits et redevances auxquels il pouvait prétendre dans le pays de Condomois comme vicomte de Gascogne. Arnaud confirma cette cession comme la première.

Par un juste retour des choses d'ici-bas, le vicomte Arnaud, qui, au commencement de son règne, ambitionnait les titres et les possessions même au dépend du salut de son âme, fut amené, avant la fin de sa vie, à se dépouiller de plusieurs de ses possessions et de ses titres. En 1050, il cédait, par un traité solennel, le titre de vicomte de Gascogne à Bernard Tumapaler, comte d'Armagnac, qui prétendait au duché de Gascogne et dont Arnaud voulait fortifier les compétitions. Il lui cédait en même temps tous ses droits de suzeraineté sur le

Bruilhois, le Gimoëz, et, en toute possession, le château de Gabarret. Le compétiteur de Bernard au duché de Gascogne était Guy-Godefroid, comte de Poitiers (1).

Arnaud II, vicomte de Lomagne de 1045 à 1065, eut, d'une épouse dont le nom nous est inconnu, un fils nommé Odon qui lui succéda.

Odon Ier, vicomte de Lomagne et d'Auvillars, prit possession des titres que lui avait conservés son père, avant 1073, d'après Dom Clément, aux environ de 1065, d'après le Père Anselme. Le seul acte d'administration seigneuriale que l'histoire nous ait conservé de lui est une convention passée avec Géraud II, comte d'Auvergne, le 11 juin 1073. Elle portait sur le traité conclu entre Bernard Tumapaler père de Géraud, et Arnaud-Raymond, père d'Odon Ier de Lomagne, traité relatif à la cession des privilèges attachés au titre de vicomte de Gascogne, à celle de ses droits sur les vicomtés de Bruilhois et de Gimoëz et sur le château de Gabarret. Géraud ratifia les clauses consenties par son père, et, en compensation de certaines conditions qui n'avaient pas été remplies, abandonna tout ce qu'il pouvait prétendre du chef d'Azeline, son épouse, sur la vicomté de Lomagne.

La comtesse Azeline, épouse de Géraud II, était la fille aînée du vicomte Odon et de la vicomtesse Adalaïs dont l'histoire ne nous a pas transmis l'origine. Azeline épousa d'abord Arnaud de Fourcès, et, après la mort de ce premier mari, donna sa main à Géraud d'Armagnac.

Le 27 mai 1082, Odon fit donation au monastère Saint-Victor de Marseille de la ville de La Romieu située dans le territoire de Fimarcon. Deux ans après, 1084, de concert avec Guillaume Ier de Montaut, archevêque d'Auch, et l'évêque de Lectoure, le vicomte de Lomagne donnait à Saint Hugues abbé de Cluny, le lieu de Saint-Geny et celui de Saint-Clar. Nous traduisons ici le titre de cette importante donation.

« L'an 1084, indiction XIIe, sous le règne de Philippe, roi
« de France et l'empire de Notre-Seigneur Jésus-Christ.

« Entre les divers secours que la divine Providence a pré-
« parés pour le salut des hommes, elle leur a miséricordieu-
« sement accordé le patronage des saints, et ces amis de
« Dieu sont facilement exaucés lorsqu'ils intercèdent auprès

---

(1) MARCA. *L'art de vérifier les dates.* PÈRE ANSELME : *Histoire des grands officiers de la couronne.* DOM VAISSETTE.

« de lui pour ceux qui les servent. C'est pourquoi, moi Guil-
« laume, par la grâce de Dieu archevêque d'Auch, et moi
« Raymond, évêque de Lectoure, avec le vicomte Odon et son
« neveu Vivien, nous donnons à Dieu, à ses saints apôtres
« Pierre et Paul et au monastère de Cluny, entre les mains
« du vénérable Hugues, son abbé, le lieu de Saint-Geny avec
« toutes ses dépendances. Nous le lui donnons libre de tout
« droit, à lui et à ses successeurs, pour qu'ils le possèdent à
« perpétuité. Comme nous avons dit plus haut, nous agissons
« de la sorte pour que saint Geny, en considération de cette
« bonne œuvre, Nous obtienne quelque part à la miséricorde
« de Dieu au jour du jugement dernier. Ce lieu était déjà un
« monastère habité par les moines de Saint-Geny, mais le
« goût du siècle y a fait invasion et s'y est accru de telle sorte
« que cette maison religieuse a été abandonnée, mais non
« détruite. — Nous concédons en outre, au même abbé Hugues
« le lieu de Saint-Clar, afin qu'il le possède en toute tranqui-
« lité, lui et ses successeurs, de la même manière que le pré-
« cédent. — Cette charte de donation a été dressée l'an de
« l'Incarnation 1084, sous le règne de Philippe, roi de France,
« et sous l'empire de Notre-Seigneur Jésus-Christ dont le pou-
« voir durera dans les siècles des siècles » (1).

Odon n'eut d'autres enfants qu'Azeline, comtesse d'Armagnac, et une seconde fille dont le nom nous est inconnu. Il
mourut dans l'année 1091, après avoir, en 1090, fortifié la ville
de Lupiac qui était mouvante de la chatellenie de Batz.

Son successeur fut Vibian ou Vivien, comte de Lomagne de
1091 à 1103. Un écrivain du XVIIIe siècle le donne comme fils
d'Odon Ier ; l'abbé Monlezun et les auteurs de *L'art de vérifier
les dates* avouent la chose comme vraisemblable, mais M. Noulens affirme que Vivien n'était qu'un neveu ou un petit-fils
d'Odon et il le démontre par l'acte que nous venons de traduire.
D'ailleurs, Oihénard et le Père Anselme ne donnent à Odon
que deux filles.

Vivien eut pour épouse Béatrix avec laquelle il fit donation,
en 1091, de l'église de Gaudonville à l'abbaye d'Uzerches dans
le Limousin. L'an 1103 il fit encore une donation aux religieux
de Moissac. Cette même année, Vivien répondait à une convocation faite par Guillaume IX, duc d'Aquitaine, contre le vicomte de Benauges qui avait établi un péage sur la Garonne au

---

(1) *Gallia christiana*, tome 1er, « Instrumenta ».

préjudice des droits de son suzerain. Condamné par l'assemblée de ses pairs, Bernard de Benauges, jusque-là rebelle fit une soumission pleine et entière (1).

Nous ne trouvons pas Vivien de Lomagne parmi les seigneurs du Midi qui suivirent Raymond de Saint-Giles à la première croisade. Peut-être faut-il le placer au nombre des gentilshommes dont l'histoire ne dit pas les noms, et qui, avec Raymond de Combes, Vivien de Riom, Auger de Blaignac et Bernard de Benauges, allèrent à l'abbaye de Grand-Sauve, se préparer par la retraite à la guerre sainte.

Vivien dut mourir dans le cours de l'année 1103 mais son épouse Béatrix lui survécut ; elle était, en 1122, à la donation de l'abbaye de Bragayrac. Cette abbaye fut alors donnée à Pétronille, abesse de Fontevrault, par son prieur Aymeric qui promit obéissance à l'abbesse du consentement d'Amerius, archevêque de Toulouse.

Vivien mourut sans postérité. Ses biens échurent à Odon, petit-fils d'Odon Ier, fruit du mariage d'Azeline, fille de ce dernier vicomte, avec Arnaud de Fourcès.

Odon II s'intitule dans ses actes : par la grâce de Dieu, vicomte de Lomagne et d'Auvillars. Il paraît être le premier des vicomtes de Lomagne qui ait employé cette formule, mais plusieurs de ses successeurs suivirent son exemple. Aucune de ses actions n'a été transmise à la postérité. Odon II mourut en 1148 laissant une fille nommée Azeline qui avait épousé en 1136 Géraud III, comte d'Armagnac. De ce mariage naquirent : Bernard qui fut comte d'Armagnac sous le nom de Bernard IV, et Othon qui devint, comme héritier de son aïeul Odon Ier, vicomte ~~d'Armagnac~~.

Othon d'Armagnac, par la grâce de Dieu vicomte de Lomagne et d'Auvillars, conserva les armes de sa lignée paternelle, d'argent au lieu de gueules et il fut imité en cela par ses successeurs de la même maison. Les vicomtes, ses prédécesseurs, avaient porté différentes armes ; les uns, un écu sans pièces de blason, c'est le bouclier pur et simple ; les autres changèrent leur écu de deux boucs.

Othon prit pour épouse Marquèze que certains appellent Mascarore ou Marthe, fille du comte Auger de Pardiac (2). Il

____

(1) MARCA. *L'art de vérifier les dates.*
(2) *Art de vérifier les dates. Grands officiers de la couronne.* DOM VAISSETTE.

en eut quatre fils : Vézian ou Vibian, Bernard qui fut vicomte de Fezensaguet, Guillaume, premier seigneur de Fimarcon, Géraud Trencaléon, seigneur de Blaziert.

Le vicomte de Fezensaguet retint ce titre d'Armagnac qui était celui de ses aïeux, mais il n'eut qu'un fils qui mourut avant lui. Lorsqu'il eut quitté ce monde, en 1188, le Fezensaguet revint à Géraud IV, comte d'Armagnac.

Avant de paraître au tribunal de Dieu, Othon voulut pourvoir, par des fondations pieuses au salut de son âme. C'est à lui que dut son existence la commanderie d'Abrin. Il la fonda le 4 du mois de septembre 1195 et la mit en possession des hospitaliers de Saint-Jean de Jérusalem qui devinrent dans la suite si célèbres sous le nom de chevaliers de Rhodes, puis sous celui de chevaliers de Malte.

Nous raconterons successivement, dans les paragraphes qui vont suivre, l'histoire des seigneurs de Fimarcon et celle de la vicomté de Lomagne durant ses derniers jours. Ce sont d'ailleurs les annales de la même maison et ce que l'on sait des vicomtes de Lomagne ne se rencontre nulle part ailleurs dans une narration suivie et facile à trouver.

II.

GUILLAUME Ier SEIGNEUR DE FIMARCON. 1196-1231

Guillaume, troisième fils d'Othon d'Armagnac, vicomte de Lomagne, reçut en apanage la belle contrée de Fimarcon qui lui fut attribuée toute entière. On n'en excepta que Blaziert où son frère Géraud demeura son vassal : encore cette seigneurie devait-elle se rattacher quelques années plus tard au Fimarcon dont elle était démembrée. Cependant, les possessions de Guillaume de Lomagne ne furent pas aussi étendues que devaient l'être celles de ses descendants : elles ne comprenaient guère que : Le Mas, Castelnau-des-Loubères, Abrin, La Romieu, Marsolan, et cette partie de la seigneurie que des documents authentiques désignent sous le nom de baronnie de Saint-Martin et qui renfermait : Saint-Martin-de-Goyne, Saint-Mézard, Roquelaure, Pouy-Carréjélard (1), La Roque-Fimarcon et Roquépine. Les annales de l'époque ne nous ont conservé

---

(1) Roquelaure et Pouy-Carréjezard forment aujourd'hui l'unique paroisse de Pouy-Roquelaure.

aucun souvenir des actes du premier seigneur de Fimarcon soit comme prenant part aux évènements généraux, soit dans le gouvernement de sa seigneurie. Nous serons un peu plus heureux pour son frère Vézian qui régnait en même temps sur la vicomté de Lomagne.

Le vicomte Vézian trouva, dès son arrivée au pouvoir, l'occasion de prouver à la Mère de Dieu son dévouement et son amour ; un évènement miraculeux dont la renommée commençait à se répandre venait de se produire en sa vicomté. Un petit pâtre s'aperçut qu'un de ses bœufs s'écartait depuis quelque temps du troupeau pendant qu'il était au pâturage, et allait boire à longs traits dans une fontaine qui répandait par dessus bord le trop plein de ses eaux. Il dédaignait ensuite l'herbe la plus tendre et la plus fraîche et ne voulait même prendre aucune nourriture. Cependant il demeurait gras et vigoureux : il devint même, au bout de quelque temps, la plus belle bête que l'on put trouver dans tous les troupeaux d'alentour. Emerveillés de cette sorte de miracle le petit pâtre et ses compagnons s'approchèrent de la fontaine dont les eaux paraissaient avoir des propriétés si étonnantes ; ils regardèrent dans ses ondes et furent délicieusement surpris en voyant au fond une statuette de Marie. On mit l'image de la Vierge Immaculée sur un piédestal dressé à l'endroit le plus convenable sur le bord de la fontaine, et l'on accourut bientôt, des paroisses voisines, vers le rustique pèlerinage.

Marie avait choisi, pour y attirer les foules à ses pieds, un des sites les plus gracieux des états de Vézian. C'était, dans la juridiction de Gaudonville, près du chemin qui conduisait de cette place à celle d'Avezan, un petit plateau entouré de rochers et couvert de frais ombrages, au pied duquel roule, dans une délicieuse vallée, le ruisseau de Lavassère. Vézian y fit construire, vers 1118, une modeste chapelle. Plus tard, par les soins des rois d'Angleterre, suzerains de la Lomagne, la petite chapelle fut remplacée par une basilique et le lieu dans lequel on avait trouvé la statuette de la fontaine devint un pèlerinage célèbre sous le nom de Notre-Dame de Tudet.

Cependant, Vézian ne fut pas heureux dans toutes ses entreprises. Sentant le besoin d'accroître ses revenus, il augmenta le *leude*, sorte d'impôt que les étrangers payaient à Auvillars. On se soumit généralement, mais de mauvaise grâce, au nouveau tarif ; seuls, les marchands de Toulouse, plus hardis que les autres, refusèrent de l'accepter. Ils subirent des vexations et se vengèrent sur les marchands de la Lomagne. Les sévices, continués de part et d'autre, aigrirent les esprits à tel point qu'on en vint aux armes. Le sort du combat fut favorable aux toulousains, et leur armée, commandée par les consuls de Toulouse, assiégeait Auvillars, lorsque Vézian et son fils s'engagèrent à ramener le leude à son ancien état. A ces conditions, la paix fut conclue à Auvillars le 14 juin 1204 (1).

Ce ne fut pas la seule guerre que Vézian eut à soutenir. Il tenta le sort des armes contre Richard roi d'Angleterre et duc de Guienne, qui, après l'avoir battu en rase campagne, le tint, pendant quelque temps assiégé dans Lectoure. Vézian fit enfin sa soumission, reconnut Richard pour son suzerain et lui rendit hommage. Le roi Cœur-de-Lion, bon juge des faits d'armes lui qui savait si bien les accomplir, admira la bravoure que son vassal avait déployée dans cette lutte, et, pour l'en récompenser, l'arma chevalier de sa main, 1195 (2).

Le 29 novembre de la même année, Vézian cédait à Odon de Lomagne, un de ses parents, la chatellenie de Batz et ses dépendances. Odon et ses descendants prirent dès lors le titre de baron de Batz que la postérité leur a conservé.

Le nom de l'épouse de Vézian nous est inconnu. Elle lui donna deux fils : Othon qui fut son successeur et Hispare auquel son père donna tous les droits qu'il avait dans les diocèses d'Acqs (Aire), de Toulouse et de Lectouré, et principalement dans cette dernière ville dont il était co-seigneur avec l'évêque.

Nous ne savons pas en quel mois ni en quelle année Vézian mourut. Son frère Guillaume, seigneur de Fimarcon, quitta ce monde vers l'année 1231, laissant, de son épouse Ermengarde, un fils qui lui succéda sous le nom d'Othon Ier.

III.

OTHON Ier, DEUXIÈME SEIGNEUR DE FIMARCON. 1231-1250.

Othon Ier, deuxième seigneur de Fimarcon, figure sous le nom d'Eudes de Lomagne sur un rôle de 1236, pour son fief de Marcoune, au nombre des seigneurs gascons qui sont tenus de faire au Roi « ost et chevauchée pour raison de sa terre

---

(1) LAFAILLE : *Annales de Toulouse*, tome i^{er}, page 53 et suivantes.
(3) *Art de vérifier les dates*, tome II. OÏHÉNARD.

d'Agen et des appartenances d'outre-Garonne ».

De son règne date une ère de prospérité pour la commanderie d'Abrin, dépendante de la seigneurie de Fimarcon. A ce titre, nous jugeons utile de consigner ici quelques-unes des donations qui furent faites à cette commanderie. Les principales, d'ailleurs, eurent pour auteurs des princes de la famille d'Othon Iᵉʳ, et le commandeur lui-même, Othon de Lomagne, était son parent.

Le premier bienfaiteur qui se présente à nous est un oncle d'Othon, Géraud Trencaléon de Lomagne, seigneur de Blaziért : il fait à l'hôpital d'Abrin donation d'une métairie. En août 1231, c'est N. G. Trencaléon de Lomagne qui fait une vente à la dame de Halias pour le même hôpital d'Abrin, d'un bien payé cent quarante sols morlas. Nous ne savons pas au nom de quel prince de Lomagne correspondent ces initiales. Trois d'entre eux auraient pu également les revendiquer ; c'étaient : Géraud, frère de Guillaume de Fimarcon et deux de ses enfants dont l'un portait le nom de Gaston, l'autre celui de Géraud comme son père. Au reste, ce dernier nous apparaît à son tour ou de nouveau avec Bézian, son frère et son co-seigneur en la place et seigneurie de Blaziert : les deux seigneurs font une donation perpétuelle à Othon de Lomagne, commandeur de l'hôpital d'Abrin, pour lui-même et pour les habitants dudit hôpital.

Un Géraud de Lomagne et ses fils Odon et Géraud Trencaléon font aussi, en 1231, une donation perpétuelle à Dieu et à la maison d'Abrin.

Telle fut l'importance donnée à la commanderie par tous ces dons et par bien d'autres que nous n'avons pas rapportés, qu'Othon de Lomagne qui les reçut en qualité de commandeur d'Abrin a pu en être supposé le fondateur. C'est à tort. Abrin fut bien fondé, comme nous l'avons dit, par Othon d'Armagnac, vicomte de Lomagne en 1195. Cette date est formellement indiquée dans l'acte de fondation inventorié au château de Lagarde.

L'histoire ne nous apprend plus rien d'Othon Iᵉʳ de Fimarcon, et, pendant les premières années de son règne, Odon III, son cousin, passait aussi inconnu mais plus rapidement que lui sur le trône vicomtal de Lomagne. Odon n'a transmis d'autre souvenir à la postérité que celui de sa présence à un hommage rendu en 1238, dans la ville d'Agen, par Gailhard de Beaujeu à Raymond le jeune, comte de Toulouse.

Il mourut cette même année, laissant deux enfants : Arnaud-Othon, qui lui succéda, et Auger, seigneur de Garcianer, dont la postérité s'éteignit avec ses deux fils.

Arnaud-Othon, devenu comte de Lomagne en 1238, prit part à la révolte des grands vassaux de la couronne ligués avec Henri III, roi d'Angleterre, contre le roi de France Louis IX (1). Il y fut entraîné par Raymond, comte de Toulouse, qui lui-même cédait aux intrigues de la comtesse de La Marche et fut suivi dans sa rébellion par les comtes d'Armagnac et de Comminges, Jourdain de l'Isle et un grand nombre d'autres seigneurs. Mais le roi saint Louis ne laissa pas aux rebelles le temps de réunir toutes leurs forces. Il leva des troupes, et, fondant à leur tête sur le roi d'Angleterre, leur allié, le battit complètement à la journée de Taillebourg, en Poitou, l'an 1241. Le comte de Toulouse et ses confédérés firent au roi de France soumission pleine et entière.

Arnaud-Othon avait épousé Mascarose, sœur aînée de Bernard IV, comte d'Armagnac (2). Ce comte étant mort sans postérité, le vicomte de Lomagne revendiqua les droits de Mascarose sur les états de son frère, mais il eut pour compétiteur Géraud d'Armagnac, vicomte de Fezensaguet et de Magnoac. Les deux rivaux en appelèrent aux armes, et la lutte, mêlée de succès et de revers, se termina par l'entremise de Gaston, comte de Béarn. Un accord fut passé entre le vicomte de Lomagne, d'une part, l'archevêque d'Auch, le prieur de Saint-Orens et la communauté d'Auch, d'autre part ; ainsi l'affirme du moins le chanoine Monlezun. On ne voit pas bien cependant pourquoi Géraud d'Armagnac ne parait pas dans un accord où il était le premier en cause et qui, du reste, fut passé en sa faveur, puisqu'il demeura maître de l'Armagnac sur lequel Arnaud-Othon cédait tous ses droits vrais ou prétendus. Peut-être l'archevêque, 'e prieur de Saint-Orens et la communauté d'Auch agissaient-ils en son nom comme fondés de pouvoir.

Le vicomte de Lomagne perdit, en 1245, sa première épouse. Il n'avait d'elle qu'une fille nommée Mascarose, comme sa mère. Mariée quelque temps après la mort de cette dernière à

---

(1) Guillaume de Puylaurens. DOM VAISSETTE, tome III.
(2) *Art de vérifier les dates. Grands officiers de la couronne.* DOM VASSETTE.

Esquibęt de Chavannes, cette princesse quitta le monde elle-même sans laisser de postérité en 1254.

Cependant, Raymond VII, comte de Toulouse, voulant s'attacher Arnaud-Othon, lui fit épouser Marie, fille de Bernard, seigneur de Sauve et d'Ardure, vicomte de Gévaudan et de Millaud. La mère de cette dame était Josserande de Poitiers, nièce du comte. Mais Arnaud-Othon, au lieu de prendre les intérêts de son oncle par alliance, se jeta dans les bras du roi d'Angleterre. Le trait dominant du caractère de ce vicomte paraît avoir été un goût très vif pour les combats, et il trouvait, sous les drapeaux du monarque anglais, l'occasion de le satisfaire. Le comte de Toulouse ne lui pardonnait pas cependant ce qu'il pouvait considérer comme une ingratitude, et, dans le temps même où Arnaud guerroyait sous les étendards de Leicester, il lança contre lui Géraud IV d'Armagnac qui fondit sur la Lomagne et brûla quelques châteaux. Arnaud courut au secours de ses domaines et son retour changea la face des choses. Forcé de se défendre à son tour, Géraud fut pris sur un champ de bataille par son ennemi qui le retint captif.

A cette nouvelle, le comte de Toulouse cite Arnaud, son vassal, à comparaître devant la cour d'Agen, le somme de remettre entre ses mains le château d'Auvillars et toutes les terres qu'il tient de lui sous la mouvance du comté d'Agenais et de rendre la liberté à Géraud, vassal du comte comme lui, 11 juin 1249. Arnaud refuse et fait signifier à Raymond, le 1er juillet de la même année, un appel devant le roi de France, leur commun suzerain. La sentence qui le frappe est injuste, dit-il, car il a le haut domaine dans la plupart de ses terres. D'ailleurs, il a pris Géraud les armes à la main dans les fiefs qu'il tient du roi d'Angleterre et il l'y fait garder parce que le monarque anglais lui a compté de l'argent pour qu'il retienne le comte d'Armagnac captif. Il doit le demeurer jusqu'à ce qu'il ait donné satisfaction, soit en raison des dommages causés par lui, soit pour avoir porté devant le comte de Toulouse une cause résultant de faits dont le théâtre fut un fief mouvant de la couronne d'Angleterre. Malgré ces raisons, la cour d'Agen condamna le vicomte de Lomagne à perdre Auvillars et les autres places qu'il tenait du comte Raymond et la sentence fut exécutée.

Sur ces entrefaites, le comte de Toulouse tomba malade et mourut. 24 septembre 1249. Le frère du roi saint Louis, Alphonse de Poitiers qui avait épousé Jeanne, héritière de

Raymond, fut appelé à recueillir, au nom de son épouse, la succession de ce prince. Tous les vassaux du dernier comte s'empressèrent de prêter serment à leur nouveau suzerain. Le vicomte de Lomagne vint à son tour jurer foi et hommage entre les mains des deux époux. Sans chercher à justifier sa conduite, il demanda grâce et merci, se reconnut vassal pour la vicomté de Lomagne et toutes les terres mouvantes du comté d'Agenais. Au prix de cette soumission, Arnaud se vit restituer la vicomté d'Auvillars et les autres places qu'on lui avait saisies, mais il dut rompre les fers de Géraud d'Armagnac.

Malgré ces apparences, Arnaud n'avait cédé qu'à contrecœur et forcé par les circonstances ,aussi, saisit-il la première occasion pour reprendre les armes. Cette seconde phase de la guerre entre l'Armagnac et la Lomagne était demeurée jusqu'à ce jour à peu près inconnue, lorsque la publication des *Rôles Gascons* copiés à la Tour de Londres par M. Francisque Michel est venu jeter quelque lumière sur ses débuts.

Comme dans la première partie de la lutte, la fortune trahit d'abord la cause de Géraud d'Armagnac. Il paraît même avoir subi de graves revers, car, au commencement de 1254, une partie de ses états se trouvait au pouvoir de son adversaire. Nous en trouvons la preuve dans un rescrit du roi Edouard Ier d'Angleterre adressé à l'archevêque d'Auch, aux barons, soldats et citoyens de la même ville et aux barons, soldats et bourgeois de Nogaro et de toute la curie d'Armagnac. Le roi leur ordonne de faire réparation au vicomte de Lomagne qu'ils avaient tenté de dépouiller de ses droits d'hommage et de fidélité dans les comtés d'Armagnac et de Fezensac (1).

Cependant, le monarque anglais finit par voir lui-même avec déplaisir une guerre qui, depuis trop longtemps, ensanglantait le pays de Gascogne ; il interposa sa médiation pour amener la paix. Par ses bons soins, une trêve fut conclue cette même année entre les deux belligérants. Ils furent mandés auprès d'Edouard pour en régler les conditions, mais le vicomte de Lomagne refusa d'abord de comparaître et la trêve fut, de part et d'autre, mal observée (2).

Le roi d'Angleterre ne perdit pas courage. Dans un nouveau rescrit, il reprochait au vicomte Arnaud-Othon de ne pas s'être trouvé à Bordeaux où il était mandé pour la veille de la fête de saint Luc, évangéliste, tandis que Géraud, son adversaire

---

(1) *Rôles gascons*, n° 2624. — (2) *Ibidem*, n° 3614.

s'y était fidèlement rendu. Il lui ordonnait en outre de se transporter dans cette ville la veille de la fête des SS. Apôtres Simon et Jude. Le roi devait y être et il espérait amener les deux adversaires à se faire remise de leurs torts mutuels et des prises faites durant la trève (1).

Edouard ne fut pas encore obéi et, peu de temps après, Arnaud-Othon recevait un nouveau rescrit. Il lui était enjoint de se présenter aussitôt après la fête de saint Michel devant le roi d'Angleterre, partout où ce monarque se trouverait, pour y répondre à Géraud d'Armagnac, car ce dernier se plaignait de nouvelles et récentes violations de la trève dues à la mauvaise foi de son adversaire (2).

La suspension d'armes fut renouvelée et Géraud rendit hommage au monarque anglais pour ses terres d'Armagnac (3). Enfin, le 3 janvier 1255, Edouard ordonnait aux deux adversaires de se faire mutuellement la reddition des captifs (4).

Arnaud-Othon mourut l'année suivante, laissant de sa seconde femme, Marie de Sauve, une fille nommée Philippe et Vézian qui fut son successeur. Othon Ier de Fimarçon l'avait précédé dans la tombe. D'une épouse dont le nom nous est inconnu, il eut trois enfants, deux fils et une fille. L'aîné des fils, Arnaud-Odon, devint abbé de Condom en 1288. Bernard Trencaléon, le second, devait succéder à son père, mais il mourut avant lui, laissant en minorité un fils nommé Othon comme son aïeul et qui fut le successeur de ce dernier. Enfin, la fille d'Othon Ier, Marguerite de Lomagne, devint l'épouse de Gaston II de Gontaud, seigneur de Biron.

Avant de raconter au lecteur le règne d'Othon II, nous demandons la permission de lui dire ici la destinée des derniers vicomtes de Lomagne. Cela nous permettra de mettre plus de suite et d'intérêt dans notre récit.

IV.

DERNIÈRES ANNÉES DE LA VICOMTÉ DE LOMAGNE.

Vézian de Lomagne encore mineur à la mort de son père, fut mis sous la tutelle de Vézian de Blaziert, fils de Géraud, seigneur de cette place. Celui-ci était le dernier des enfants

____

(1) *Rôles gascons*, n° 3709. — (2) *Ibidem*, n° 3729. — (3) *Ibidem*, n° 4300.
(4) *Ibidem* n° 4357,

d'Othon d'Armagnac chef de la branche d'Armagnac-Lomagne.

'Mais, à peine eut-il appris la mort de son terrible ennemi, que le comte d'Armagnac, voulant profiter des embarras d'une minorité, rompit la trêve à son tour et recommença la lutte. Il trouva dans Auger de Lomagne proche parent du jeune vicomte, un adversaire redoutable. A l'abri de l'épée d'Auger, Vézian put traverser les années de son enfance sans trop se ressentir des effets de cette guerre, aussi, dès qu'il eut atteint sa majorité, le récompensa-t-il de ses services en lui donnant les terres de Saint-Rémy et de Garcianer dépendantes de la vicomté. Il lui céda de plus tout ce qu'il possédait au château de Caumont, 4 août 1271.

D'ailleurs, il avait encore besoin de la science militaire et de la bravoure de son parent, car la lutte avec le comte d'Armagnac n'était pas finie. Les annales de l'époque ne nous ont conservé aucun souvenir des faits d'armes et des exploits qui purent être accomplis durant cette troisième phase de la guerre, mais, en 1273, le roi d'Angleterre amenait le comte d'Armagnac et le vicomte de Lomagne à consentir une nouvelle trêve de trois mois. Elle fut conclue à Bordeaux. Géraud donna pouvoir au vicomte de Comminges de la proroger en son nom. Enfin, Gaston de Béarn, beau-père de Géraud et ami de la maison de Lomagne pour laquelle il s'était engagé personnellement, acheva ce qu'avait commencé le monarque anglais. Sous ses auspices, les deux maisons se réconcilièrent, et, pour que rien désormais ne put troubler leur union, elles réglèrent ensemble les limites de leurs territoires (1).

Sous le règne de Vézian II, le testament de Jeanne, épouse du comte de Toulouse, Alphonse de Poitiers, fut sur le point de rendre la maison de Lomagne la plus puissante du midi de la France. La comtesse et son époux se disposaient à passer en Orient lorsqu'ils moururent l'un et l'autre en Italie, au mois d'août 1271. Avant de quitter la France, Jeanne avait institué son héritière universelle Philippa de Lomagne, sœur du vicomte Vézian et nièce du dernier Raymond (2).

Encore mineure, Philippa était alors sous la tutelle du comte de Saint-Paul. Ce dernier s'empressa de demander, au nom de sa pupille, foi et hommage pour les terres qui lui étaient léguées, mais il avait compté sans le roi de France Philippe-le-

---

(1) Père Anselme : *Grands officiérs de la couronne.* Oïhénard.

(2) *Art de vérifier les dates. Grands officiers de la couronne.*

Hardi. A la première nouvelle de la mort d'Alphonse et de Jeanne, le monarque français, en vertu d'un traité d'après lequel leurs domaines, s'ils venaient à décéder sans enfants, devraient revenir à la couronne de France, mit la main sur toutes leurs terres. Cohardon, sénéchal de Carcassonne, n'avait pas même attendu les ordres du roi son maître pour agir en son nom. Aussitôt après les funérailles du comte Alphonse et de son épouse, il avait réuni à Toulouse, dans le cloître des Dominicains, les principaux vassaux de la maison de Saint-Giles. On reconnut d'abord le roi pour seigneur immédiat, et, quelques heures après, on lui jura obéissance et fidélité en réservant toutefois les libertés et les privilèges de la province. Le lendemain, plus de quatre cents seigneurs prêtaient leur serment. Guy de Saint-Paul, au nom de sa pupille, porta la cause devant le parlement de Paris, mais cette cour suprême rendit en 1247, un arrêt qui cassait le testament de Jeanne et mettait à néant les prétentions de son héritière (1).

Vézian II mourut en 1280 sans avoir été marié. Les vicomtés de Lomagne et d'Auvillars échurent à Philippa, sa sœur, qui les gouverna sous la tutelle du comte de Saint-Paul jusqu'en 1284. Dans le cours de cette année, elle donna sa main à Elie VII de Talleyrand, comte de Périgord, dont elle n'eut que deux filles : Marquèze et Héremburge. Cette dernière mourut au berceau et sa mère la suivit de près dans la tombe. A son lit de mort, le 4 avril 1286, Philippa donna la vicomté d'Auvillars et quelques terres dans le pays de Comminges à Elie de Talleyrand, son époux. Elle reconnut en outre lui devoir vingt mille marcs d'argent, somme comptée par Elie au jour de son mariage et qui aurait demeuré aux héritiers de Philippa si cette dernière avait survécu au comte de Périgord (2).

Malgré la donation de sa mère, la fille aînée de Philippa demeurait une des plus riches héritières du midi de la France. Jourdain de l'Isle rechercha la main de cette dame pour son fils Bernard, et par un accord passé entre Jourdain et le père de la jeune vicomtesse, celui-ci promit de donner Marquèze en mariage à Bernard de l'Isle : la vicomté de Lomagne et une somme de sept mille cinq cent livres devaient constituer sa dot. Mais il fallait d'abord rompre honorablement le traité de mariage déjà conclu entre Bernard de l'Isle et Marguerite,

____

(1) *Grands officiers de la couronne.*
(2) *Art de vérifier les dates.* Inventaire de Pau.

fille du comte de Foix. Ce dernier ne voulut point rendre sa parole au comte de l'Isle, qui, plutôt que d'encourir le reproche de foi mentie et de promesse violée, renonça pour son fils à la main de Marquèze (1).

D'ailleurs, cette princesse se sentait inclinée vers le cloître. En 1294, Marquèze fut conduite à Toulouse où elle fut émancipée en présence du prieur de Ferrières et de Guillaume de Villèle. Le 7 mai de cette même année, la jeune vicomtesse confirma juridiquement, sous l'autorité de Bernard de Lamothe, la donation faite à Elie, son père, par sa mère, Philippa. Elle reconnut en outre que la vicomté de Lomagne était engagée au comte de Périgord pour vingt mille marcs d'argent. Ne pouvant payer cette somme, elle fit cession à son père de la vicomté, de tous les droits qu'elle pouvait y prétendre et ne garda pour elle que La Chapelle et Poupas. Ainsi dégagée des attaches de ce monde, Marquèze prit l'habit de Sainte-Claire dans un couvent de Périgueux. Elle y mourut jeune (2).

Elie de Talleyrand, devenu vicomte d'Auvillars par le testament de son épouse Philippa, de Lomagne par la cession de Marquèze sa fille, convoqua immédiatement les seigneurs de ces deux vicomtés pour leur faire reconnaître ses droits, et leur demanda foi et hommage.

Le 12 mai 1294, la noblesse de Lomagne s'assembla dans l'église de Castéra-Lectourois. Tous donnèrent leur assentiment à la cession faite par Marquèze, firent acte de fidélité et prêtèrent hommage entre les mains du nouveau vicomte.

Mais Elie de Talleyrand ne conserva pas longtemps ses nouveaux domaines. Le roi de France, Philippe-le-Bel, en avait besoin ; or, fut-on prince féodal, on ne résistait pas facilement à une demande de Philippe-le-Bel. Aussi, le comte de Périgord cédait-il, en novembre 1308, les vicomtés de Lomagne et d'Auvillars au roi de France qui lui donnait en échange les châteaux de Puy-Normand, Hautmond, Saint-Astier, Estillac, La Bastide et Lopihac, auxquels il ajoutait, en décembre 1305, les seigneuries d'Ulloac, de Ste-Livrade et d'Anguille. C'était bien peu pour une vicomté qui renfermait environ une centaine de paroisses. Le roi donna Lomagne et Auvillars à Philippe son second fils qui les posséda pendant trois ans. Au bout de ce temps, le jeune prince y renonça et son père en disposa sur le champ en faveur d'Arnaud-Garcie de Goth,

----

(1) MONLEZUN : *Histoire de Gascogne.* — (2) *Ibidem.*

frère aîné de Bertrand de Goth, alors archevêque de Bordeaux et qui allait devenir sous peu le Pape Clément V. Le roi de France, disait l'acte de donation, voulait récompenser ce seigneur et Bertrand son fils des services qu'ils avaient rendus à l'Etat et leur donner compensation pour les terres qu'ils avaient délaissées dans le duché d'Aquitaine (1).

Le jeune prince Philippe écrivit lui-même aux barons et aux communautés de Lomagne, afin de ratifier la donation faite par son père. Il abandonnait également à Garcie et Bertrand de Goth le château d'Auvillars et tout ce qu'il possédait à Lectoure. En même temps, il ordonnait aux barons et aux communautés de les reconnaître pour suzerains. On s'empressa d'obéir à cette injonction, et, trois jours après la date de cette lettre, 27 décembre 1305, la noblesse et les consuls commencèrent à prêter serment de fidélité.

Arnaud-Garcie, craignant les prétentions de Marquèze, fille d'Elie de Talleyrand et de la vicomtesse Philippa, on lui fit ratifier la donation qu'elle avait déjà faite sous son père (1307). L'abbesse et les religieuses de Sainte-Claire parmi lesquelles Marquèze avait pris le voile, s'engagèrent avec leur compagne. Le Pape lui-même ratifia la convention et la plaça sous les anathèmes de l'Eglise (2).

Arnaud-Garcie de Goth mourut au mois de janvier 1311. Il laissait une nombreuse postérité, mais Bertrand, l'aîné de ses fils, lui succéda dans la vicomté de Lomagne et dans la plupart de ses domaines.

Bertrand épousa d'abord Braïde de Blanquefort dont il n'eut pas d'enfants. Devenu veuf, il prit une nouvelle épouse, Béatrix, vicomtesse de Lautrec, qui lui donna deux filles: Régime et Braïde de Goth La terre de Blanquefort, dont la première femme de Bertrand portait le nom, était dans le diocèse de Bordeaux et se trouvait au pouvoir du roi d'Angleterre, mais le vicomte de Lomagne était également cher au roi de France et au monarque anglais, quoique déjà eussent éclaté entre ces deux princes les rivalités qui divisèrent aussi leurs successeurs et ensanglantèrent pendant un siècle notre malheureuse patrie. Aussi Edouard, en montant sur le trône, voulut-il donner à Bertrand de Goth une preuve de son amitié. Il lui restitua, 16 juin 1308, la seigneurie de Blanquefort dont les revenus devait constituer

____

(1) Duchesne : *Histoire des cardinaux*, tome II. — (2) *Ibidem.*

une rente de quinze cent livres, et, dans le cas où ils seraient insuffisants pour produire cette somme, Edouard en assignait le reste sur la coutume de Bordeaux. A peu près quatre ans plus tard, le roi d'Angleterre ajoutait à ces donations le château de Puyguilhem et la bastide de Montaigne dans le Bazadais avec tous leurs droits et leurs appartenances (1).

Philippe-le-Bel, en sa qualité de suzerain, ratifia ces donations trois mois après. Edouard les confirmait encore l'année suivante par lettres du 13 janvier 1313. Il y énumère les dons qu'il a faits à Bertrand de Goth à cause de ses nombreux services et ajoute à ces dons les hommages et les serments de fidélité qui lui sont dus dans les vicomtés de Lomagne et d'Auvillars par l'évêque de Lectoure et le chapitre de son Eglise, par Séguin de Pins, Guillaume-Arnaud d'Artigues, Raymond de Manas, Bernard de Berrac, Arnaud de Viemont, Ayssieu et Bernard de Faudoas, Bertrand de Galard, Vézian de Lomagne, Bernard de Dufort et autres (2). Le roi de France et Charles, roi de Sicile, comblèrent aussi Bertrand de libéralités. Enfin, pour que rien ne manquat à l'élévation de la maison de Goth, Bernard d'Armagnac demanda au vicomte de Lomagne la main de Régine, sa fille, pour Jean son futur héritier dans les comtés d'Armagnac, de Fezensac et de Rodez. Le contrat fut passé le 6 juin 1311, mais, comme les deux fiancés sortaient à peine du berceau, on ne célébra le mariage que douze ou treize ans après (3).

Bertrand de Goth mourut en 1324 et sa fille Régine devint maîtresse de tous ses domaines féodaux. Cette princesse elle-même émigra de ce monde le 12 août 1325, laissant tous ses domaines à Jean d'Armagnac son époux (4). Ainsi finit, au sein même de la prospérité la vicomté de Lomagne ; mais l'illustre maison de Lomagne ne finit pas avec elle. Nous allons en suivre les destinées à travers la trame des intrigues et la série des évènements, dans lesquels, nous le verrons, sa part d'action ne fut pas toujours sans gloire.

---

(1) RYMER : « Fœdera, conventiones... Pars tertia ». — (2) *Ibidem*.
(3) MONLEZUN : *Histoire de Gascogne*, tome III.
(4) *Ibidem. Grands officiers de la couronne.* Inventaire du château de Pau.

V.

OTHON II, TROISIÈME SEIGNEUR DE FIMARCON. 1250-1314.

Ce fut en 1250 que mourut Othon Ier ; son petit-fils, Othon II, lui succéda. C'était un homme remarquable et les chroniques de l'époque nous le montrent parfois jouant un rôle important parmi les personnages de son temps et de son pays. Quelques-uns lui reprocheront peut-être son dévouement à la cause anglaise dans le midi de la France, mais il ne faut pas juger du patriotisme au moyen âge par ce qu'il est de nos jours. Au temps où Othon II régnait sur le trône de Fimarcon, les rois d'Angleterre, comme héritiers d'Eléonore d'Aquitaine et d'Henri Plantagenet, second époux de cette princesse, étaient suzerains légitimes de la Gascogne et le seigneur de Fimarcon pouvait, à juste titre, considérer comme un devoir d'être pour eux un vassal fidèle. Dans la réalité, aucun gentilhomme gascon ne leur fut plus dévoué que lui.

Nous en avons déjà la preuve dans le premier document qui se rencontre sous nos mains. En 1254, un rescrit du roi d'Angleterre ordonnait de payer à Othon de Lomagne, sire de Fimarcon, une redevance de cinq cent livres sterling. C'était la solde du service militaire rendu à la couronne d'Angleterre avec dix hommes d'armes et dix serviteurs, depuis le mardi avant la Nativité du Sauveur jusqu'au samedi le plus voisin de la fête des Saints Tiburce et Valérien. Le paiement devait en être fait lorsque le trésor royal serait sur le continent (1).

Mais Edouard, souvent besogneux, n'exigeait pas seulement de ses vassaux gascons des services de guerre, il avait parfois recours à leur bourse pour solder ses propres dettes. C'est ainsi qu'en mars 1254, Othon de Lomagne, seigneur de Fimarcon, Arnaud de Montpezat et Bernard de Blanquefort, chevaliers, dans un acte public par devant Me Elye, notaire royal d'Agen, se reconnaissaient débiteurs solidaires avec le roi de mille livres sterling en faveur de Guillaume de Toliva et de Guillaume de Torto, citoyens d'Agen, pour fourniture de bled (2).

Dans cette même année, le seigneur de Fimarcon et les deux autres chevaliers recevaient ordre de se constituer pour le

____

(1) *Rôles gascons*, tome Ier, n° 2538. — (2) *Ibidem*, n° 3740.

roi débiteurs de cinq cent livres sterling en faveur de Maurand de Beaupuy et d'Arnaud Lambert, citoyens de Toulouse. Si Edouard ne pouvait payer au temps fixé, Othon, Arnaud et Bernard devaient le faire en son nom, dans la ville de Toulouse huit jours après communication reçue par les créanciers ou donner des gages qui ne pourraient être retirés qu'après le paiement complet (1).

Six ans après, 1260, nous trouvons Othon de Lomagne faisant avec son épouse Géraude de Marmande (la Daurade) et Guillaume Astanove, son fils, une donation pieuse aux Tem-,pliers d 'Argenteins et à G.-B. d'Aspet, leur comandeur. Il leur cédait le fief de Lagardère ainsi qu'un droit de dépaissance sur toutes ses terres (2).

Si nous en croyons certains documents mentionnés par les Archives historiques de la Gironde, les possessions seigneuriales d'Othon II s'augmentèrent en 1268 du château de Lagarde, du quart de Montcrabeau, de la moitié de Calignac, du cinquième de Gazaupouy, de tout Ligardes et de quelques autres terres. Mais les pièces qui nous apprennent ces faits ne sont pas originales ; ce sont des copies si « fautives » que nous ne savons au juste quelle confiance leur accorder (3).

----

(1) *Rôles gascons*, n° 2621. — (2) Inventaire des archives de Lagarde, lett. I.

(3) Voici ce que nous lisons au tome XI des *Archives historiques du département de la Gironde,* dans la liste des documents dont la commission décide d'ajourner l'impression.

A la page 137 : « 1739, mai. Copie collationnée des actes relatifs à des biens nobles situés dans les paroisses de Gazaupouy et de Saint-Martin-de-Goyne, juridiction de Montcrabeau en Agenais, en date des 8 mars 1200, 14 août 1268, 8 juillet 1634 et 30 novembre 1695, délivrée sur la demande de noble André de Saint-Germé, écuyer, seigneur d'Arcangues ». Ces copies sont tellement *fautives*, quoique authentiques, qu'il a été impossible d'en publier le texte et que nous nous sommes bornés à en donner l'analyse. (Archives départementales C.).

L'acte du 24 août 1268 est analysé à la page 138 du même volume. « Novrint universi..... que haut et puissant seigneur, Monseigneur Salomon de Lomagne, roi de Navarre, sire d'Albret, donne à Monseigneur le prince Marcon de Lomagne, son cousin, pour tous ses droits successifs, le château de Lagarde, le quart de Montcrabeau, le quart de Sainte-Bazeille, la moitié de Cologne (Salignac), le cinquième de Gazaupouy, tout Ligardes, etc., etc., à commencer par Gueisa, comme il est expliqué dans l'hommage rendu le 7 mars 1200, par Izaac de Filartigue au roi de Navarre ».

Analyse de l'hommage d'Izaac de Filartigue à la page 138. « Notum sit... que lo noble Isaac de Filartigua, seignor de Gueysa et d'Astrapouy... ten... reollament de Monseignor Abdon, rey de Nabarra », la maison noble de Gueysa, etc. (Archives départementales de la Gironde C. Trésorier).

Enfin, à la page 139, nous trouvons indiqué du 8 mai 1300 un « hommage

Cependant, Lagarde appartenait sûrement à Othon ; ce fut lui qui fit tracer un chemin régulier entre ce village et celui de Castelneau, pour relier entre elles ses deux principales demeures féodales. Il en fut sans doute de même de la moitié de Calignac et du quart de Montcrabeau, car nous rencontrons dans la suite un des fils d'Othon II, Géraud Trencaléon, avec les titres de baron de Montcrabeau et co-seigneur de Calignac. Ajoutons enfin qu'aucun des documents particuliers que nous avons pu consulter ne s'oppose à ce que les fiefs que nous avons énumérés plus haut aient appartenu à Othon II.

Quelques années après, 1273, le sire de Fimarcon fit hommage au roi d'Angleterre et lui fournit un acte d'aveu et de

---

et dénombrement fait à Monseignenr Marcon de Lomagne par le noble Charles de Filartigue, fils d'Izaac de Filartigue pour le château de Gueysa et la terre d'Astrapouy, dépendant du château de Gazaupouy ». Parmi les articles du dénombrement se trouve celui-ci, fort curieux, que citent les archives : « Item, es a saber, quan lo signor Marquès, per acciden, aura presa moller, la moller diu esta renduda el loc de Gazaupouy en acoustumat et utsage *(sic)*, el seignor de Gueysa la met dins lo castet de Gazaupouy, e la depouilla e la caoualgadura de la dita dona es pura de l'ostal d'Astrapouy ».

L'inventaire des archives de Lagarde, dressé en 1760 par M⁰ Pélaugue, signale aussi « une copie informe en papier blanc, d'une donation faite par Salomon de Lomagne, roy de Navarre, en faveur de Marcon de Lomagne, son cousin germain, du 20 août 1268, et deux hommages, l'un du 7 mars 1200, l'autre du 27 may 1300 ».

Nous ne pouvons discuter ces pièces à fond. Les données historiques nous manquent pour cela. On sait cependant qu'aucun Lomagne ne fut sire d'Albret, ni roi de Navarre et que les d'Albret n'arrivèrent au trône de Navarre que dans les premières années du xvi⁰ siècle. Le nom de Salomon ne fut jamais porté par un Lomagne, ni par un d'Albret, ni par aucun roi de Navarre.

En supposant, et c'est l'hypothèse la moins téméraire, que les deux parties contractantes de 1268 aient été le sire de Fimarcon (Marcon de Lomagne) et le sire d'Albret Amanieu VI dont un copiste ignorant aurait fait un Salomon et un roi de Navarre par-dessus le marché, il resterait encore une difficulté à expliquer. Comment le sire d'Albret, qui avait des héritiers directs, a-t-il pu faire, en faveur d'Othon II, donation pure et simple des terres nombreuses et importantes mentionnées plus haut? Sans doute, ils étaient quelque peu parents : Rose d'Albret, sœur d'Armanieu IV, avait épousé un oncle de Guillaume, premier seigneur de Fimarcon; mais cela ne suffit pas à expliquer la générosité du sire d'Albret. Le copiste n'aurait-il pas transformé une vente en une donation ? Nous laissons aux érudits qu'intéresse l'histoire de Fimarcon ces multiples problèmes à résoudre. Ajoutons cependant que l'histoire du véritable cousin d'Othon II, Vézian II de Lomagne, ne nous offre la trace d'aucune donation de ce genre. A cette époque, il était encore mineur.

reconnaissance pour tout ce qu'il possédait dans le pays de Fimarcon.

Il reconnaissait lui devoir en vertu de tous les fiefs et arrières-fiefs qu'il tenait de lui le service de deux hommes d'armes, et se déclarait en même temps son vassal pour toutes ses pos) sessions féodales dans le Fezensaguet (1).

Le roi de France, qui était alors en paix avec Edouard d'Angleterre, ne vit pas d'un mauvais œil Othon de Lomagne accomplir ses devoirs de vassal envers ce dernier, mais il n'en fut pas de même des officiers de la couronne. Ceux-ci voulurent dépouiller le seigneur de Fimarcon de ses droits de justice en La Romieu. La couronne de France dut intervenir contre ses propres officiers, et, le 13 octobre 1278, une ordonnance de Villota, sénéchal d'Agenais, « enjoignait au bayle de ne prendre que les droits qui appartenaient au roy et de ne pas inquiéter Othon de Lomagne dans la perception des siens » (2). Parmi ces droits se trouvait au moins une partie de la justice.

En 1258, le seigneur de Fimarcon eut des contestations au sujet de ce droit avec Etienne, abbé de Saint-Victor de Marseille (3). Ce dernier, pour se délivrer de tout embarras, donna, par une charte datée du XVI des calendes d'octobre 1258, l'entière seigneurie de La Romieu au comte de Toulouse et de Poitiers, Alphonse, frère du roi saint Louis. Afin de mieux combattre les prétentions de son rival dans le présent et dans l'avenir, il stipula que les comtes de Toulouse ne pourraient céder à qui que ce fut un droit quelconque sur La Romieu (3).

---

(1) Archives du département de la Gironde, liasse B, 285.

(2) Inventaire des archives de Lagarde, lett. 363.

(3) Dans son article si intéressant sur la charte de La Romieu *(Revue de Gascogne,* t. xvi, p. 201, mai 1875), M. PAUL LAPLAGNE-BARRIS a confondu Othon II de Fimarcon avec le vicomte de Lomagne alors régnant. Cette confusion était inévitable à une époque où la science historique ne connaissait rien encore sur les seigneurs de Fimarcon, mais elle ne saurait exister aujourd'hui. En 1258, d'ailleurs, la Lomagne était sous la minorité de Vézian II. En outre, les vicomtes de Lomagne ne paraissent s'être réservé aucun droit sur les terres et seigneuries du Fimarcon qu'ils donnèrent en apanage, pas même celui de suzeraineté, puisque nous venons de voir Othon II faire immédiatement hommage au roi d'Angleterre. — La charte de 1258 est conservée à la bibliothèque nationale (fonds latin, n. 12772, p. 27).

(4) Prœdictam autem donationem facimus sub talibus conditionibus, quod vos dictus comes et uxor vestra et successores vestri non possitis ea quœ in prœdicta donatione continentur in aliam vel in alias personas transferre, sed tantum illi qui pro tempore comes Tolosœ fuerit prœdicta donatio reservetur. (Charte de 1258.)

Cependant, l'an 1279, le comté d'Agenais passait sous la domination du roi d'Angleterre. Un traité de paix conclu entre saint Louis et Henri III le 12 mai 1259, assurait, si la comtesse Jeanne de Toulouse mourait sans enfants, le comté d'Agen et le Condomois à la couronne britannique. Jeanne était morte en 1271 et cette clause n'était pas encore exécutée. Enfin, en 1279, Philippe-le-Hardi, dégageant la parole de son père, mit au pouvoir du roi d'Angleterre les possessions et les droits que lui assuraient les traités.

La Romieu tomba donc de nouveau sous la haute suzeraineté du monarque anglais, mais en même temps était reconnu en faveur d'Othon de Lomagne le droit de justice dans cette ville et son territoire. Nous en avons la preuve dans une reconnaissance fournie par les consuls devant le sénéchal d'Agenais pour le roi d'Angleterre le 15 novembre 1286 (1).

Les prétentions de l'abbé de Saint-Victor interprétant en 1258 le mot *honor* de la charte de 1082 par un domaine absolu avec tout droit de justice, paraissaient justifiées par les termes même de cette première donation (2). Mais en 1271, la mort de Jeanne de Toulouse, ayant fait passer les domaines de cette princesse, parmi lesquels le comté d'Agen, en la possession de la couronne de France, un paréage signé d'une main royale, visant le droit de suzeraineté qu'avait dû nécessairement se réserver le vicomte Odon Ier lorsqu'il donna La Romieu aux abbés de Saint-Victor de Marseille, reconnaissait/Othon. Il de Fimarcon une part de justice en cette ville et ses dépendances (3). C'est cette part que les consuls de La Romieu définissent en ces termes : *habet medietatem jurisdictionis in tribus casibus scilicet : homicidii, furti et sanguinis effusionis.* C'est aussi pour cela que le sénéchal d'Agenais pour le roi de France, dans son ordonnance du 15 novembre 1278, reconnaît à Othon de Lomagne des droits féodaux sur La Romieu. Nous verrons plus tard cette moitié de haute justice en la même

____

(1) Joannes de Capet et Petrus de Tunica Alba consules villæ de Romevo, pro se et universitate dicti loci, recognoscent quod dictus Dominus rex habet et tenet in dicta villa de Romevo et pertinenciis ejus juridictionem altam et bassam, excepto quod Dominus Oddo de Leomaniæ habet illi medietatem pœdagii et medietatem jurisdictionis in tribus casibus scilicet : homicidii, furti et sanguinis effusionis. (Pancharta, recognitionis feudorum et homagiorum, etc., facta (Eduardo Angliæ regis tanquam Aquitaniæ duci).

(2) Charte de La Romieu traduite par M. LÉONCE COUTURE sur le texte du cartulaire de saint Victor. (*Revue de Gascogne*, t. XVI, p. 216 et s.)

(3) Inventaire des archives de Lagarde, 31 v° et 35 v°.

ville et ses dépendances, revendiquée sans aucune contestation par Allemanne de Cazenove en faveur de Jean de Lomagne-Fimarcon, son fils mineur

A la suite de la cession dont nous venons de parler, Edouard d'Angleterre se fit passer des reconnaissances féodales par la plupart des seigneurs et des villes du Condomois et de l'Agenais. Othon de Lomagne fut un des premiers parmi les seigneurs qui accordèrent ces reconnaissances. Il y dit tenir du roi d'Angleterre tout ce qu'il possède dans le Fimarcon avec les fiefs, arrières-fiefs et justices.

Edouard était venu sur le continent pour y recevoir ces reconnaissances et les aveux. Dès qu'il eut mis le pied sur le sol français, il s'occupa du seigneur de Fimarcon, et, dans un rescrit daté d'Abbeville le 3 juin 1279, il ordonnait de payer à Othon de Lomagne toute ce que ce dernier reconnaîtrait lui être dû (1).

Puis, dans un autre rescrit de la même date, le roi donnait ordre de restituer à Othon II tous ses droits de juridiction et d'hommage sur Berrac, Saint-Martin, La Roque, Pouy-Carréjelard, Roquépine et autres lieux (2). Enfin, quatre jours après 7 juin 1273, il enjoignait au sénéchal de Gascogne et à ses baillys de ne pas gêner Othon de Lomagne dans la jouissance de ses droits de juridiction et de justice sur la terre de Fimarcon (3).

Vers cette même époque, Othon donna la main d'Agnès de Lomagne, sa fille, à Pons, fils d'un seigneur nommé Gaucem de Castillon. Dans le contrat de mariage, il promit à la jeune dame une terre pouvant donner un revenu de vingt-cinq livres et les mandataires de Pons déclarèrent avoir reçu deux mille sols bordelais. Or, cette dernière clause était fictive : en 1292, la dot d'Agnès n'était pas encore payée. Elle fut l'objet d'une transaction passée le 5 juillet de cette même année. Géraud d'Escalatens, constitué procureur d'Othon de Lomagne et de ses deux fils, Bernard et Géraud Trencaléon pour le règlement de cette affaire, mit en leur nom sa signature au bas d'un acte passé en présence de Me Pierre Gombaud, notaire. Othon y abandonnait à sa fille, pour paiement de sa dot, tous les droits qu'il tenait d'Alaïs de Blanquefort sur le château de l'Isle-Saint-Georges en Médoc. Quelle était cette Alaïs de Blanque-

---

(1) *Rôles gascons*, tome II, n. 290. — (2) *Ibidem*, n. 292.
(3) *Ibidem*, n. 307, collection Bréquigny, tome XV, p. 89.

fort ? Peut-être l'épouse d'Othon 1er dont nous avons déclaré ne pas savoir le nom. Il était de plus spécifié dans l'acte qu'en cas de prédécés d'Agnès de Lomagne, Pons de Castillon pouvait retenir sur la seigneurie de l'Isle-Saint-Georges les mille livres constituées à son épouse ; si Pons mourait le premier, sa veuve devait reprendre cette somme sur la même seigneurie, et si Agnès mourait sans enfants où ses enfants sans descendants, le tout devait revenir à Othon de Lomagne. A ces conditions, Agnès renonçait à tous ses droits sur la succession de son père et de sa mère. Elle en donna quittance, mais se réserva son oscle ou don de mariage montant à douze mille sols bordelais (1).

Peut-être trouverions-nous dans ce que nous avons dit plus haut relativement aux prétentions des vassaux de Fimarcon contre les droits de leurs suzerains, l'explication de la pénurie d'argent, cause probable du retard d'Othon à payer les droits de sa fille. Ces fiers chatelains ne s'étaient soumis qu'avec peine à la sentence royale qui leur imposait la suzeraineté de la maison de Lomagne et surtout ses droits de justice et de redevance féodale sur leurs châteaux, aussi ne tardèrent-ils pas à contester de nouveau le tout, à s'attribuer sur leurs vassaux un droit de justice qui appartenait au suzerain et à refuser les redevances. Ils furent d'ailleurs encouragés dans leur rébellion par les incidents de la guerre entre la France et l'Angleterre dont nous parlerons plus loin. Le seigneur de Fimarcon eut une seconde fois recours au monarque anglais, son suzerain, qui se trouvait alors à Condom.

Edouard commença par donner à son vassal des ordres rigoureux. Le 3 mars 1289, il signifiait à Othon de Lomagne et à Guillaume-Raymond de Pins de payer, à la requête de Nicclas Le Gras, son procureur royal, la somme de cinq cents livres sterling, qu'ils étaient tenus de verser pour Arnaud-Othon de Lomagne, abbé de Condom et oncle du seigneur de Fimarcon. L'abbé devait cette somme à titre d'amende pour avoir empiété sur la justice du roi (2).

Deux mois après, 4 mai, une seconde lettre de justice était adressée aux mêmes seigneurs pour leur faire acquitter cette dette (3).

---

(1) Archives historiques du département de la Gironde, tome IV, pages 39 à 42. Archives de M. le Marquis DE VERTHAMONT.
(2) *Rôles gascons*, tome II, n. 145. — (3) *Ibidem* n. 1472.

Enfin, le 8 mai, Edouard, qui venait de quitter Condom, ordonnait, dans un rescrit daté de Lavardac, au juge ordinaire d'Agen, d'appeler à son tribunal la cause ou les causes qu'Othon de Lomagne, sire de Fimarcon, et Guillaume-Raymond de Pins, cherchaient à soulever contre Géraud de de Pouy (1).

Vinrent après cela, de la part du monarque anglais, les ordres de faveur ou plutôt de justice qu'avait sollicités son vassal.

Le 25 mai 1289, Othon II était mandé devant le roi Edouard alors à Condat, près de Libourne. Il y trouva les seigneurs de Saint-Martin de Goyne, Pouy-Carréjelard, Berrac, Saint-Mézard, Roquépine et autres places, venus pour lui contester ses droits de justice, juridiction et saizine dans leurs seigneuries; mais ils ne purent apporter aucune preuve contre la suzeraineté d'Othon sur leurs personnes et sur leurs terres. En conséquence, le roi donnait ordre au sénéchal de Gascogne de mettre Othon de Lomagne en possession de tous ces droits qu'il devait exercer comme l'avaient fait ses prédécesseurs (2).

Le surlendemain 27 mai, avant de quitter Condat, Edouard donnait au sire de Fimarcon le droit de chasser le sanglier et les autres bêtes féroces dans toutes les forêts royales (3).

En 1295, le Roi d'Angleterre étendait le droit de chasse en faveur d'Othon de Lomagne à la face du Ramier dans la juridiction de Lectoure (4).

C'est peut-être à cause du déplaisir donné aux attenants du Ramier par ce privilège que le Sire de Firmacon eut à se plaindre du bayle de Lectoure et de ses administrés. Le IIIe Volume des Rôles Gascons nous offre sous le N° 2131, à la date de 1293, des lettres d'Edouard Ier au Sénéchal de Gascogne. Le monarque lui mande qu'Othon de Lomagne a porté à son audience royale des plaintes contre le bayle de Lectoure. Cet officier royal inquiète les sujets du sire de Fimarcon et ce seigneur lui-même en introduisant à leurs dépens plusieurs nouveautés injustes. Edouard témoigne le désir de voir cesser aussitôt que possible ces vexations et ordonne à son Sénéchal de faire bonne justice à l'avenir de ceux qui s'en rendraient coupables.

---

(1) *Ibidem*, n. 1453. — (2) *Ibidem*, n. 1600. — (3) *Ibidem*.
(4) *Rôles gascons*, volume III, n. 1317.

Nous trouvons ncore dans les Rôles Gascons des traces d'un droit seigneurial d'Othon II sur la ville de Mézin et ses environs. Durant la même année 1293, Othon portait en son propre nom et en celui de ses co-seigneurs plainte au Roi d'Angleterre contre le bayle de cette ville qui les troublaient en la possession de la justice haute et basse dans Mézin et ses environs. D'un autre côté, les officiers royaux affirmaient que la Couronne d'Angleterre possédait en toute justice cette place à sa juridiction comme mouvantes du comté d'Agen. Le monarque reçoit les plaintes du seigneur de Fimarcon ainsi que les observations de ses propres officiers, mais il veut qu'Edmond de Havering, sénéchal de Gascogne, informe diligemment à ce sujet. S'il trouve qu'Othon de Lomagne et ses co-seigneurs aient été dépouillés par les officiers royaux d'un droit légitime, il devra les faire rentrer immédiatement en possession de ce droit (1).

Le sire de Fimarcon dut être satisfait de cette décision royale, car il était jaloux de ses droits de haut justicier qui s'étendaient en de nombreuses juridictions hors de ses domaines patrimoniaux, mais lui étaient aussi bien souvent disputés. C'est ainsi qu'en 1291 déjà, Edouard venait à son secours et défendait aux bayles de Condom et du Sempuy d'empêcher l'exécution des lettres royales qui concédaient à Othon de Lomagne les droits de haute justice dans Clairac et sur le chemin de Monoz (2).

Nous reconnaissons volontiers le zèle que mettait Edouard Ier d'Angleterre à défendre les droits d'Othon II qu'il aimait à nommer son féal, mais nous devons cependant constater que sa mémoire avait certaines défaillances d'ailleurs bien naturelles au milieu de ses nombreuses préoccupations. La même année 1293 qui nous a montré deux rescrits royaux en faveur du sire de Fimarcon, nous donne aussi la preuve que le monarque anglais avait oublié les termes de la reconnaissance fournie le 12 Novembre 1286 par les consuls et les habitants de La Romieu et semblait en vouloir remettre les effets en question.

Il mandait au Sénéchal de Gascogne et d'Agenais, qu'ayant acheté au Prieur de La Romieu la moitié de la justice haute en cette place, un paréage était intervenu entre la Couronne

---

(1) *Ibidem*, n. 2147. — (2) *Ibidem*, n. 1322.

d'Angleterre et ce Prieur pour régler les droits de chacun. Cependant, ajoutait le monarque, le Sire de Fimarcon revendique à son tour un droit de haute justice en La Romieu et ses environs et se plaint d'être empêché dans son exercice par les officiers royaux. Edouard veut en conséquence que le Sénéchal appelle devant lui le Bayle et le Prieur de La Romieu d'un côté, de l'autre le Seigneur de Fimarcon et qu'il établisse entre eux un débat à la suite duquel devra s'ouvrir une enquête. C'est après cela seulement qu'il pourra reconnaître à Othon de Lomagne ses droits de toute justice en La Romieu s'il les trouve justifiés (1).

Cette justification dut être éclatante et complète, car un nouveau rescrit succédant au premier dans cette même année 1293 ordonnait au sénéchal de réintégrer Othon de Lomagne dans l'exercice de tous ses droits en La Romieu (2).

Les luttes qui eurent lieu quelques années après entre les deux rois de France et d'Angleterre mirent de nouveau tout en question. Il fallut donc revenir là-dessus et les archives du château de Lagarde conservaient un rescrit daté du 3 mars 1303 dans lequel le roi d'Angleterre restituait à Othon de Lomagne ses droits et privilèges sur les nobles de sa seigneurie et leur ordonnait de ne reconnatre personne autre que lui pour leur légitime suzerain (3).

L'année suivante, avril 1304, le roi d'Angleterre spécifiant dans un nouveau rescrit le sens de celui qu'il avait donné en 1303, rendait au seigneur de Fimarcon, dans toute l'étendue de son *marquisat*, la justice sur les gentilshommes, hauts justiciers, et le droit de ressort sur leurs justiciables (4) .Cela ne suffit pas encore et en 1308, Edouard II. qui venait d'être couronné roi d'Angleterre, dut parfaire l'œuvre de son prédécesseur. Il envoya des lettres patentes au sénéchal de Gascogne, lui enjoignant de mettre Othon de Lomagne en possession de la juridiction et du ressort qu'il avait sur les terres de Berrac, Saint-Mézard et autres lieux, en présence des seigneurs de ces terres et sans qu'aucun acte d'opposition fut permis à ces derniers (5).

Les rois d'Angleterre avaient tout intérêt à favoriser les seigneurs gascons parmi lesquels les Fimarcon étaient au pre-

---

(1) *Rôles gascons*, n. 2076. — (2) *Ibidem*, n. 2076. — (3) *Ibidem*, 2776.
(4) Archives du château de Lagarde, lett. 8 C et 8 D.
(5) *Ibidem*, lett. 8 C.

mier rang, et à se les attacher. Ils avaient besoin de leur aide pour combattre, soit les ennemis du dehors, soit même leurs propres sujets.

Ainsi la guerre ayant éclaté de nouveau en 1294, Edouard écrivit en ces termes aux gentilshommes gascons :

« Vous avez appris et vous savez bien le différend qui s'est
« élevé entre le roi de France et Nous, comme ce roi Nous a
« malicieusement trompé, chassé de notre Gascogne et privé
« de notre bon peuple. C'est pourquoi, Nous vous requérons
« aussi instamment que possible et Nous vous conjurons de
« Nous aider à reconquérir et à défendre nos terres, comme
« vous et vos ancêtres l'avez fait de tous temps pour Nous et
« nos prédécesseurs. Nous espérons que vous et les vôtres
« vous conduirez en cette occasion de telle manière que Nous
« et les nôtres vous devrons de la reconnaissance comme Nous
« vous en devons déjà pour les services que vous Nous avez
« rendu jusqu'à ce jour » (1).

Othon II et les seigneurs de Gascogne répondirent à l'appel du roi d'Angleterre (2), mais la fortune ne fut pas favorable à ce monarque, et les Français, sous la conduite du comte de Valois, remportèrent sur les Anglais plusieurs avantages. Cependant, Valois rappelé dans le Nord, dut y ramener une partie de son armée. Edouard sentit alors renaître ses espérances. Il écrivit une seconde fois aux seigneurs gascons les exhortant à lui demeurer fidèles et à lui prêter secours pour venger l'injure faite à sa couronne (3). Il leur ordonnait en même temps d'obéir au comte de Lancastre qu'il envoyait en Aquitaine, comme ils l'auraient fait à lui-même. Cette fois encore les armes de l'Angleterre ne furent pas heureuses et le comte Robert d'Artois qui avait remplacé le comte de Valois à la tête des armées françaises remporta sur Lencastre une victoire complète (4).

Quelques seigneurs gascons avaient abandonné le parti d'Edouard dès les premiers échecs, d'autres lui demeurèrent fidèles même après la défaite du comte de Lancastre. Le sei-

_/2)_

---

(1) RYMERS, t. III, pars tertia, pages 483 et suivantes. *Rôles gascons*, 4059-4060.

(2) MONLEZUN, *Histoire de Gasc.*, t. III, page 65.
(3) RYMERS, pars tertia, pag. 151, MONLEZUN, t. III, p. 69.
(4) MONLEZUN, *Hist. de Gasc.* t. III, p. 71.

gneur de Fimarcon était au nombre de ces derniers, qui payèrent leur fidélité de la perte de leurs biens.

Edouard leur écrivait le 3 mai 1279. Le roi d'Angleterre avait
appris tout ce que les seigneurs avaient souffert pour lui et les
en remerciait vivément. Dans sa reconnaissance, il s'empres-
serait de leur faire passer tout ce qui serait en son pouvoir pour
les indemniser (1).

Une trève conclue en 1297, entre les deux couronnes, sous
les auspices de Boniface VIII vint suspendre les hostilités et la
paix fut signée en 1298 (2). Ce que nous avons dit touchant les
rescrits des deux Edouard en faveur d'Othon de Lomagne
nous prouve que cette paix réintégra les seigneurs gascons
dans la possession de leurs domaines.

Quelques années plus tard, la guerre civile éclatait en Angleterre. Les barons, humiliés de l'empire que le gascon Gaveston,
favori du roi Edouard II, avait pris sur l'esprit de ce prince,
irrités d'ailleurs par les insolences de ce ministre, se révoltè-
rent. En présence de cette rébellion, Edouard se retourna vers
les seigneurs de Gascogne. Il écrivit à un grand nombre d'entre eux parmi lesquels se trouvait le seigneur de Fimarcon,
une lettre datée d'York le 6 avril 1312, et dans laquelle il ordonnait aux gentilshommes ses correspondants de se tenir prêts
à marcher à sa défense (3). On ne leur en donna pas le temps.
Dès le 13 juin, la tête de Gaveston tombait sous la hache du
bourreau (4).

D'autres soucis tourmentaient le monarque anglais. Il avait
déclaré la guerre à l'Ecosse et parvint à la conquérir, mais elle
ne tarda pas à secouer le joug. Vaincu dans plusieurs combats,
Edouard s'adresse aux seigneurs gascons et réclama leurs
épées. Il écrit en même temps aux villes et aux cours du Bordelais, de l'Agenais, du Bazadais et des Landes (5) pour solléci-
ter des subsides.

Les cours se réunirent dans l'Agenais, Fleurance offrit
500 livres, La Montjoie 100, La Romieu 200, Francescas 400,
Montréal 300, les autres selon leurs moyens ; mais tous ces
secours ne ramenèrent pas la fortune sous les drapeaux
d'Edouard et l'Ecosse fut perdue pour lui sans retour.

---

(1) RYMERS, t. III, pars tertia.
(2) MONLEZUN, t. III, p. 74. — (3) MONLEZUN, t. III, pages 131, 132.
(4) MONLEZUN, t. III, p. 132. — (5) MONLEZUN, t. III pages 150 et 152 (notes).

Pour ne pas interrompre le cours de notre récit, nous avons dû passer sous silence un fait important qui eut lieu en 1297 ; ce fut l'annexion de Blaziert à la seigneurie de Fimarcon. L'histoire de cet évènement va nous forcer à revenir sur nos pas pour en présenter les causes au lecteur.

Vers la fin du XIIe siècle, Blaziert fut donné en apanage par le vicomte Othon de Lomagne à Géraud Trencaléon, le dernier de ses fils. Celui-ci eut quatre enfants : Gaston, Bézian ou Vézian, Géraud et Escarronne. Les trois frères portèrent ensemble le titre de seigneurs de Blaziert, et Gaston, l'aîné, y joignit celui de seigneur de Montagnac, qu'il partagea un peu plus tard avec son frère Bézian. Les deux frères donnèrent ensemble les coutumes de Montagnac.

Mais il leur survint des différents avec de puissants personnages. Gaston fut accusé par Edouard Ier, roi d'Angleterre, de s'être rendu coupable de maléfices contre lui. En conséquence, le monarque anglais donna ordre à Fortaner de Cazenove, sénéchal de Gascogne, de le faire juger par ses pairs.

En vertu de cet ordre, Amanieu d'Armagnac, archevêque d'Auch, Géraud de Monlezun, évêque de Lectoure, frère Arnaud, abbé de Bouillas, Géraud comte d'Armagnac, Othon, seigneur de Fimarcon, et plusieurs autres grands personnages convoqués par Fortaner, se réunirent dans l'église Sainte-Marie-Madeleine de Pradoulin dans la juridiction de Lectoure.

Cité à comparaître devant cette assemblée, Gaston de Lomagne se reconnut coupable et le sénéchal du roi d'Angleterre le somma de livrer à son maître la terre et le château de Blaziert. « Je tiens ma seigneurie de Messire Othon de Lomagne, répon-
« dit Gaston ; je ne suis donc justiciable que de lui ; c'est
« devant lui seul que je dois répondre des faits qui me sont
« imputés. » L'assemblée reconnut et proclama les droits d'Othon, et ce dernier, se levant à son tour, prononça ces paroles : « Messeigneurs, on implore ici ma protection de suzerain
« et vous me reconnaissez le droit de l'accorder ; je la donnerai
« donc ; et si le sire sénéchal ou tout autre en son nom tente
« quelque chose contre la personne et les biens de Gaston de
« Lomagne, mon vassal, j'en appelle au roi d'Angleterre notre
« commun seigneur dont je serai toujours le féal. Si Monsei-
« gneur le roi ne me protège, j'en appelle à la pointe de mon
« épée. »

Gaston et ses frères purent, en conséquence, vivre en paix dans leurs domaines sous la protection de leur suzerain.

Bézian, le puiné, mourut à une date qui nous est inconnue et sa part de seigneurie en Blaziert échut à Géraud de Lomagne, son fils. Ce dernier fut bien loin, tout d'abord, de témoigner au bienfaiteur de sa famille la reconnaissance qu'il lui devait. En effet, le 3 mars 1296, Géraud dut comparaître à Gueysa, dans la juridiction de Gazaupouy, devant son suzerain Othon de Lomagne. Il était accusé d'excès commis par lui-même et par ses gens. Géraud se reconnut coupable et mit à la disposition d'Othon sa personne et ses biens.

En conséquence, l'année suivante (octobre 1297), par acte public et solennel, Géraud se reconnaît vassal d'Othon de Lomagne et se met sous son entière dépendance. De plus, s'il vient à mourir sans légitime héritier, il cède d'une manière absolue à Othon et à ses descendants la seignerie et le château de Blaziert avec tous leurs droits et leur juridiction. Géraud motive cette dernière partie de son acte par une reconnaissance tardive et forcée. Othon, dit-il, lui a généreusement donné des sommes d'argent considérables, des chevaux, des palefrois et autres choses précieuses ; il l'a délivré de plusieurs guerres avec ses voisins, lui a conservé le château de Blaziert, a sauvé sa personne, ses gens et ses biens : en un mot, il s'est montré en toute occasion bon et bienveillant pour lui.

L'année suivante, le mercredi, jour après l'octave de la Purification, Gaston de Blaziert, à son tour, faisait, entre les mains d'Othon de Lomagne, abandon de sa part de seigneurie. Géraud, frère de Gaston, devait, à cette époque, être mort sans laisser de postérité, car nous ne le voyons ni par lui-même, ni par ses enfants, intervenir dans cette transaction. Le roi Philippe-le-Bel, par lettres patentes du mois de mars suivant, approuva l'accord entre Othon de Lomagne et Gaston de Blaziert et le confirma. Le seigneur de Blaziert cédait à celui de Fimarcon sa part de seigneurie moyennant la somme de mille livres (1).

On conçoit qu'Othon II, devenu par ses acquisitions et par la faveur du roi d'Angleterre, un des plus puissants seigneurs du Midi, ait été souvent pris pour arbitre ou pour témoin par les seigneurs ses voisins dans les différends qui s'élevaient entre eux. C'est ainsi que nous le voyons chosi pour arbitre dans le démêlé survenu entre Bernard d'Astarac, IV⁰ du nom, l'archevêque d'Auch, Amanieu d'Armagnac, les abbés de

____

(1) Archives du Château de Lagarde. Fimarcon, lett. 46, iv 66, etc.

Pessan et de Faget et le commandeur militaire de la Foi (1).
L'archevêque et les abbés que nous venons de nommer possédaient des biens nobles dans l'Astarac et le comte Bernard
voulait les empêcher d'en jouir. L'archevêque surtout eut à se
plaindre de ses vexations. Il se défendit par les armes spiri-
tuelles et frappa Bernard des foudres ecclésiastiques. Le comte
s'en émut. Il s'empressa d'accepter une transaction et les parties s'en remirent au jugement d'Othon de Lomagne, seigneur
de Fimarcon et d'Arnaud-Othon de Lomagne, abbé de Condom,
oncle de ce dernier ; mais Bernard, se voyant près d'être condamné, n'accepta plus l'arbitrage et continua ses violences.
La mort le surprit au milieu de ces démêlés. Son fils Centule,
qui lui succéda, ne voulut pas l'imiter dans sa lutte contre
l'Eglise ; il reprit les négociations et accepta l'autorité des arbitres qui décidèrent comme il suit : « Les deux parties se tien-
« dront mutuellement quittes des dommages essuyés. L'arche-
« vêque lèvera les censures. Le commandeur de la Foi aban-
« donnera Pédarieux et quelques châteaux moins importants
« à Centule ; en échange, il recevra le château de Samazan en
« toute justice, sous la réserve que ce château ne pourra jamais
« être distrait de l'ordre. Le comte d'Astarac reconnaîtra tenir
« en fief noble de l'archevêque tout ce qu'il possède dans le
« terrain des Affites, et en signe de vasselage, lui et ses succes-
« seurs donneront à chaque nouvel archevêque une paire de
« gants blancs. Le comte rendra au clergé toutes les dîmes
« dont il s'est emparé et lui fera restituer celles qu'ont saisies
« les seigneurs de son comté. Enfin, pour dédommager l'arche-
« vêque de tous les dégâts supportés par le château de Lama-
« guère, il lui paiera six mille sols toulousains. » Cet accord
fut passé dans l'église de Gimont le 22 novembre 1291 (2).

L'archevêque d'Auch, satisfait de la sentence des deux arbitres, leur confia l'année suivante le jugement de ses démêlés
avec le seigneur de Pouy-Petit, Hector de Polignac. Le prélat
réclamait une dîme ecclésiastique qu'Hector prenait, parceque,
disait-il, cette dîme appartenait à sa maison. La dîme était,

---

(1) PÉRE ANSELME, *histoire des Grands Officiers de la Couronne*. — L'ordre de la Foi, un des Ordres de chevalerie religieuse établis en Espagne
vers la fin du XII° siècle pour combattre les Maures, n'eut qu'une existence
éphémère. Cartulaire d'Auch, Dom Bugelles, Manuscrit d'Aignan du
Sendat.

(2) MONLEZUN, *histoire de la Gasc..* t. III, p. 31 et 32. Cartulaire d'Auch,
Dom Brugelles, Man. d'Aignan du Sendat.

par sa nature un bien de l'Eglise et l'histoire ne peut justifier l'usurpation qu'en faisaient les seigneurs. Cependant, ne pouvait-il pas y avoir quelquefois à l'origine cession de la part des autorités ecclésiastiques pour récompense d'un service rendu, cession de telle nature qu'elle constituait un contrat irréductible sans le consentement des parties. Il semblerait qu'il en fut ainsi dans le cas qui nous occupe. Il ne paraît pas, en effet, que l'abbé de Condom, oncle du seigneur de Fimarcon, et pris avec lui pour arbitre, ait jamais failli aux saints devoirs que lui imposait son caractère de prêtre et de religieux, et pourtant, d'accord avec Othon de Lomagne, il donna, dans cette circonstance, droit à Hector de Polignac contre l'archevêque d'Auch. Il existait d'ailleurs dans le même sens deux sentences arbitrales portées l'une en 1095 et l'autre en 1192 (1).

Quelques années plus tard, 1299, nos deux arbitres s'interposaient entre Centule d'Astarac et son fils Bernard et empêchaient une guerre parricide qui allait éclater entres ces deux princes. Centule avait marié son fils avec Marthe, fille aînée de Roger, comte de Foix, et lui avait abandonné son comté, ne se réservant que Miramont, Labéjan, Saint-Jean et Castillon avec deux mille livres tournois de rente (dimanche avant la Toussaint) 1295 ; mais il ne tarda pas à se repentir d'avoir renoncé à l'Astarac ; sa tendresse filiale, disait-il, l'avait égaré. Pensant ne pouvoir obtenir de son fils la retrocession du comté il voulut le recouvrer les armes à la main. Othon II et l'abbé, son oncle, appuyés par plusieurs gentilhommes de Gascogne, arrêtèrent dès le commencement cette lutte contre nature. Sur leur décisions, Bernard dut ajouter aux terres déjà possédées par Centule les châteaux de Castelnau-Barbarens, Durban, Pavie et une nouvelle rente de deux mille livres petit tournois. Ainsi fut-il conclu le 12 août 1292 au château de Castelnau-Barbarens (2).

Othon II de Lomagne mourut dans l'année 1317. Son fils aîné, Guillaume Astanove dut le précéder au tombeau, mais il laissait encore quatre fils : Bernard Trencaléon, qui lui succéda ; Bertrand, qui fut chanoine d'Auch et de Chartres ;

---

(1) Archives de la maison de Polignac de Pouy-Petit. — Bulletin du comité d'histoire et d'archéologie de la province d'Auch, tome IV, 5ᵉ livraison, 25 juin 1863.

(2) MONLEZUN, tome III.

Guillaume Trencaléon et Géraud Trencaléon que des actes de
1328 nous montrent en cette année baron de Montcrabeau et
co-seigneur de Calignac. Il laissait de plus une fille, Agnès de
Lomagne, dont nous avons vu le mariage avec Pons de Castillon et les différends qui le suivirent.

VI.

BERNARD TRENCALÉON, QUATRIÈME SEIGNEUR DE FIMARCON
1314-1337

Bernard Trencaléon de Lomagne devint seigneur de Fimarcon trois ans avant la mort de son père, vers l'an 1314 ; les
actes publics de l'époque nous prouvent, en effet, qu'Othon II,
très avancé en âge, remit entre les mains de son fils le gouvernement de la seigneurie. C'est Bernard que nous voyons siéger
en qualité de seigneur de Fimarcon dans l'assemblée convo-
quée par Edouard d'Angleterre pour obtenir des subsides contre l'Ecosse. La date de cette assemblée n'est pas connue bien
exactement ; elle dut avoir lieu entre 1312 et 1314 ; mais ce qui
n'est pas douteux, c'est que dans cette dernière année, Bernard
rendait hommage au roi d'Angleterre comme seigneur de
Fimarcon.

Longtemps avant de succéder à son père, dans l'année 1291,
Bernard Trencaléon avait épousé Marthe d'Armagnac, fille du
comte Géraud V et de Mathe de Béarn, qui lui apporta comme
dot les châteaux de Sainte-Christie et d'Arblade-le-Comtal avec
haute et basse justice et tous autres droits (1). Marthe d'Armagnac ne porta jamais le titre de dame de Fimarcon ; elle mourut vers l'an 1313. Othon, le fils unique qu'elle avait donné à
son époux, mourut peut-être avant sa mère ; au moins dispa-
rut-il sans laisser de postérité.

Peu de temps après, Bernard épousait en secondes noces
Allemanne ou Allemande, fille d'Othon de Cazenove, seigneur
de Montagnac, d'une des plus nobles maisons de Gascogne.
En 1030, Guillaume de Cazenove était un seigneur marquant
du Fezensac et l'histoire nous a montré Fortaner, grand-père
d'Allemanne, convoquant, au nom du roi d'Angleterre dont il

---

(1) PÈRE ANSELME, *Histoire des Grands Officiers de la couronne*, t. II.
Voir aux pièces justificatives, I, les pactes de ce mariage.

était sénéchal, les seigneurs de Gascogne pour juger Othon de
Blaziert (1).

Les premières années qui suivirent l'avènement de Bernard
à la seigneurie de Fimarcon furent marquées par deux faits
importants. Le premier fut la transformation de l'abbaye de
Condom en évêché en faveur de Raymond de Galard, son dernier abbé, transformation qui fut accomplie par une bulle du
pape Jean XXII en date du 13 août 1317. Nous raconterons le
second fait avec plus de détails parce qu'il eut pour théâtre La
Romieu, l'une des places les plus importantes du pays.

Vers l'an 1312, Arnaud d'Aux, issu d'une famille noble de
La Romieu successivement chanoine de Coutances, vicaire
général de l'archevêque de Bordeaux qui devint le pape Clément V, évêque de Poitiers, chapelain du Souverain Pontife et
enfin cardinal-évêque d'Albano, Arnaud d'Aux acheta aux consuls et aux habitants de La Romieu un terrain s'appuyant aux
fossés de la ville et la partie correspondante de ces fossés qu'il
fit dessécher pour en creuser d'autres plus loin. Sur cet emplacement, il bâtit une belle église à une seule nef, flanquée de
deux magnifiques tours, l'une carrée, l'autre octogone, destinées à servir, la première de clocher, la seconde de sacristie.
L'église et surtout les deux tours comptent parmi les beaux
monuments d'architecture de notre région. Arnaud d'Aux fit
construire à côté un vaste cloître formé de fortes murailles
presque égales en hauteur à celles de l'église, et, pour son
habitation, un palais au couchant.

Le cardinal avait pour but de fonder à La Romieu un chapitre collégial important et disposait pour cette fondation de
biens considérables. Près de sa nouvelle église était un prieuré
de Bénédictins dépendant de l'abbaye Saint-Victor de Marseille et fondé en 1012 sur un emplacement donné par le vicomte
Odon de Lomagne. La possession de ce prieuré et sa réunion à
l'église récemment construite devenaient indispensables au
cardinal, soit par la proximité des deux églises, soit à cause
des conflits d'intérêt qui auraient pu les diviser. Il l'acheta
pour la somme de deux mille florins de Florence. Le pape
Jean XXII, par sa lettre du 22 décembre 1317, autorisa cette

---

(1) Les rôles gascons copiés par M. Francisque MICHEL, t. I, n. 3753, nous
fournissent un acte par lequel le roi Edouard, donne à Fortaner de Vaza-
nove (c'est Cazanova qu'il faut lire), la garde du camp de Laverdon,
moyennant une solde de quatre-vingts livres sterling (année 1254).

vente et prononça la sécularisation du prieuré de N.-D. de La
Romieu et son union à l'église élevée par l'évêque d'Albano.

Toutes choses étant ainsi préparées, Arnaud d'Aux data
d'Avignon, le 30 juillet 1318, son acte de fondation dont voici
les dispositions principales :

Le cardinal fonde, dans l'église Saint-Pierre de La Romieu
un chapitre collégial composé d'un doyen dignitaire, d'un
sous-doyen, d'un chantre, d'un sacriste, d'un ouvrier et de dix-
huit chanoines. Tous ces bénéficiers vivront en commun jusqu'à ce que, par les secours de la divine Prividence, les revenus soient suffisants pour les faire vivre décemment chacun
en particulier, sous le bon plaisir et avec le consentement du
patron et du doyen. Pour occuper ces bénéfices, le fondateur
exige que les sujets soient prêtres ou se fassent ordonner dans
le courant de l'année. Il veut aussi que le nombre en puisse
être augmenté par les patrons laïques ses successeurs, si les
richesses du chapitre viennent à s'accroître. Le cardinal donne
en dot à son église tous ses biens patrimoniaux meubles et
immeubles, n'en réservant qu'une petite partie aux patrons
laïques ses successeurs ; de plus, ceux qu'il tient des parents
laïques de son nom par le puissant secours desquels il est par-
venu à mettre la dernière main à son œuvre. Il donne encore à
cette même église tous les biens acquis par lui, de quelque
nature qu'ils soient et quelque part qu'ils se trouvent situés.
Arnaud d'Aux joint à tous ces biens le Prieuré de N.-D. de La
Romieu acheté par lui et sécularisé par le Souverain Pontife,
avec toutes ses appartenances et tous ses droits tant spirituels
que temporels. Pour faciliter le service divin, il pourvoit son
église de toutes les choses nécessaires dont il fait une longue
énumération : croix d'argent et de vermeil, calices d'argent et
de vermeil, grand nombre de reliques contenues dans des
chasses d'argent, ornements sacrés, livres cantoraux, cloches,
etc. Il se réserve, sa vie durant, le droit de patronage et de
nomination à tous les bénéfices de son église et rend le premier de ces droits reversible après sa mort à ses héritiers laïques de son nom et à leurs descendants.

Cette fondation fut confirmée par Raymond de Galard, premier évêque de Condom, le 2 octobre 1318 (1).

Mais la mort empêcha le cardinal d'Aux de réaliser entière-

____

(1) Mémoire généalogique de la maison d'Aux-Lescout, 1728.

ment son projet. Ses héritiers modifièrent sa pensée et réduisirent la fondation à un doyen, dix chanoines et douze prébendés.

Arnaud d'Aux mourut à Avignon le 12 août 1321. Son corps, suivant une des clauses de son testament, fut porté à La Romieu, où il fut enseveli. Son tombeau est creusé dans la muraille de l'église, à la droite du maître-autel, en face de la tombe de Fort d'Aux, son neveu et son successeur à Poitiers. Un peu plus bas reposaient Pierre, Raymond et Géraud d'Aux ses autres neveux. Ces monuments furent dégradés pendant les guerres de religion. Montgommery s'empara de La Romieu, pilla l'église, brisa les sculptures et les bas-reliefs des tombeaux, enleva les ornements sacrés et fit périr la plupart des prêtres dans les flammes. La Révolution française acheva l'œuvre des religionnaires. Mais, sous la Restauration, le marquis de Lally-Tollendal, qui avait donné sa fille en mariage au chef de la maison d'Aux, fit rebâtir les tombeaux qu'il surmonta de leurs écussons.

Pendant que le plus illustre parmi les fils de ses vassaux se distinguait par des fondations pieuses, le seigneur de Fimarcon se préoccupait du service de son suzerain, non sans lui faire subir parfois les effets de son caractère ambitieux et tracassier. Malgré les soins d'Edouard et de ses ministres, malgré les les peines qu'ils se donnaient pour faire disparaître les abus et les désordres, les cœurs, dans la Gascogne, se détachaient de plus en plus de l'Angleterre. On murmurait contre les vexations toujours croissantes des officiers royaux, qui profitaient de l'éloignement de la cour pour pressurer les peuples. A l'occasion de ces plaintes devenues générales, Edouard confia la mission de se rendre en Gascogne à Barthélemy de Baltomère et à Hugues Spencer, son nouveau favori. Ils devaient recueillir sous la foi du serment les dépositions d'hommes graves et non suspects et statuer ensuite avec pleine autorité. Leur présence apaisa les murmures pour quelque temps.

Au milieu de ces troubles, Bernard Trencaléon crut le moment favorable pour établir de nouveaux péages sur ses terres de Fimarcon ; mais les consuls de Condom portèrent leurs plaintes au roi d'Angleterre. Celui-ci, faisant droit à leur requête, donna l'ordre aux sénéchaux de Gascogne et d'Agenais d'abolir les péages établis par Bernard sans sa permission. Les lettres royales sont datées de Shelford, la treizième année du règne d'Edouard II (1320). En voici la traduction :

« Edouard, par la grâce de Dieu, roi d'Angleterre, seigneur

« de l'Hibernie et duc d'Aquitaine, aux sénéchaux de Gascogne
« et de l'Agenais, salut. Sur les prières que nous ont adressé
« les consuls de notre ville de Condom, nous vous enjoignons
« d'abolir les péages et les impôts établis récemment par Ber-
« nard Trencaléon dans ses terres de Fimarcon sans avoir
« obtenu de Nous licence de le faire. Procédez juridiquement
« à cette annulation selon le droit et la coutume et dans les
« formes usitées en cette seigneurie » (1).

Cependant les murmures, un instant apaisées par la présence
des envoyés du roi d'Angleterre, ne tardèrent pas à recommencer. Ils prirent une violence exceptionnelle lorsque Edouard,
obligé de lutter à la fois contre les Ecossais et contre la plupart de ses Lords, voulut tirer de la Gascogne des secours en
hommes et en argent, 1322. Plusieurs gentilshommes de ce
pays refusèrent de répondre à l'appel du monarque anglais ;
mais au milieu de toutes ces défections, le seigneur de Fimarcon demeura fidèle à son suzerain. Il lui fit un nouvel hommage pour sa terre de Fimarcon, le château de Courrensan, la
moitié de la ville de Vic et reconnut avoir reçu de lui des subsides pour mettre le château de cette place en état de défense.
Le sénéchal de Toulouse, pour insulter à la fois au monarque
anglais et son vassal, attaqua les termes de cet hommage relativement à Vic et à Courrensan, qui étaient en sa juridiction, fit
citer devant lui Bernard Trencaléon, et, sur son refus de comparaître, le fit arrêter. Le procès s'instruisit et Bernard, condamné à une forte amende, fut jeté en prison où il languit
durant plusieurs mois (2).

Quelque temps après, la guerre éclata de nouveau entre la
France et l'Angleterre. Elle eut pour théâtre la Bourgogne,
mais il y eut aussi quelques combats dans le midi de la France.
La plupart des seigneurs gascons s'enrolèrent sous les drapeaux français et Bernard, cette fois, ne crut pouvoir mieux
faire que de suivre leur exemple. Dans le cours de l'année 1324,
le comte de Valois ayant obligé le prince Edouard à capituler
dans La Réole, la paix fut aussitôt conclue.

Trois ans plus tard, 1327, Edouard II, renversé du trône et
jeté en prison par son épouse Isabelle de France, révoltée contre lui, fut remplacé par son fils Edouard III. Le premier acte
du nouveau roi fut d'offrir son pardon à tous les seigneurs de

____

(1) RYMER : Federa, pactiones, etc., pers. tertia, tome III.
(2) LA FAILLE, *Annales de Toulouse*.

Gascogne qui avaient porté les armes contre son père ; il avait
besoin d'être dégagé d'embarras pour apaiser les derniers mou-
vements de la tempête qui l'avait porté au pouvoir. Lorsqu'il y
eut réussi, il voulut multiplier en Gascogne ses partisans.
Pierre de Galiciac, chanoine d'Agen, fut chargé d'agir en son
nom dans cette province, où il devait circonvenir les seigneurs,
leur faire de belles promesses, soutenir leur fidélité et ranimer
leur dévouement au roi d'Angleterre (1). Mais tous les regards,
dans les provinces du Midi, se portaient vers le nouveau roi de
France, qui, à peine assis sur le trône, entraînait sa noblesse
vers la Flandre et remportait à sa tête la célèbre victoire de
Cassel, 12 août 1328 (2).

Bernard Trencaléon, instruit par ses revers et d'ailleurs
avancé en âge, semble avoir, à cette époque, songé plus particulièrement au salut de son âme. C'est ainsi que nous le voyons
le 8 janvier 1330, fonder la chapellenie appelée Dujac dans
l'église d'Abrin (3).

Outre la part qu'il prit aux évènements dans le Midi de la
France, Bernard eut des contestations avec ses voisins, soit en
son propre nom, soit/nom de sa nièce, Agnésie de Lomagne,
baronne de Montcrabeau et dame de Calignac, dont il était le
tuteur. Ce fut d'abord des intérêts de cette dernière qu'il eut
à s'occuper.

Le père d'Agnésie, Géraud Trencaléon, faisant revivre des
prétentions plus anciennes, revendiquait la juridiction des
paroisses de Saint-Pierre de Vicnau, Saint-Avit de Gauran,
Sainte-Rufine de Gélembert et Saint-Saturnin que les consuls
de Condom lui disputaient. Au nom de sa pupille, Bernard
poursuivit cette revendication mais la sentence des arbitres ne
fut pas en faveur d'Agnésie. Elle dut renoncer à tout droit sur
ces paroisses qui furent définitivement constituées dans la
juridiction de Condom (4).

Bernard ne fut pas plus heureux pour lui-même qu'il ne
l'avait été pour sa nièce. D'accord avec Galhardin de la Roque
son vassal, il disputait à Raymond de Galard, évêque de Condom, et à la communauté de cette ville les paroisses de Saint-
Orens, Saint-Pierre de Bolin, Sainte-Marie des Bordères et
Saint-Sulpice des Camisats. Le 23 février 1334, le procureur du

<hr>

(1) Collection Bréguigny-Rymer.
(2). MONLEZUN III, pag. 495. — (3) Inventaire des arch. de Lagarde RRR.
(4) Archives municipales de Condom FF. 25.

roi au sénéchal d'Agenais adjugea ces territoires aux consuls de Condom et n'accorda au seigneur de Fimarcon et à son vassal que les gages de cinq sols et vingt derniers morlans (1) pour tous leurs droits sur ces paroisses.

L'année suivante, une sentence arbitrale mettait fin à des contestations élevées pour limites de territoire entre Bernard de Fimarcon et le seigneur de Terraube (2).

Le 27 janvier 1336, un acte de rescission volontaire annulait le contrat passé entre Jean, fils du comte d'Armagnac, et Jeanne première fille du seigneur de Fimarcon et d'Allemanne de Cazenove (3). Si la rupture de cette alliance causa quelque tristesse au sire de Fimarcon, le 14 mars de cette même année dut lui apporter une compensation. En effet, les archives du château de Lagarde nous offrent à cette date un procès-verbal des revenus que le roi tirait de la ville et juridiction de La Romieu portant donation faite au seigneur de Fimarcon de quinze sols morlans sur la maison de Saint-Aignan (4).

Dans la même année, le mercredi avant la fête de saint Pierre, une transaction était passée entre Bernard Trencaléon et le seigneur de Terraube au sujet des juridictions et territoires de Terraube, Doazan et Le Mas (5).

Enfin, le 17 juin 1337, intervenait une transaction entre Bernard Trencaléon, seigneur de Fimarcon, et les habitants du Mas pour raison des droits seigneuriaux (6).

La mort de Bernard suivit de près cette date. Il laissait de son mariage avec Allemanne de Cazenove un fils en bas âge, Jean de Lomagne, qui lui succéda, et trois filles, Jeanne, Valérie et Géraude dont les alliances nous sont inconnues.

VII.

JEAN Ier, CINQUIÈME SEIGNEUR DE FIMARCON. 1337-1365.

Devenu seigneur de Fimarcon par la mort de son père, Jean de Lomagne, encore en bas âge, fut mis sous la tutelle de sa mère Allemanne de Cazenove, qui paraît avoir été une femme du plus grand mérite. Elle sut se rendre favorables le roi de France et ses agents, et d'abord, Jean, roi de Bohême et lieutenant du roi de France dans la province de Guienne, qui intervint en faveur de la mère et du fils contre les empiètements du

---

(1) *Ibidem*, FF 25. — (2) Archives du château de Lagarde, 35 V.
(3) *Ibidem*, 33 A. — (4) *Ibidem*, 33 Q. — (5) *Ibidem*, 26 N. — (6) *Ibidem*, 26 R.

bayle royal. Les seigneurs de Fimarcon possédaïent depuis longtemps le droit de haute justice dans La Romieu en paréage avec la couronne. Othon de Lomagne jouissait de ce droit dès l'année 1278 et ses successeurs en jouirent comme lui ; Allemanne elle-même le mentionne dans l'inventaire des biens délaissés par Bernard de Fimarcon qu'elle fit dresser dans le cours de juillet 1338 (1). Par cette mention, elle voulut surtout assurer l'avenir de son fils contre les prétentions des officiers royaux. Cette année même, en effet, le bayle du roi contestait à Jean de Lomagne son droit de haute justice en La Romieu. Mais, Jean de Bohême, averti par Allemanne de Cazenove, manda par lettres patentes du 15 janvier et du 14 février 1338, au sénéchal d'Agenais et de Gascogne « de faire que le « bayle du roy qui voulait s'ingénier de faire tout seul la « justice criminelle de La Romieu, n'empêche plus dorénavant « Jehan de Lomagne, sieur de Fimarcon, en la dite instance « criminelle laquelle lui appartient par paréage avec le roy ; « de faire en sorte que les prisons soient communes et que les « requêtes et informations en causes criminelles ne se fassent « point par le bayle du roy sans appeler le bayle du dit Lomagne, sieur de Fimarcon, suivant la forme du paréage » (2).

Déjà dans des lettres adressées la veille, 14 janvier 1338, au même sénéchal, Jean de Bohême avait du défendre en Gazaupouy, contre les officiers de la couronne de France et le baillage de Condom les droits seigneuriaux du sire de Fimarcon, mineur (3).

Quelques années plus tard (novembre 1345), Jean, fils aîné du roi de France, duc de Normandie et lieutenant pour le roi dans la province de Guienne, donnait au seigneur de Fimarcon la moitié de la haute justice dans La Romieu qui appartenait à la couronne. Il motivait cette donation par les services que rendit au royaume de France Bernard Trencaléon, père de Jean de Lomagne, lorsqu'il eut quitté la cause de l'Angleterre. Il y mettait pour condition que Jean, suivant les exemples de son père, gouvernerait paternellement La Romieu et défendrait cette ville contre les ennemis de la France et du roi (4).

(1) Archives du château de Lagarde lett. 35 v. — (2) *Ibidem* lett. 31 v. 35 v. — (3) Voir aux pièces justificatives II. — (4) Archives du chateau de Lagarde, 33 l., 33 l. Dans un acte du 21 décembre 1354, mentionné par l'inventaire de ces archives, Jean de Lomagne déclare que si les habitants de La Romieu lui ont fonrni les choses nécessaires à sa nourriture et à celle dés gens de sa suite, ça n'a été que par amour et non par obligation.

Cependant, Allemanne, pour assurer à son fils qui allait devenir majeur, un pouvoir solide et un gouvernement prospère, le mettait de plus en plus sous la protection du roi de France par un nouvel hommage de ses terres. Elle avait déjà, le 2 février 1338, fait procuration à noble Bertrand de Lomagne, co-tuteur du sire de Fimarcon pour rendre au nom de ce seigneur hommage au roi de France et recevoir les hommages qui lui étaient dus à lui-même par ses vassaux (1).

En retour, Jean de Lomagne recevait du roi de France, comme privilège, l'assurance que les causes de la seigneurie de Fimarcon ressortiraient au sénéchal d'Agen (2). Dès l'année même de la mort de son père, Jean de Lomagne avait une première fois reçu cette faveur de Philippe de Valois (3) qui, le 3 mars 1339 et le 3 avril 1340, commettait le sénéchal d'Agenais pour fixer les limites entre les territoires de Gazaupouy, Castelnau et Blaziert, sur lesquels il y avait débat entre l'évêque et les consuls de Condom d'un côté, et le seigneur de Fimarcon de l'autre. En vertu de ces lettres patentes, le sénéchal donnait commission pour le même objet à Bernard de Cassagne docteur es-lois et à Bernard Calvet, clerc et juge ordinaire du roi en Agenais (4).

Mais peut-être les officiers de la couronne tenaient-ils peu de compte des décrets royaux. En tout cas si l'on songe aux querelles nombreuses que nous avons déjà vu surgir entre les seigneurs de Fimarcon et les officiers du roi dans le Condomois, faisant presque toujours cause commune avec les consuls de Condom, on conçoit qu'Allemanne et son fils aient regardé comme une véritable faveur de ressortir du sénéchal d'Agen. En même temps, Allemanne de Cazenove se faisait prêter, au nom de son fils, un nouveau serment de foi et d'hommage par les vassaux de ce dernier. Elle donnait en fief au même nom des terres dans la juridiction du Mas au co-seigneur de Roquepine, Jean d'Aux, un des neveux de l'illustre cardinal de ce nom (5).

Jean de Lomagne nous apparaît aimé de ses sujets et surtout fidèle à son suzerain. Ainsi le voyons-nous, le 4 septembre 1359, former une ligue avec Jean d'Armagnac, comte de Fezensaguet et de Bruilhois, Arnaud-Guillem, comte de Pardiac, et

(1) Voir aux pièces justificatives, III.
(2) Inventaire des archives de Lagarde G. M.
(3) Inventaire des archives de Lagarde, lett. 82.
(4) Voir aux pièces justificatives IV. — (5) Inv. des arch. de Lagarde, lett. 60.

Jean de La Rivière, seigneur d'Aure, pour combattre à l'intérieur et dans le voisinage les ennemis de la couronne. A cette
époque, Jean II, roi de France, pris par le Prince Noir sur le
champ de bataille de Poitiers, était captif à Londres ; la France
était désolée par l'ambition du roi de Navarre, Charles le Mauvais, et par ses luttes contre le Dauphin ; dans les provinces,
les luttes de seigneur à seigneur et de château à château recom-
mençaient comme aux premiers temps de la féodalité. La ligue
des quatre seigneurs gascons était donc de la plus grande
utilité. Dévoués avant tout aux intérêts du roi de France et de
Jean d'Armagnac, gouverneur du Languedoc, ils devaient faire
connaître les clauses de leur alliance aux autres seigneurs qui
voudraient en faire partie. Ils prirent leur engagement la main
droite sur l'Evangile et y ajoutèrent celui de se prêter en toute
occasion un mutuel secours (1).

L'année suivante, 1360, Jean de Lomagne guerroyait dans le
Languedoc et dans la Guienne et la couronne de France lui
payait cent écus par mois pour entretenir sa compagnie, garder les possessions royales et faire la guerre aux ennemis de
l'Etat (2). Mais cette année même fut signé le funeste traité de
Brétigny qui livrait la moitié de la France à l'entière souveraineté du roi d'Angleterre. Jean de Lomagne, bien à regret,
déposa les armes, jusqu'au moment où le comte d'Armagnac
lui demanda secours, 1362.

La guerre venait d'éclater entre ce dernier et Gaston-Phébus,
comte de Foix, vicomte de Béarn. Presque toute la noblesse de
Gascogne, enrolée sous les drapeaux des deux partis, prit part
à cette lutte. Les deux armées se rencontrèrent à Launac le
5 décembre 1362. Le comte d'Armagnac avait pour lui le nombre, aussi Gaston se retrancha-t-il sur une éminence et résolut-
il de se tenir sur la défensive. Armagnac eut dû se souvenir du
sort du roi de France, à la bataille de Poitiers, mais, comme
ce monarque, il n'écouta que sa bravoure et se précipita contre
les retranchements du comte de Foix. On combattit longtemps
de part et d'autre avec même valeur ; mais enfin, la victoire se
déclara pour Gaston. Elle fut complète (3). Le comte d'Armagnac et neuf cent gentilshommes de son armée demeurèrent
prisonniers. Jean de Lomagne se trouva parmi les captifs.

---

(1) Archives du département du Gers E.
(2) Père Anselme, *Histoire des grands officiers de la Couronne.*
(3) Monlezun, t. III, page 160.

Gaston les fit conduire au château de Foix ; mais quelques jours après, il les rassembla dans la cour de ce château et leur dit que, ne voulant pas leur infliger les tortures de la prison, il allait les traiter en véritables gentilshommes. En conséquence il assigna pour séjour pendant trois mois, aux uns la ville de Mazères, aux autres celle de Pamiers et leur permit de se promener dans les environs, mais à la condition de venir toujours passer la nuit dans la place qui leur était assignée comme résidence. Les prisonniers s'engagèrent à ce qui leur était demandé sous peine de payer des sommes considérables et prirent pour caution les comtes d'Armagnac et de Comminges.

Nous ne trouvons pas Jean de Lomagne parmi les gentilshommes qui prirent ces engagements ; peut-être avait-il déjà payé sa rançon et recouvré sa liberté. Ses compagnons de captivité ne tardèrent pas non plus à recevoir la leur. D'après une ancienne chronique, toutes ces rançons valurent au comte de Foix un million de livres tournois, quinze millions de notre monnaie (1).

Jean de Lomagne mourut en Turquie vers la fin de l'année 1365. Par son testament fait cette même année à Castelnau-des-Loubères (2), il désignait pour sépulture l'église d'Abrin, tombeau de sa famille (3). Nous ne savons pas au juste ce qu'il en fut de sa dernière volonté, mais il est peu probable que l'on ait laissé reposer les restes mortels du seigneur de Fimarcon dans une terre infidèle ; on dut les ramener de cette région lointaine à la dernière demeure qu'il leur avait lui-même choisie.

Jean Ier avait épousé Géraude, fille d'Arnaud-Guillaume de Monlezun, comte de Pardiac. De ce mariage naquirent : Odet, seigneur de Fimarcon, qui lui succéda : Jacques, seigneur de La Mothe et de Mauléon ; Guillaume et Géraud, tous trois morts sans postérité : Marguerite, mariée à Géraud d'Albret, seigneur de Verteuil et de Vègres ; enfin, Panthère ou Pau-

---

(1) Monlezun, pages 366, 367 et 368. OLLIAGARAY. *Histoire de Foix.*

(2) Voir l'analyse de ce testament aux pièces justificatives v. Inventaire des archives de Lagarde lett. 33. o.

(3) Dans le cours de l'année 1894, des fouilles pratiquées dans les ruines de l'Eglise d'Abrin ont fait découvrir de nombreux restes de cadavres, parmi lesquels des ossements d'enfants. Cette dernière circonstance ne permet pas de voir dans ces caveaux funèbres les sépultures des commandeurs, ni celles des chevaliers de Malte qui résidèrent à la commanderie. Il nous semble voir dans cette découverte un commentaire authentique du testament de Jean de Lomagne, seigneur de Fimarcon qui appelle l'Eglise d'Abrin le tombeau de sa famille.

cette, religieuse au monastère de Prouillan, nommée dans le testament de son père qui lui légua deux cent florins d'or et une rente de vingt-cinq florins.

VIII.

ODET Ier, SIXIÈME SEIGNEUR DE FIMARCON. 1365-1378.

Au moment où Odet de Lomagne devint seigneur de Fimarcon, le prince de Galles, moins heureux dans le gouvernement que son père lui avait confié que sur les champs de bataille, s'était aliéné un grand nombre de seigneurs gascons. Odet fut au nombre des mécontents qui allèrent trouver le roi de France et lui demandèrent justice contre les vexations du Prince Noir. Le droit féodal semblait justifier cette démarche, car le roi d'Angleterre, n'ayant pas exécuté les clauses du traité de Brétigny, demeurait par cela même vassal du roi de France pour ses possessions du sud-ouest.

Charles V, fidèle à cette habile politique qui lui servit autant que la force des armes à chasser les Anglais de France, accueillit les plaignants avec faveur, et, pour leur donner l'occasion de se venger du roi d'Angleterre et du Prince Noir, il les prit à son service. Mais avant de les faire marcher contre les troupes anglaises, Charles donna l'ordre aux sénéchaux du Languedoc de protéger leurs terres et leurs châteaux qu'il prenait sous sa sauvegarde (1). Les lettres du roi de France sont datées du 31 octobre 1368 (2).

Odet, en cette occasion, n'avait accompagné les mécontents que pour fortifier leurs plaintes de ses témoignages, car, dès l'année précédente, il s'était mis à la solde de Charles V. Par accord du 28 mai 1367, le roi de France s'engageait à lui payer la solde de soixante hommes d'armes pour servir dans la Guienne contre les Anglais, et de plus, six cent livres de rente jusqu'à la fin de ses jours.

Afin de parfaire cette somme, Odet reçut en jouissance le péage de Marmande, l'hommage de Roquelaure, et, en toute propriété seigneuriale, la terre de Torrebren, dont le prince Louis, fils du roi de France, lui fit don lorsqu'elle fut conquise sur les Anglais (6 juillet 1370) (2). Ce fut à Paris où il était allé

---

(1) Dom Vaissette, tome ix, p. 337. Monlezun, tome iii, p. 410.
(2) Inventaire des archives de Lagarde, lett. 7 k. — (3) *Ibidem*, lett. 64

demander au trésor royal le paiement d'une somme de cinq cent livres qu'Odet reçut en don la terre de Torrebren.

Il continua jusqu'en 1372 de guerroyer contre les Anglais pour le compte du roi de France, mais cette même année, comme l'avait fait quelque temps auparavant son père Jean de Lomagne, Odet quitta momentanément le service du roi pour combattre pendant quatre ans le comte de Foix dans l'armée du comte d'Armagnac (1). Après une lutte mêlée de succès et de revers, ces deux seigneurs préludèrent, en 1377, à leur complète réconciliation par une convention dont Odet de Lomagne fut l'un des témoins. Les divers articles en furent jurés sur la Croix et sur les Saints Evangiles, du côté du comte de Foix, par Gaston lui-même, par les comtes de l'Isle-Jourdain et d'Astarac, le vicomte de Castelbon, le sénéchal des Landes, le sire de Mauléon, messire Pierreton d'Ornézan et messire Jean de Lantac ; au nom du comte d'Armagnac et de la comtesse de Comminges, par le seigneur de Fimarcon, le comte de Pardiac, le sire d'Albret, le seigneur de Langoyran, Bertrand du Fossat et quelques autres (2).

Ces préoccupations n'empêchèrent pas Odet de Lomagne de donner des soins aux intérêts de ses possessions territoriales. Des contestations existaient depuis longtemps entre les seigneurs de Fimarcon et la communauté de Condom au sujet de leur juridiction respective. Dès le principe, il paraissait comvenu que la juridiction de Condom devait confronter du levant au ruisseau de l'Auvignon, du midi, aux terres du Sempuy et à celles du comté d'Armagnac, du couchant, à la rivière de l'Osse, et du nord aux terres du château et ville de Montrrabeau (3). Le ruisseau de l'Auvignon était donc considéré comme limite naturelle et légale entre les deux juridictions en avant de Blaziert, de Castelnau et de Gazaupouy.

Néanmoins, les seigneurs de Fimarcon se crurent en droit, pendant deux cent cinquante ans environ, de s'attribuer des territoires en deça de cette limite et d'y exercer la justice. Un procès-verbal de placement de bornes et de Martres (4) en différents endroits le long de l'Auvignon, daté de 1279, nous révèle

---

(1) MONLEZUN, tome III, p. 425. — (2) Dom VAISSETTE. t. IV. preuves, — MONLEZUN, tome III. p. 451. — (3) Arch. mun. de Condom FF. 29.

(4) Ces martres (mordelles ou marzelles) pourraient être des petits murs ou parquets construits de distance en distance et dont on pourrait retrouver encore des vestiges.

un empiètement de ce genre tenté par Othon II (1). C'est sans doute pour prévenir de nouvelles entreprises de sa part que dans le paréage de 1286, passé entre Edouard Ier, roi d'Angleterre et duc de Guienne, et l'abbé de Condom, Auger d'Andiran, on désigne comme limites de la juridiction de Condom celles qui avaient été marquées en 1227 et dans les mêmes termes qu'à cette époque (2).

Mais le 3 avril 1340, Philippe, roi de France, ayant accordé à Jean de Lomagne des lettres patentes touchant les limites des trois paroisses mentionnées plus haut (3), celui-ci, s'autorisant de ces lettres et de l'exemple de son aieul, entreprit à son tour sur le même territoire. Les consuls de Condom formulèrent des plaintes à la suite des quelles les bornes des deux juridictions furent, en 1358 remises à la place qu'on leur avait fixé en 1279. On porta de nouveau « inhibition et défense » de faire de nouvelles tentatives (4) et des panonceaux (5) furent établis distance en distance.

Odet de Lomagne ne se crut pas obligé de les respecter ; il s'emprara des biens revendiqués par ses ancêtres au-delà de l'Auvignon et y fit élever des fourches patibulaires (1372 (6). On ne sait pas au juste quels étaient ces lieux, mais il est probable que Sainte-Germaine était du nombre, et dans ce cas, la prétention d'Odet paraissait justifiée par cette considération, que cette paroisse et les territoires environnants, La Courlade, Gensac et autres, étaient, pour le spirituel, dans la dépendance de Castelnau. Quoiqu'il en fut, le seigneur de Fimarcon affirmait par un acte hardi ses droits de haute justice sur tous ces lieux. A cette nouvelle, Condom, fut en émoi. Le procureur général du roi, les procureurs de l'évêque et des consuls, firent entendre les plaintes les plus vives. L'effet s'en fit attendre pendant quelque temps, et ce ne fut que le 31 juillet 1378, que des lettres émanant de la chancellerie ordonnèrent d'abattre les fourches patibulaires. Elles renouvelèrent en même temps les « inhibitions et défenses » des arrêts précédents (7).

---

(1) Inventaire des archives de Lagarde lett. 59 s.

(2) Arch. municipales de Condom. Livre Cadenas. p. 35.

(3) Inventaire des archives de Lagarde, lett. 50 p. Voir aux pièces justificatives, IV.

(4) Archives municipales de Condom FF 23.

(5) Ces panonceaux étaient des bornes plantées le long du ruisseau et portant les armes du roi, les armes de l'évêque de Condom et celles de la ville.

(6) Archives municipales de Condom FF 29. — (7) *Ibidem*.

A cette époque, Odet de Lomagne n'était peut-être plus de ce
monde ; il avait fait son testament le 16 du même mois et dut
mourir peu après. Certains chroniqueurs, cependant, fixent la
date de son décès à 1381. Il avait épousé Catherine, fille unique
de Géraud de Ventadour, seigneur de Douzenac et de Boussac, qui lui donna quatre enfants : Jean, qui lui succéda,
Géraud, Bérard et Jeanne. Tous les quatre étaient mineurs et
furent mis sous la tutelle de Géraude de Montezun, leur aïeule,
et de leur mère Catherine de Ventadour.

IX.

JEAN II, SEPTIÈME SEIGNEUR DE FIMARCON. 1378-1397.

Pendant la minorité de Jean II de Lomagne, la seigneurie
de Fimarcon fut gouvernée par ses deux tutrices qui reçurent
pour lui, le 29 novembre 1379, l'hommage de Vital de Magento
gentilhomme du Mas, le 25 mars de la même année, ceux de
Dominique de Sargrade pour certains lieux en Marsolan et de
Guilhem-Arnaud de Filartigue ; le 3 avril 1334, celui d'Ayssieu de Berrac, enfin, le 24 janvier 1388, l'hommage de Gaillardine de Castillon pour certains lieux en Gazaupouy (1).

Le 29 novembre 1385, Jean de Boulet, seigneur de la Salle de
ce nom, s'était reconnu, dans le château de Blaziert et devant
Catherine de Ventadour, vassal de Jean de Lomagne pour les
terres qu'il possédait dans la seigneurie de Fimarcon (2).

Ce fut en 1393 que Jean II atteignit sa majorité. Il figure, le
14 novembre de cette année, parmi les témoins de la confirmation des coutumes et privilèges du Fezensac, qui fut faite par le
comte Bernard d'Armagnac au château de Lectoure. Les cinq
années du gouvernement personnel de Jean II n'offrent rien
de remarquable. Nous ne pouvons signaler qu'un hommage
de Bertrand de Constantin, seigneur de Pouy-Carréjelard, reçu
le 13 septembre ou le 13 novembre 1395 (3).

Si le règne si court de Jean II à partir de sa majorité ne lui
permit pas de grandes entreprises, ce seigneur ne manquait
pourtant pas d'esprit d'initiative, ni d'énergie. Il le montra

----

(1) Inventaire des archives de Lagarde, lett. 6 A. 4, 45 Z.
(2) Inventaire des archives de Lagarde, lett. 4 H. — (3) Fonds généalogique de Téchener, pièce en parchemin. Inventaire des archives de Lagarde,
lett. 4 E. — Noulens généalogie de Bordes.

par une injustice en renouvelant sur la rive gauche de l'Auvi-
gron les prétentions et les entreprises de son prédécesseur. **Sa**
mère l'y avait d'ailleurs préparé en exigeant en son nom l'hommage de Jean du Boutet dont les domaines feodaux se trouvaient sur cette rive. Méprisant donc le décret du 30 juin 1378,
il s'empara des biens contestés et y commit divers actes de
violence : c'étaient des récoltes, des bestiaux qu'il faisait enlever à main- armée, des abus de force contre ceux qui voulaient
lui résister et se soustraire à sa juridiction. Il releva même les
fourches patibulaires que la chancellerie royale avait fait abattre sous le gouvernement de son père. Un ordre sévèrement
accentué de la sénéchaussée d'Agenais et de Gascogne vint en
prescrire la démolition et renouvela les « inhibitions et les
défenses » antérieures.

Géraud, second frère de Jean, lui était substitué par le testament d'Odet Ier dans le cas où il mourrait sans postérité ; c'est
ce qui eut lieu dans le cours de l'année 1379. Le troisième frère
de Jean II, Bérard, fut seigneur de Montagnac, co-seigneur de
Pouy-sur-l'Osse et de Calignac ; il mourut en 1405 après avoir
fait des dispositions testamentaires en faveur de sa mère Catherine de Ventadour et de son frère Géraud alors seigneur de
Fimarcon. Enfin, la fille d'Odet Ier, Jeanne de Lomagne.
épousa, le 1er août 1390, Gaillard III de Dufort, seigneur de
Duras, et compte parmi les aïeules des ducs et maréchaux de
Duras et de Lorges.

X.

GÉRAUD, HUITIÈME SEIGNEUR DE FIMARCON, 1397-1422.

En vertu de la substitution dont nous venons de parler,
Géraud de Lomagne prit possession de la seigneurie après la
mort de son frère Jean II. Bien que son règne ait été plus long
que celui de son prédécesseur, on ne voit pas qu'il ait pris une
grande part aux évènements de cette triste époque signalée
par la rivalité des Armagnacs et des Bourguignons. Géraud
débuta dans l'administration de sa seigneurie par un acte de
pouvoir féodal : ce fut une saisie, opérée après sentence du
juge, au préjudice de Jean, seigneur du Boutet, qui avait failli
à ses devoirs de vassal (1). Ainsi la pensa du moins le juge

____

(1) Jean du Boutet avait mérité cette saisie *defectu servitorium*, disent les
archives de Lagarde. *Servitia* désigne l'ensemble des devoirs auxquels était

seigneurial de Fimarcon, qui prononça la sentence et la fit exécuter. Ce n'était pas l'avis des consuls de Condom. Mais n'anticipons pas, nous verrons cette querelle définitivement vidée sous le règne de Jacques Ier.

Pendant que Géraud punissait ce qu'il croyait être la félonie de Jean de Boutet en le privant de ses fiefs, d'autres disputaient à la famille du seigneur de Fimarcon des domaines héréditaires. C'est ainsi que Thalèze d'Albret revendiquait la terre de Calignac, dont Bérard de Lomagne, frère de Géraud, était le co-seigneur. La cause, portée devant le sénéchal d'Agenais et de Gascogne, demeura pendante à son tribunal de 1397 à 1401 (1). Elle fut de nouveau poursuivie par Géraud, comme chef de la famille de Lomagne-Fimarcon, le 13 avril 1403 et en 1405, contre François, né du mariage de Béraud d'Albret, seigneur de Verteuil avec Marguerite de Lomagne, tante du sire de Fimarcon (2). Nous ne savons pas quelle fut l'issue du procès, mais aucun des enfants de Géraud ne porta le titre de seigneur de Calignac, et ce fut seulement en 1478 qu'Odet II crut pouvoir donner à son fils puiné, Gilles de Lomagne, tous les droits qu'il possédait sur cette seigneurie. Si Géraud savait au besoin revendiquer ses droits contestés ou violés, il donnait l'exemple de l'exactitude dans l'accomplissement de ses devoirs féodaux. Au nombre de ses suzerains, nous trouvons Bernard VII, comte d'Armagnac (3) qui, reçut l'épée de conétable tombée des mains de Charles d'Albret à la funeste journée d'Azincourt, et trouva la mort l'an 1418, sous le poignard d'assassins soudoyés par la faction des Bourguignons. Géraud fit hommage à ce prince le 3 mai 1398, et la même année, il faisait avec d'autres seigneurs le serment de maintenir de tout son pouvoir le testament du même comte d'Armagnac, fait par ce dernier avant de partir pour l'Italie où le roi l'envoyait porter secours au comte de Florence (4). Il n'eut pas été prudent de refuser l'hommage, car le connétable, dont l'ambition rivale de celle de Jean Sans-Peur, duc de Bourgogne, causa tant de maux en France, était, dans le ressort de sa mouvance féodale, un terrible justicier. Nous en trouvons la preuve dans un drame

---

tenu un vassal à l'égard de son suzerain, comme : rendre foi et hommage, prêter serment de fidélité, faire aveu et dénombrement, payer ses droits, etc.

(1) Archive du département des Basses-Pyrénées E 33.
(2) Bureau des finances de Montauban, protocole de Magres.
(3) Bureau des finances de Montauban, registres d'hommages n. 11 folio 65.
(4) *Ibidem.*

de famille que nous allons mettre rapidement sous les yeux
de nos lecteurs.

Son frère aîné, le comte Jean III d'Armagnac, était mort sans
postérité, laissant une veuve jeune encore, Marguerite, comtesse de Comminges. Peu après la mort de son premier époux,
le 4 juin 1394, Marguerite donna sa main à un enfant de dix-
neuf ans, Jean, fils aîné de Géraud III, vicomte de Fezensaguet
et proche parent des comtes d'Armagnac. Doué d'un caractère
dominateur, elle voulut exercer sur son jeune mari l'autorité
d'une puissante dame sur le premier de ses sujets ; mais Jean
de Fezensaguet n'était pas d'humeur à supporter la chose. Le
désaccord en vint à ce point que les deux époux se séparèrent
d'abord et se prirent bientôt à dénouer leurs difficultés domestiques avec l'épée de leurs hommes d'armes.

Jean de Fezensaguet, aidé par le vicomte son père, se jetta
sur le comté de Comminges et s'empara de plusieurs places,
mais, sur ces entrefaites, le comte Bernard VII d'Armagnac
s'était fait délivrer par le roi Charles VI des lettres patentes
datées du 17 mars 1400, qui lui ordonnaient de secourir Marguerite de Comminges attaquée dans ses états. Il y était d'autant
plus disposé qu'il avait été lui-même sur le point d'épouser la
veuve de son frère, moins épris d'ailleurs des charmes de la
jeune dame que poussé par le désir de s'emparer de son
domaine féodal.

Le comte d'Armagnac ne perdit pas de temps. Il tomba sur
le vicomte de Fezensaguet, le battit et le fit prisonnier. Géraud,
captif fut conduit d'abord au château de Lavardens, puis à
Rodez où on l'enferma dans un cachot. Condamné par son
impitoyable vainqueur au pain de douleur et à l'eau d'angoisse,
il ne résista pas longtemps aux tortures de sa captivité. Il mou
rut dans le cours de l'année 1403.

Jean, qui avait pris le titre de vicomte de Fezensaguet et son
frère Arnaud-Guilhem continuèrent la lutte, mais les deux frères, battus à leur tour et réduits aux abois dans Puycasquier,
se rendirent à la merci du comte d'Armagnac et implorèrent
sa miséricorde. Le connétable fut sans pitié. Arnaud-Guilhem
conduit à Rodez, expira de terreur à la seule vue du réduit où
son père était mort. Quant à Jean, il fut enfermé dans la prison
de Bresson en Rouergue et y mourut bientôt accablé de mauvais traitements. On lui avait fait perdre la vue en lui brûlant
les yeux avec une bassine rougie (1).

(1) Art. de vérifier les dates.

Devenu de la sorte vicomte de Fezensaguet, Bernard VII d'Armagnac poursuivit sa vie agitée qui appartient surtout à l'histoire de France. Il eut pour successeur dans ses domaines féodaux son fils, Jean IV, auquel, le 14 septembre 1418, le seigneur de Fimarcon rendait dans Lectoure un nouvel hommage.

Cette vassalité à l'égard des comtes d'Armagnac qui nous apparaît tout à coup, alors que l'histoire nous a montré jusqu'à cette époque les seigneurs de Fimarcon rendant hommage successivement aux rois d'Angleterre et aux rois de France comme ducs de Guienne, cette vassalité n'affectait que la seigneurie de Saint-Martin-de-Goyne. Elle avait pour origine le don fait en 1308 par Philippe-le-Bel à Garcie de Goth, frère aîné du pape Clément V, de la vicomté de Lomagne avec tous les fiefs, hommages et serments de fidélité qu'il avait dans le diocèse de Lectoure. L'hommage de la baronnie de St-Martin, qui se trouvait dans ce diocèse, était compris dans la donation de Philippe-le-Bel, et Bernard Trencaléon faisait en 1340 hommage à Bertrand, fils et successeur d'Arnaud-Garcie, pour les paroisses de cette baronnie. Régine de Goth, fille unique de Bertrand et son héritière, ayant épousé Jean, comte d'Armagnac, transmit à son époux et aux héritiers de ce dernier l'hommage de la baronnie de Saint-Martin.

En vertu de cette même donation, Jean IV d'Armagnac reçut, le 1er octobre 1418, un hommage de Guillaume-Bernard de Galard, seigneur de Terraube. Ce seigneur agissait au nom de son épouse Alexie de Franz, issue d'une famille noble dans la juridiction de Saint-Clar, dont le dernier représentant, M. Edmond de Franz, est descendu dans la tombe en 1889. Deux mois après, c'était Odet, baron de Batz, qui rendait hommage pour sa baronnie. Le seigneur de Fimarcon fut le principal témoin de ces deux hommages.

Géraud de Lomagne avait épousé, le 19 mars 1403, Cécile, fille de Raymond, vicomte de Périllos et de Rodde, en Catalogne De ce mariage naquirent deux fils, Odet, seigneur de Fimarcon, et Amanieu, seigneur de Boussac. Amanieu, désigné comme évêque de Condom en 1458, se vit opposer un concurrent, Guy de Monbrun, en faveur duquel il se désista moyennant un pension de cent livres. C'était de part et d'autre un acte simoniaque. On était au temps du grand schisme d'occident et de tels actes n'avaient à cette époque que trop d'exemples et trop d'imitateurs. Géraud eut encore de la même épouse quatre filles : Jeanne, mariée à Gaston de Caumont-Lauzun ; Agnès, mentionnée dans le testament de son père ; Catherine, qui épousa Jean, baron d'Auvillars ; Isabeau ou Isabelle, mariée en 1441 avec Pons ou Poncet de Pardaillan, seigieur de Castillon en Médoc et de Gondrin et l'un des ancêtres des ducs d'Antin.

XI

ODET II, NEUVIÈME SEIGNEUR DE FIMARCON. 1422-1478.

Odet de Lomagne, deuxième du nom, seigneur de Fimarcon après la mort de son père, prit aux affaires de son temps une part plus active que son prédécesseur. Il mérita d'abord la con fiance du roi Charles VII qui, pour conquérir son royaume sur les Anglais, cherchait à s'entourer de braves capitaines. Odet de Lomagne prit rang dans cette élite. L'histoire signale surtout trois gentilshommes gascons, La Hire, Xaintrailles et Barbazan, parmi les héros de cette longue lutte. Comme on va le voir, les recherches de M. l'abbé Lafitte, nous révèlent un frère d'arme de ces vaillants capitaines entièrement digne d'eux.

Dès le début, Charles VII, pour s'attacher Odet de Lomagne, confirmait en sa faveur le don qu'un de ses ancêtres avait fait à Jean Ier de Fimarcon de toute la justice et de tous les droits seigneuriaux que la couronne de France possédait en La Romieu. Quelques années plus tard, il nommait Odet son conseiller et son Chambellan. Le 6 janvier 1449, il lui donnait le grade de capitaine de ses gardes et le commandement de la place de Puymirol (1). A cette époque, Odet possédait déjà la dignité de sénéchal d'Agenais et de Gascogne, chargé en cette qualité de juger les causes féodales au nom du roi et de commander les armées royales dans ces deux provinces. Il avait conquis ces deux postes d'honneur sur les champs de bataile, comme l'attestent des lettres royales du 2 mars 1445, dans lesquelles Charles VII, ordonnant d'entériner les titres de 1442, relatifs à la donation de La Romieu, fait les plus grands éloges de la bravoure d'Odet de Lomagne et des services qu'il avait rendus, soit comme sénéchal, soit à la guerre contre les Anglais (2).

Le seigneur de Fimarcon dut, en effet, montrer autant de

____

(1) Inventaires des archives de Lagarde.
(2). Voir aux pièces justificatives, VI

prudence que de valeur dans l'exercice de sa charge, car Louis XI, si prompt à se délivrer des ministres et des conseillers de son père, le conserva dans ses titres et dans ses honneurs. L'an 1462, il recevait de ce roi, en qualité de sénéchal de Gascogne, l'ordre de faire assembler les francs-archers de Guienne dans la ville de Bordeaux et donnait en conséquence ses ordres au seigneur de Rignac. Louis songeait à lever des troupes, parce qu'alors se formait entre les membres de la haute noblesse de France, la ligue du bien public, dans laquelle entra Jean d'Armagnac, petit-fils du connétable. Mais le roi de France sut dissoudre cette ligue, autant par la politique que par la force des armes.

Pour en détacher son frère Charles qui donna d'abord aux seigneurs l'appui de son nom, Louis XI l'apanagea du duché de Guienne. Le nouveau duc, lui aussi, mit sa confiance en Odet de Fimarcon, et le chargea, le 30 juillet 1470, de rassembler les gentilshommes de sa province pour la garde des pays et des seigneuries appartenant au roi (1). Si Charles voulait attacher de plus en plus Odet aux intérêts de la couronne, il y parvint peut-être au-delà de ses désirs et l'occasion ne tarda pas à se présenter pour le seigneur de Fimarcon de montrer son dévouement au roi de France.

Louis XI, en guerre avec Jean V, comte d'Armagnac, avait donné l'ordre à son meilleur capitaine, le comte de Dammartin d'aller l'attaquer avec quatre cent lances et dix mille francs-archers et de saisir ses domaines. Jean d'Armagnac, qui ne s'attendait pas à une attaque si prompte et n'avait organisé aucune défense, s'enfuit en Espagne, et, bientôt après, essaya de faire sa paix avec Louis XI. Le roi fut inflexible, mais Armagnac trouva un appui dans le duc de Guienne. Ce dernier, mécontent de la conduite de Louis XI à son égard, accueillit Jean V avec empressement, et, malgré l'arrêt de proscription qui le frappait, le rétablit dans ses domaines. Poussant plus loin la révolte contre le roi son frère, Charles s'unit au roi d'Angleterre, qui cherchait le moyen de rétablir la puissance anglaise sur le continent ; aux ducs de Bretagne et de Bourgogne, qui croyaient avoir à se plaindre du roi de France et nomma le comte d'Armagnac son lieutenant dans la Guienne. Mal en prit à ce dernier d'avoir accepté cette charge. L'habileté politique de Louis XI eut bientôt dénoué cette coalition, et Jean

---

(1) Inventaire des archives de Lagarde, lett. 7 E.

d'Armagnac, demeuré seul, fut exposé à la vengeance du
monarque français qui ne savait guère pardonner à ses ennemis. Il vit marcher contre lui une armée dans laquelle se trouvaient à la tête de leurs milices, Odet de Fimarcon, sénéchal
de Gascogne et les sénéchaux de Rouergue et de Quercy.
Impuissant à résister à toutes ces forces, Jean se réfugia dans
Lectoure avec mille hommes de troupes régulières ; l'armée
royale courut l'y assiéger.

Désespérant de pouvoir se défendre, Jean offrit de se présenter devant le roi pour justifier sa conduite, de rendre Lectoure et d'abandonner tous ses domaines. Il demanda seulement une pension de douze mille livres et les villes de Fleurance, Eauze et Barran qui, après sa mort, passeraient à son
épouse. Ces conditions furent acceptées. Le sire de Beaujeu,
commandant en chef de l'armée royale, prit possession de
Lectoure, y mit une forte garnison, et, jugeant la guerre termi-
née, congédia le reste de ses troupes (1). Le roi, maître de Lectoure, en nomme gouveneur Jacques de Lomagne, fils aîné du
seigneur de Fimarcon. Il en avait fait pressentir l'intention
quelque temps auparavant dans une lettre qu'il écrivait à
Dammartin et qui était conçue en ces termes :

« Monsieur le Grand-Maistre,

« Monsieur de Guyenne a rendeuos les terres au comte
« d'Armagnac et ne luy a pas encore rendeu Lectoure, mais il
« doibt luy rendre bientost. Pour ce, il me semble qu'il serait
« temps d'exploiter le filz de M. de Fieumarcon et si je pouvais
« prendre Lectoure elle serait de bon gain et ne l'aurait
« jamais l'un ni l'autre et serait pour tenir tout en subjec-
« tion » (2).

Mais pendant que le sire de Beaujeu se reposait sur la foi
de la capitulation, Jean, que l'on croyait déjà loin, se tenait
caché à Fleurance d'où il entretenait des intelligences dans
Lectoure et y nouait des intrigues. Si le comte d'Armagnac,
par un coup de main hardi, reprenait cette place, tout lui faisait espérer qu'il pourrait s'y maintenir longtemps et peut-
être arracher à la couronne un arrangement avantageux. Jean
fit valoir ces motifs et n'eut pas de peine à gagner quelques-uns

---

(1) Monlezun, *Histoire de Gascogne*, tome IV, p. 362, 363, 364, 367.
(2) *Ibidem*, p. 363, note.

des gentilshommes qui commandaient la garnison. Le sire de
Sainte-Bazeille, cadet de la maison d'Albret, dirigea le complot.
Tout réussit d'abord et les conjurés, profitant d'une nuit obs-
cure, introduisirent le comte dans la place. On s'assura aussitôt de Pierre de Beaujeu, tandis que d'autres allèrent saisir
le gouverneur, les sires de Candale et de Castelnau-Bretenous
et les jetèrent dans une étroite prison. Cependant, les chroniqueurs de l'époque ne s'accordent pas sur le sort du gouverneur Jacques de Lomagne. Quelques-uns prétendent qu'il fut
soupçonné d'intelligences avec le comte d'Armagnac, et, en
1473, après la prise de Lectoure et la mort de ce comte, enfermé
dans le château du Hâ, près de Bordeaux. Il y serait demeuré
prisonnier vingt-six mois sous la garde de Pierre d'Albret qui
l'aurait poursuivi pour les dépens en 1495.

Nous avons cru devoir tout d'abord exposer les faits généraux auxquels prit part Odet de Lomagne ; il nous faut maintenant revenir sur nos pas et parler de ceux qui se rapportent
au gouvernement de sa seigneurie. Le mariage du seigneur de
Fmarcon avec Marthe-Rogère, fille de Bernard-Roger de Comminges (1), augmenta ses possessions des vicomtés de Terride
ou de Gimoëz et de Couserans et d'une partie d'Astaffort. Odet
fit hommage au roi Charles VII pour toutes ces terres le
10 décembre 1445, date à laquelle la mort de Bernard-Roger,
son beau-père, les mit en son pouvoir.

D'autres occasions ne lui manquèrent pas d'accroître ses
domaines : c'est ainsi que le comté de Pardiac lui revenait légalement en 1454, en vertu des dispositions faites par Arnaud-
Guilhem III avec sa sœur Géraude, bisaïeule du seigneur de
Fimarcon. Peut-être ce dernier songeait-il plus alors à bien
administrer ses domaines qu'à reculer leurs limites ; peut-être
encore prévoyait-il quelque compétition redoutable ; toujours
est-il que nous le voyons, le 22 octobre de cette même année,
donner ses droits sur ce comté en échange de la seigneurie de

----

(1) Bernard-Roger de Comminges, vicomte de Cousérans, épousa Marie ou
Marcide de Terride ou Gimoëz, fille et héritière de Bernard II qui fut con-
voqué par le roi Charles VII à l'assemblée des états de Languedoc en
1424 et 1425. Roger-Bernard ne laissa que des filles. L'aînée, Marthe-Rogère
de Comminges, vicomtesse de Gimoez ou Terride et de Couserans, porta ces
terres à Odet de Lomagne. Terride ou Tarride était la chef-lieu de la
vicomté de Gimoëz. Les possesseurs de cette vicomté prenaient indifférem-
ment le titre de vicomtes de Gimoëz ou de Terride.

Montégut, à Jean V d'Armagnac qu'il devait quelques temps
après contribuer à vaincre et à chasser de ses états.

Mais si Odet de Lomagne nous apparaît, en cette circonstance, exempt d'ambition, il se montra d'autrefois plein d'ar-
deur et même de violence dans la revendication de ses droits.
Ainsi en fut-il de ses empiètements sur la juridiction de Condom au-delà de l'Auvignon. C'était déjà par un empiètement
que son prédécesseur Géraud avait confisqué les domaines de
Jean du Boutet, lesquels se trouvaient sur la rive gauche de ce
ruisseau. Pierre de Boutet, fils de ce dernier, crut plus habile
de se soumettre que de réclamer les droits de son père et les
siens. Cependant, la mainmise sur la salle du Boutet et ses
dépendances fut rigoureusement maintenue jusqu'en 1447 ;
mais cette année, Odet de Fimarcon, considérant les nombreux
services gratuits, et les honneurs que Pierre lui avait rendus,
lui fit, par acte solennel du 26 juillet, relachement et restitution
de cette salle noble avec ses terres, prés, bois, personnes, possessions, droits, actions, etc. De son côté, Pierre du Boutet
s'engageait à payer au seigneur de Fimarcon, chaque année,
dans les huit jours avant la fête de Tous les Saints ou dans les
huit jours après et dans le lieu de Blaziert, suivant la coutume
de ses prédécesseurs, une redevance de douze sols tournois, à
lui faire hommage et lui prêter serment de fidélité (1).

Vers l'an 1478, Bérard, frère d'Odet de Lomagne, mourut
sans postérité et lui transmit les seigneuries de Montagnac,
de Pouy-sur-l'Osse et des droits sur celle de Fieux.

A la date que nous venons d'écrire, Odet tenait dans cette
dernière paroisse le quart de la seigneurie en toute justice, et
il reçut à ce titre, 27 octobre, serment de foi et d'hommage de
Louis de Pujoié, damoiseau, co-seigneur de Fieux (2). Dans le
cours de 1477, les consuls de Mézin lui disputèrent la justice
de Pouy-sur-l'Osse.

Aussi remarquable par ses qualités personnelles que par sa
puissance térritoriale, ses dignités et la confiance que les rois
et les princes lui témoignaient, Odet de Lomagne ne pouvait
manquer d'être pris pour arbitre par les seigneurs ses voisins.
Aussi le voyons-nous en cette qualité, régler un différend qui
était survenu entre Jean de Manas, seigneur d'Avezan et Arnaud-Guilhem d'Ornézan, seigneur de Tournecoupe.

(1) Archives de Lagarde-Fimarcon, lettr. 59 A.
(2) Archives de M. de Pujollé.

Odet fit son testament au château de Saint-Girons le 17 septembre 1478. Il choisissait sa sépulture dans l'église collégiale de La Romieu s'il mourait dans sa terre de Fimarcon, dans celle des Frères-Prêcheurs de Saint-Girons s'il mourait dans la vicomté de Couserans. Il laissait l'administration de ses biens à Marthe-Rogère, son épouse ; donnait à Odet de Lomagne, son second fils, pour ses droits paternels et maternels, la vicomté de Terride, les droits qu'il avait acquis du seigneur de Faudoas sur la terre de Castelmayran, les terres le Pellenioton et de Pellepore et une partie de celles de Séguenville : à son troisième fils, Giles de Lomagne, il donnait la terre de Montagnac, les droits qu'il avait à Peyborosse, à Calignac, La Mothe de Mauléon, Torrebren, Montégut en Armagnac, dans Astaffort et en la baronnie des Angles. Enfin, il faisait son héritier universel Jacques de Lomagne, son fils aîné auquel il substituait Odet, son second fils, et à celui-ci Giles, son troisième.

Marthe de Comminges, de son côté, donna la terre de Terride ou Gimoëz à son second fils en le mariant et fit son testament le même jour que son époux. Outre ceux que nous venons de nommer, Odet et Marthe-Rogère eurent encore un fils et une fille : Jean, qui fut d'abord abbé de Saint-Maurin, dans le diocèse d'Agen ; Catherine, mariée en 1447, à Louis d'Andoins (1). Odet laissa par son testament à cette dame onze mille livres pour le paiement desquelles Catherine fit condamner ses neveux et ses nièces par arrêt du parlement de Bordeaux le 15 décembre 1515. Il y eut encore un procès à ce sujet en 1545 entre Jean d'Andoins un de ses descendants et la famille de Lomagne.

XII.

JACQUES Ier, PREMIER MARQUIS DE FIMARCON. 1478-1518

Jacques de Lomagne, chambellan du roi depuis le 17 du mois de septembre 1469, devint seigneur de Fimarcon entre

---

(1) Andoins, au diocèse de Lescars en Béarn, une des premières baronnies de cette province. Diane d'Andoins, dite la belle Corizande, la dernière de sa maison, porta par mariage cette baronnie à Philippe d'Aure, comte de Gramont. De leur postérité issurent les ducs de Gramont qui possédèrent la baronnie d'Andoins. Andoins est aujourd'hui une commune de cinq cent cinquante habitants dans le canton de Morlaas (Basses-Pyrénées).

les années 1478 et 1481 (1). Nous avons raconté précédemment de quelle manière funeste pour lui finit, selon quelques chroniqueurs, la charge de gouverneur de Lectoure que le roi Louis XI lui avait donné. Dans la première année de son règne, ses sujets et ses vassaux durent payer, en même temps que toutes les populations de la Gascogne et du Condomois, un impôt dont le roi de France avait frappé ces provinces pour l'entretien des gens de guerre.

Louis XII fut plus favorable à Jacques de Lomagne. Par lettres patentes de 1503, il érigea la terre de Fimarcon en marquisat et la plaça dans le ressort du parlement de Bordeaux et de la sénéchaussée de Gascogne.

Pour remercier Dieu de cette faveur temporelle, le marquis de Fimarcon fonda, peu de temps après, deux chepellenies ; celle des onze mille vierges dans l'église de Lagarde et celle de Guimfoy ou Guingoy dans l'église de Castelnau. Cette dernière fut fondée le 3 juillet 1509 et approuvée le 23 septembre de la même année par Jean Marre, évêque de Condom (2).

Nous ne savons pas au juste si Jacques de Lomagne prit part d'une manière digne de mémoire aux évènements de son époque ; mais il se montra plein d'activité dans le gouvernement de sa seigneurie.

Le 23 juillet 1479, peut-être l'année même de son avènement, il vendit à Jean de Biran la maison et salle noble de Lamothe-Pellegrue (3).

---

(1) Nous relevons dans l'inventaire de Mᵉ Pélauques, sous la date du 1ᵉʳ avril 1479, une procuration faite par noble Giles de Lomagne au seigneur de Fimarcon, son frère, pour vendre les droits qu'il possède en la baronnie de Montagnac. Lett. 7 N. — Sous la date du 15 février 1480, un accord entre Jacques et Odet de Lomagne, frères au sujet de la baronnie de Terride, lett. 27 A. D'un autre coté le même inventaire nous fournit sous les millésimes de 1478-1481, des lettres patentes du roi de France pour les sommes à lever aux fins de l'entretien des gens de guerre dans les pays, terres et seigneurées de Gascogne, lett. 59 R. Cela semble regarder le sénéchal de Gascogne et d'Agenais et nous ne voyons nulle part ailleurs Jacques revêtu de cette dignité. Faut-il en conclure qu'Odet de Fimarcon vivait encore en 1481, mais qu'avant sa mort, il avait transmis à son fils aîné son titre seigneurial ?

(2) Inventaire des archives de Lagarde, lett. 3 M et 3 P. — Guinpoy ou Guingoy avait au XIᵉ siècle le titre de paroisse : cela nous est révélé par un acte de Pierre-Raymond d'Aux, neveu du cardinal. Pierre en 1310, acheta une pièce de terre en la paroisse de Belmont et une autre en la paroisse de Guimpoy et en fit don plus tard, au chapitre de La Romieu (Généalogie d'Aux).

(2) Inventaire des archives de Lagarde, lett. 25 X.

Ce fut ensuite Astaffort qui attira l'attention de Jacques de Lomagne. Cette seigneurie était passée, du moins en partie, aux mains des seigneurs de Fimarcon par le mariage de Marthe Rogère de Comminges avec Odet de Lomagne en 1429 (1). Odet l'avait donnée par son testament à Giles, son troisième fils, mais elle ne tarda pas à rentrer, sans doute par accord entre les deux frères, dans la possession de Jacques. Celui-ci voulut aussitôt y faire acte de gouvernement, et, dès le 7 mars 1480, il demanda que l'on ouvrît une enquête sur les droits possédés par le seigneur de Fimarcon d'exercer en Astaffort la justice et les autres droits seigneuriaux, sur le serment de fidélité réciproque que devaient se prêter les suzerains d'Astaffort et les consuls de cette communauté. Ce serment réciproque fut en effet prêté par Jacques de Lomagne et les consuls d'Astaffort le 28 avril 1482 (2).

L'année suivante, 26 mars, Jacques fit hommage au roi Louis XI pour la seigneurie d'Astaffort ; il renouvelait en même temps l'hommage qu'il avait fait à son avènement pour tous ses autres fiefs et domaines féodaux (3).

Cependant, des contestations ne tardèrent pas à s'élever à propos de limites de juridiction entre le seigneur d'Astaffort, ayant avec lui les consuls de cette ville, et les consuls de Moyrax Jacques fit déterminer ces limites par un acte solennel en 1488 (4).

Les regards du marquis de Fimarcon se portèrent ensuite sur Mausolan Sur les confins de cette juridiction se trouvaient quelques points litigieux auxquels prétendaient également Jacques de Lomagne et Arsin de Galard, seigneur de Terraube. Aucun d'eux ne voulant céder tout d'abord, ils portèrent le débat devant le parlement de Bordeaux, mais avant que cette cour eut rendu son arrêt, un acte d'accord et de transaction le passé le 2 octobre 1495, fit cesser le procès (5).

Quelques mois auparavant, 4 janvier 1495, Jacques avait racheté à Gaillard de Monlezun, co-seigneur de Pouy-Carréjelard, toutes les censives, tous les revenus et autres droits seigneuriaux que celui-ci possédait dans la paroisse de Rignac (6).

(1) *Ibidem*, lett. 49 D.
(2) *Ibidem*. lett. 40, O. — (3) Archives de la Gironde, liasse B, 255.
(4) Inventaire des archives de Lagarde, lett. 40 T, 45 P.
(5) NOULENS, *Généalogie de Galard*, tome II. pag. 593.
(6) Inventaire des archives de Lagarde, I. L.

Jacques ne rencontra pas sur la rive gauche de l'Auvignon le même succès qui l'avait accompagné sur ses autres frontières. Son père Odet, fort de la protection du roi et de son titre de sénéchal de Gascogne, avait exercé sur les territoires disputés par la communauté de Condom aux seigneurs de Fimarcon, une autorité qu'on n'osait lui contester et qui se manifesta maintes fois par des actes portant un caractère particulier de violence (1).

Marchant sur les traces de son prédécesseur, Jacques revendiqua les paroisses de St-Orens et ses annexes, St-Sulpice des Camisats, Sainte-Marie des Bourdères et Saint-Pierre de Boulin (2). Les actes qu'il y commit en 1482 furent si excessifs et si violents que le procureur du roi dans la ville de Condom, l'évêque et les consuls de cette même ville, en portèrent les plaintes les plus vives au parlement de Bordeaux.

Les démêlés interminables entre la ville de Condom et les seigneurs de Fimarcon allaient finir avec la conclusion de ce procès ; le roi lui-même avait exprimé par lettres sa volonté formelle à cet égard et donné au parlement de Bordeaux l'ordre de clore le plus tôt par un jugement définitif.

Les deux parties comparurent devant ce parlement pour y défendre leurs droits. Le procureur du roi, l'évêque et les consuls de Condom soutenaient que la juridiction de cette ville avait pour borne le ruisseau de l'Auvignon. « Elle va, disaient-« ils, jusqu'à la terre de Géraud d'Armagnac et la ville de « Valence ; comprend le territoire de Saint-Orens de Cade-« fauld, les paroisses de Boulin, Caussens, Bourdères, jus-« qu'au ruisseau de l'Auvignon qu'elle suit ; renferme les « paroisses de Sainte-Germaine, La Cappe, Saint-Sulpice et « tous les territoires en deça de l'Auvignon jusqu'à la juridic-« tion de Montcrabeau. Ces limites furent fixées dans le « paréage entreEdouard Ier, roi d'Angleterre, et l'abbé de Con-« dom, Auger d'Andiran, en 1286 » (3).

Ils rappelaient ensuite les empiètements des seigneurs de Fimarcon et les excès commis par eux en deça de ces limites, excès que n'avaient arrêtés ni les efforts de la communauté de Condom, ni les arrêts de la sénéchaussée de Gascogne et de la chancellerie royale de France.

---

(1) Archives municipales de Condom FF. 29. — (2) *Ibidem*.
(3) *Ibidem*, (a). On donnait le nom de censive dans le droit féodal à l'ensemble des impôts que le Seigneur percevait dans ses terres.

Cependant, depuis le paréage, les officiers abbatiaux de Condom, plus tard ceux de l'évêque et de la communauté de cette ville, avaient de tout temps et de leur plein droit rendu la justice exercé tous les actesde juridiction seigneuriale et levé les impôts dans les territoires contestés.

De son côté, Jacques de Lomagne prétendait étendre son autorité jusqu'au ruisseau du Garaillon ; il revendiquait pour sa juridiction une zone de territoire de deux kilomètres de largeur et dans laquelle se trouvaient les deux châteaux de Mons et du Boutet du côté de Caussens, beaucoup plus étendue en d'autres endroits. Ses droits sur Castelnau-des-Loubères étaient incontestables, or, Sainte-Germaine et La Cappe dépendaient de cette paroisse pour le spirituel ; elle devaient donc en dépendre aussi pour le temporel. Les habitants de ces deux sections avaient à Castelnau leurs habitudes, payaient tous leurs droits entre les mains des collecteurs généraux du Fimarcon, et, lorsque les multitudes que la dévotion attirait à Sainte-Germaine nécessitaient des mesures d'ordre, c'était toujours au seigneur de Fimarcon qu'incombait le soin de les prendre.

Du côté de Blaziert, les seigneurs du Boutet et ceux de Mons avaient plusieurs fois rendu hommage aux sires de Fimarcon pour leurs salles respectives et les dépendances de ces dernières. E/ 1326, des subsides furent levés dans la suffragance de Bordeaux par ordre du pape Jean XXII pour la répression des rebelles et des hérétiques ; or, dans le compte rendu de leur production, Mons figure pour vingt-cinq sols arnaudins et est marqué dans l'archiprêtré de Fimarcon. Dans ce même archiprêtré sont marqués également Caussens, Gensac et Saint Orens (1). Enfin, ces trois paroisse/figurent comme appartenant à la terre de Fimarcon dans un état des pension dues à l'archidiacre de Bruilhos pour l'année 1489 (2).

C'est au temps même où se débattait ce procès que Jacques de Lomagne vit ériger en marquisat sa baronnie de Fimarcon. On était au plein des guerres d'Italie, en cette année 1503, dans le cours de laquelle Louis d'Armagnac, duc de Nemours, succombait sur le champ de bataille de Cérignole, laissant à un foudre de guerre, Gaston de Foix, avec son titre ducal, le soin de venger sa défaite et sa mort. Jacques dut paraître sur ces

---

(1) Archives historiques de la Gironde, t. XV, p. 187.
(2) Papiers de M. Benjamin de Moncade, château de Malliac.

champs de carnage et y conquérir les armes à la main son titre
de marquis.

Mais en attendant, la cause se poursuivait devant le parlement de Bordeaux. Par arrêt du 8 avril 1517, cette cour
suprême donna gain de cause à la communauté de Condom
contre Jacques de Lomagne et fixa d'une manière définitive
les limites de la juridiction de Condom et du marquisat de
Fimarcon.

Le procureur du roi, l'évêque et les consuls de Condom
étaient maintenus dans l'exercice de la juridiction et des droits
seigneuriaux sur les territoires contestés jusqu'au milieu du
ruisseau de l'Auvignon : des bornes devaient être établies sur
ces limites pour l'utilité du procureur, de l'évêque et de la
communauté.

Il était défendu au marquis de Fimarcon ou à tout autre seigneur d'agir contre cette sentence, sous peine d'une amende
de mille marcs d'argent applicable par le roi. Cependant, le
parlement, visant l'acte de transaction du 3 février 1334, accordait au marquis et à ses successeurs à perpétuité, sur la
paroisse de Saint-Orens et ses annexes, les gages de cinq sols
et vingt derniers morlans (1).

Le parlement déclarait enfin que Jacques de Lomagne s'était
rendu coupable d'excès et le condamnait, pour les réparer, à
payer au roi, trois cent livres tournois et cent livres tournois
aux consuls de Condom. Jacques devait en outre restituer en
nature ou en valeur tous les biens enlevés par lui-
même ou par ses officiers aux habitants des paroisses dont il
avait injustement revendiqué la juridiction.

Le roi François Ier nomma commissaire pour l'exécution de
cet arrêté Pierre Palet, abbé de Verteuil et conseiller au parlement de Bordeaux. Au mois de mai 1518, le commissaire royal
faisait placer des bornes dans le lit de l'Auvignon : 1° au pont
de Tardon ; 2° à l'endroit où le ruisseau de Gaures entre dans
l'Auvignon à Estipouy ; 3° au pont d'Argueil ; 4° au pont de
La Caussade, chemin de La Romieu ; 5° au pont du moulin de
Castelnau, dans l'ancien lit de l'Auvignon ; 6° au pont de
Maquin ; 7° au pont de la Pierre ,chemin de Condom à Blaziert, sous les châteaux de Blaziert et du Boutet (2).

---

(1) C'était le seul droit qu'avaient dans ces lieux les Seigneurs de Fimar
con et qui leur fut maintenu par arrêt du 8 avril 1517.

(2) Voir aux pièces justificatives viii et ix.

Ces bornes étaient de grandes pierres établies au milieu du ruisseau et sur lesquelles furent sculptées, d'un côté les armes du roi, celles de l'évêque et celles de la ville de Condom ; de l'autre, les armes du marquis de Fimarcon. Le procès-verbal de leur placement rappelle que des mesures équivalentes avaient été prises à diverses époques .

En conséquence de ce même arrêt, les habitants de Saint-Orens et de ses annexes furent invités à se rendre à Condom pour y faire acte de vassèlage. Ils obéirent à cette invitation le 11 juillet 1518, et prêtèrent serment de fidélité suivant la forme prescrite par les coutumes de la ville ; serment qui fut reçu par l'évêque Jean Marre, par Guillaume Castelbon, procureur du roi tenant la place du sénéchal d'Agenais et de Gascogne. et par les consuls Pierre Dufranc, Pierre de Saint-Pierre, Jeannot de Poumas et Jean de Lauron (1).

Jacques de Lomagne mourut vers la fin de l'année même qui vit la conclusion de ce procès. Il avait épousé, le 27 janvier 1469, Anne fille d'Agne IV de La Tour, seigneur d'Olliergue, et d'Anne de Beaufort vicomtesse de Turenne. Il eut de cette épouse que les actes appellent quelquefois Anne de Turenne, une fille unique nommée Anne (2) comme sa mère, et dont la main fut donnée, le 23 mars 1499. à noble Aymeri de Narbonne-Lara, fils du baron de Tallairan. La seigneurie de Fimarcon érigée en marquisat passait ainsi. par le décès de Jacques, à une famille non moins illustre que celle de Lomagne, la famille de Narbonne qui la conserva jusqu'en 1630.

Cependant. la maison de Lomagne ne s'éteignit pas avec la branche de Fimarcon. Le frère puîné de Jacques. Odet. vicomte de Tarride ou Gimoëz. eut des enfants et des petits enfants qui la firent vivre jusqu'à la révolution française. Parmi eux, Antoine de Lomagne, vicomte de Terride et Antoine d'Aydie. seigneur de Ste-Colonne se rendirent célèbres dans le parti catholique au temps des guerres de religion.

----

(1) Archives municipales de Condom FF. 29. Sous cette dernière chemise plusieurs fois désignée en note. sont renfermées toutes les pièces relatives au procès entre l'évêque et les consuls de Condom et les sires de Fimarcon, respectivement aux intérêts de leur juridiction respective.

(2) Ainsi le déclarent les notes de M. Bernard Laffitte. Cependant nous relevons dans l'inventaire des archives de Lagarde, sous la date du 17 mai 1480, une procuration de Jacques de Lomagne pour consentir que son fils soit légitime héritier d'Odet de Lomagne. Lett. 31 V. Ce fils de Jacques de Lomagne dut mourir avant son père.

LIVRE II

Le Marquis de Fimarcon de la Maison de Narbonne

Armes : d'Argent au lion de gueules qui est de Lomagne-Fimarcon
et de Gueules plein qui est de Narbonne régnant.

I

ORIGINE ET PREMIERS TEMPS DE LA MAISON DE NARBONNE (1)

La légende donne pour auteur à la maison de Narbonne Aymeri fils d'Arnaud-Bellande prince des Goths. Si l'on en croit quelques vieilles chroniques, Aymeri prit Narbonne sous les yeux de Charlemagne, qui, pour récompenser son allié, le nomma gouverneur de cette ville et de la région voisine.

Lorsque le capitulaire de Kiersy-sur-Oise eut rendu les officiers royaux presque indépendants dans leurs gouvernements, devenus leurs domaines féodaux, les seigneurs de Narbonne usurpèrent à peu près tous les droits régaliens et n'eurent au dessus d'eux que la suzeraineté nominale du roi de France. Ils ne portèrent cependant que le titre de vicomtes. Plus tard, Raymond de St-Giles conquit la suzeraineté sur ces vicomtes, et, à son titre de comte de Toulouse, ajouta celui de vicomte de Narbonne.

Le fils et successeur d'Aymeri, Guillaume, prit part, sous Guillaume d'Aquitaine son contemporain, aux luttes contre les Maures que cet illustre capitaine continua dans les dernières années du règne de Charlemagne. Comme lui encore, Guillaume de Narbonne, dégouté des grandeurs de ce monde, se retira dans une abbaye qu'il avait fondée. D'après le Père Anselme, le second vicomte de Narbonne fut connétable de France et se mit à la tête des seigneurs qui s'armèrent pour rendre à Louis le débonnaire la dignité impériale (2).

---

(1) Ce que nous dirons dans ce paragraphe est tiré du dictionnaire historique de Moréri, pour la première maison de Narbonne ; pour la seconde, de la généalogie de Chérin, insérée dans l'Armorial général de France par le baron d'Hozier ; viie registre complémentaire et de deux généalogies communiquées l'une par feu M. le comte Aymeri de Narbonne Lara (Paris, rue des Bassins n° 23), l'autre par M. le comte de Narbonne, Lara de Castel-Sarrazin.

(2) Père Anselme, *Histoire des Grands officiers de la Couronne*, t. vii, pages 778 et suivantes.

A Guillaume succéda Mayol et à Mayol Ubbérard. L'histoire ne connait guère d'eux que leurs noms.

Manfred, successeur d'Ubbérard, ne nous est connu que par un pèlerinage à Rome où l'accompagna son épouse Adélaïde. L'aîné de ses fils, Ermengaud, devint archevêque de Narbonne et Raymond, le puîné, porta la couronne de vicomte. Nous ne connaissons qu'un fait de la vie de ce dernier, c'est sa présence à un concile qu'avait rassemblé à Narbonne l'archevêque son frère.

Le fils de Raymond, Bérenger, fut célèbre par ses démêlés avec l'archevêque Guifred qu'il avait fait placer lui-même sur le siège de Narbonne. Il avait épousé Garcende, fille de Bernard Tailleferd comte de Bezala, dont il eut plusieurs enfants. L'un deux, Raymond, devint la tige de Narbonne-Pellet, qui, durant la première croisade, fournit à l'armée chrétienne un de ses plus vaillants guerriers et de ses plus habiles généraux. Le successeur de Bérenger, Bernard-Bérenger, termina par arbitrage les différends que son père lui avait légués avec l'archevêque Guifred. Il épousa une dame nommée Foy-vicomtesse et l'aîné des enfants qu'il eut d'elle, Aymeri, lui succéda.

Aymeri II avait reçu la main de Mathilde, fille de Robert Guiscard, duc de Messine. Il fut amiral de France et porta le titre de prince. Aymeri mourut en Terre Sainte dans la ville d'Albe.

Son fils Aymeri III ne nous est connu que par un hommage qu'il rendit au comte de Barcelonne, Raymond. Ce dernier lui donne le titre de frère dans son testament.

Aymeri IV, fils et successeur d'Aymeri III, tué dans une bataille qu'Alphonse de Castille perdit contre les Maures le 17 juillet 1134, ne laissa pas d'enfants. Ses deux sœurs, Ermengarde et Ermessinde se partagèrent son héritage.

Ermengarde, épouse d'Alphonse, comte de Naples, mourut sans postérité. Elle s'était mise au premier rang parmi les dames de son époque, tant par sa beauté que célébrèrent à l'envie les troubadours que par la protection et les honneurs dont elle sut entourer les beaux arts et la poésie. Les archives du château de Lagarde inventoriées par Me Pélauque nous ont conservé un souvenir de son règne. C'est un hommage contenant serment de fidélité fait par Mabile, fille de Vierrue et par Raymond de Triaville, en faveur d'Ermengarde, vicomtesse de Narbonne, fille d'une autre Ermengarde et en faveur d'Aymeri son neveu, fils d'Ermessinde, du château de Peyriac en Minervois.

Ermessinde fut vicomtesse de Narbonne après la mort de sa sœur et la vicomté tomba de la sorte entre les mains de Manrique de Lara, époux de cette princesse. Avec ce dernier commence la seconde maison souveraine de Narbonne ou maison de Narbonne-Lara.

Manrique, seigneur de Molina et de Meza descendait des anciens comtes de Castille. Il était fils de Gonzalez, comte de Lara et d'Eva Pérez de Trava. Manrique fut gouverneur d'Avilla et Alférez major de Castille. Il assistait en cette dernière qualité, le jour de la Pentecôte, 25 mai 1175, au couronnement d'Alphonse VII dit l'empereur, roi de Castille, et l'accompagna dans sa guerre contre Cordoue dont le roi se reconnut vassal de la monarchie Castillanne. Manrique, alors gouverneur de Tolède, contribua beaucoup à la prise de Calatrava. Le voisinage de cette ville ennemie génait le pays confié à son administration. Il se trouva la même année à la prise de Baïça et en fut nommé gouverneur après la défaite des Sarrazins qui voulaient secourir cette place.

Le successeur d'Alphonse, Sanche étant mort en 1158, Manrique de Lara fut tuteur d'Alphonse son fils unique, après avoir fait donner démission de cette tutelle par Guitterie Fernandez de Castro à qui le feu roi l'avait confiée. Mais il dut, pour se maintenir dans cette dignité, soutenir de terribles luttes contre l'oncle du jeune roi de Castille, Ferdinand II roi d'Aragon, et contre la maison de Castro. Manrique fut tué d'un coup de lance au côté gauche, l'an 1164, dans un combat qu'il avait livré à Ferdinand-Ruiz de Castro et ses troupes furent complètement défaites.

Pierre Manrique, l'aîné des enfants qu'il eut de son épouse Ermessinde, lui succéda sur le trône vicomtal de Narbonne. Pierre Manrique reçut, après la mort de son père la tutelle du roi mineur Alphonse de Castille. En 1187, il combattit et tua sous les murs de Cuença, un Maure nommé Safra qui était une sorte de géant. Le 4 des kalendes de mai 1194, Pierre Manrique faisait don de la vicomté de Narbonne à Aymeri, son fils aîné, puis, vers la fin de la même année, il accompagnait le roi de Castille au camp de Calatrava dans une guerre contre les Maures.

Pierre Manrique avait épousé Sanche de Navarre fille du roi

Garcie-Ramire. Nous ne connaissons pas les autres enfants que cette princesse put lui donner.

Aymeri V fit des ordonnances pour punir ceux de ses sujets qui favorisaient l'hérésie des Albigeois. Il rendit hommage au comte de Toulouse pour tout ce qu'il tenait dans la vicomté de Narbonne excepté St-Just.

En juillet 1209, l'armée des croisés contre les Albigeois, qui venait de prendre Béziers, voulut assiéger Narbonne, mais le vicomte Aymeri parvint à l'éviter en cédant ses forteresses au duc de Bourgogne et au comte de Nevers. Il fournit de plus des vivres à l'armée catholique. En 1212, il était uni à Simon de Montfort sous les murs de Minerve et commandait les troupes qui assiégeaient cette ville du côté de l'orient ; mais l'union des deux généraux ne dura guère. L'année suivante, Montfort voulut se rendre maître de Narbonne. Il ne put en venir à bout ni par force ni par adresse.

Cependant, deux ans après, durant le cours de 1215, Louis, frère aîné du roi de France, vint en Languedoc faire la guerre contre les Albigeois. Ce prince démolit les murailles de Narbonne et força le vicomte à faire hommage au comte de Montfort. Aymeri accorda la même année à l'archevêque de Narbonne la moitié du droit qu'il avait de battre monnaie dans cette ville. Il mourut à Narbonne le 1er février 1239 et y fut enseveli dans la chapelle du couvent de St-Just.

Sa première épouse, Guillemette de Moncade, ne lui donna pas d'enfants, mais d'un second mariage avec Marguerite de Montmorency, lui naquirent plusieurs fils dont Aymeri, l'aîné lui succéda.

Aymeri VI rendit en 1240, hommage au roi de France Louis IX et dut démolir les fortifications de Narbonne qui avaient été reconstruites. L'année suivante, il déclara qu'il ne relevait plus que du roi de France ce qui ne l'empêcha pas de ce coaliser en 1242 avec le comte de Foix et plusieurs gentilshommes du midi pour rétablir le comte de Toulouse dans ses anciens états. Aymeri défit les troupes du roi dans une rencontre et reçut le comte dans Narbonne. La paix ne se fit qu'en 1243 et le vicomte se reconnut de nouveau vassal du roi. Aymeri mourut en 1270. Son épouse Philippe d'Anduse lui donna plusieurs enfants, dont l'aîné Aymeri fut vicomte de Narbonne. Le second, qui portait le nom d'Amalric, fonda la branche de Narbonne. Lara-Tallairan qui doit nous occuper dans cette étude.

La postérité d'Aymeri VI . s'éteignit en 1424, dans la personne de Guillaume II, après avoir notamment produit Aymeri amiral de France, en 1382. Guillaume périt avec plus de quatre mille cinq cents hommes, à la bataille de Verneuil. Il avait épousé Marguerite fille du comte d'Armagnac, de laquelle il n'eut pas d'enfants. Guillaume fit son testament le 5 mai 1424, en faveur de Pierre de Ténières, son frère utérin, à condition qu'il porterai/ son nom et ses armes et lui substitua Aymeri de Narbonne, baron de Tallairan et ses descendants. Guillaume de Ténières père et tuteur de Pierre, vendit en 1442, la vicomté de Narbonne à Gaston de Foix, vicomte de Béarn qui en prit possession dans l'année 1448.

La seconde branche de la maison de Narbonne, celle de Tallairan, fondée par Amalric second fils d'Aymeri VI, eut successivement cinq chefs qui portèrent le même nom et dont l'histoire ne mentionne aucune action mémorable. Signalons cependant Amalric V, sénéchal de Carcassonne qui est désigné sous le nom d'Aymeri dans le testament de Guillaume II. Après la mort de sa première épouse Aygline de Vernet, il reçut en secondes noces la main de Levezonne de Guers. Le second fils issu de cette union, Aymeri, seigneur d'Agen, épousa Louise de Rivière dame de Lédignan, et fonda la branche de Narbonne-Lara Lédignan dont le dernier représentant, M. le comte Aymeri de Narbonne Lara vient à pei ne de descendre dans la tombe.

Le fils aîné d'Amalric V et de Levezonne de Guers, Jean de Narbonne, baron de Tallairan, protesta, mais en vain, contre la prise de possession de la vicomté de Narbonne par Gaston de Foix. Il ne perdit pas cependant son procès d'une manière complète et le parlement de Toulouse le mit en possession de quelques places dans le domaine de ses aïeux. Mais la Divine Providence devait ménager à Jean de Narbonne un autre dédomagement et appeler un de ses descendants à posséder le marquisat de Fimarcon. Aymeri, dont nous allons raconter l'histoire, était en effet, le frère d'un autre Jean de Narbonne et le petit fils de celui dont nous venons de parler.

II

AYMERI DEUXIEME MARQUIS DE FIMARCON 1518-1530

Le fils du baron de Tallairan, l'époux d'Anne de Lomagne héritière des derniers seigneurs de Fimarcon de cette famille, semble avoir gouverné le marquisat du vivant de son beau-père. En 1508, Odet de Lomagne vicomte de Terride et son frère Géraud protonotaire du St-Siège, attaquèrent les droits d'Anne de Lomagne leur nièce à la succession de Fimarcon, (1) et nous savons qu'à cette époque le marquis Jacques vivait encore. Il est désigné comme partie adversaire de l'évêque de Condom dans la lettre écrite par François Ier pour faire exécuter l'arrêt du parlement de Bordeaux relatif aux limites de la juridiction de Condom et de celle du marquisat. Les prétentions d'Odet de Terride semblaient indiquer, de la part de Jacques de Lomagne, un abandon de ses titres et de ses droits en faveur de sa fille et de son gendre, ou au moins, le partage de ces mêmes droits et de ces mêmes titres avec eux.

Anne de Lomagne, morte peu de temps après son père, tout en laissant la jouissance de ses biens à son époux, légua tous ses droits sur le marquisat à Bernard son fils aîné. Dans le testament de cette dame, Aymeri est désigné sous le titre de baron de Tallairan, (2) mais il gouverna le marquisat jusqu'à sa mort et fut le véritable chef de la maison de Narbonne-Fimarcon. A tous ces titres, il mérite une place dans cette étude historique.

Aymeri fut un homme de valeur. Tout jeune encore, il s'était distingué sur les champs de bataille, dans les guerres d'Italie. Sa bravoure, disent les chroniqueurs du temps, brilla surtout à la journée de Ravenne où l'un de nos plus grands hommes de guerre, Gaston de Foix, neveu du roi Louis XII, fut enseveli dans sa victoire.

Dans l'inventaire de Me Pélauque, sous la date du 21 mai 1519, est mentionné une attestation portant que le marquis de Fimarcon n'est tenu de paraître à l'arrière-ban que s'il lui est mandé par lettre expresse du roi. (3) En l'obtenant, Ayme-

---

(1) Inventaire des archives de Lagarde, lett. 38 A. 38 C. — (2) *Ibid.* lett. 13 G. (3) *Ibidem* lett. 7 L.

ri voulut faire confirmer ce droit nouvellement acquis et l'assurer à son fils, mais sa conduite avait prouvé qu'il n'attendait pas un ordre exprès de son souverain pour paraître sur les champs de bataille et pour y paraître avec éclat.

Il pourrait sembler difficile que sous un tel homme les droits du Suzerain de Fimarcon aient été contestés ; cependant, l'inventaire de M⁰ Pélauque nous prouve qu'il en fut ainsi. D'après cet inventaire, une pièce concernant l'administration d'Astaffort fut enlevée dans l'année 1519. Cette pièce devait être très importante, car Aymeri s'adressa, pour la recouvrer, au père commun des fidèles. A sa requète, Léon X envoyait aux officialités de Lectoure, Condom et Carcassonne une bulle datée du 15 des Kalendes de Janvier 1520 dans laquelle ce pape donnait commission aux officiers ecclésiastiques de ces trois villes, d'enjoindre sous peine d'excommunication aux détenteurs d'une transaction concernant astaffort de le rendre à Aymeri de Narbonne (1). L'intervention du Souverain Pontife semblerait prouver que cette transaction se rapportait à des affaires ecclésiastiques. Peut-être y était-il question des dimes d'Astaffort qui, d'après l'inventaire de M⁰ Pélauque, appartenaient aux archidiacres de Bruilhois (2). Ces derniers les avaient inféodées au marquis de Fimarcon dont ils recevaient chaque année des goasis. Les détenteurs de cette pièce durent obéir et le baron de Tallairan rentrer dans ses droits. Nous le voyons, en effet, le 4 octobre 1527, affermer la seigneurie d'Astaffort au nommé Jean Dupeyret (3) et le paiement des goasis se fit dans la suite sans réclamation.

Dans la même année, Aymeri de Narbonne assignait devant le sénéchal de Condom le seigneur du Boutet. Naguère, les prédecesseurs d'Aymeri et de son fils empiétaient sur la juridiction de Condom ; après la sentence de 1517, il semble que les vassaux de la ville de Condom riverains de l'Auvignon aient voulu à leur tour entreprendre sur leur voisin. Le seigneur du Boutet avait détourné le cours de l'Auvignon (4) C'était reculer d'autant les limites de sa seigneurie ou plus tôt celle de ses propriétés personnelles, car son manoir féodal était près des bords de ce ruisseau.

---

(1) Inventaire des archives de Lagarde. lett. 45 B. — (2) *Ibidem*, lett. 43 P.
(3) *Ibidem* 1. 43 O, 45 F. — (4) *Ibidem*, lett. 49 A.

Mais Aymeri n'eut pas seulement à lutter sur ses frontières il trouva des adversaires dans l'intérieur même du marquisat de Fimarcon. En effet, les consuls et les habitants de La Romieu qui cependant avaient, le 12 avril 1509, prêté serment de fidélité entre les mains d'Anne de Lomagne et d'Aymeri de Narbonne, (1) renouvelant contre ce dernier les tentatives de leurs ancêtres contre Jean de Lomagne au temps de sa minorité, voulurent enlever au marquis de Fimarcon sa part de justice dans leur ville et le territoire de cette dernière. Le marquis se pourvut contre ces prétentions devant le sénéchal d'Agen, et, le 27 juillet 1526, un appointement de ce sénéchal entre M. de Fimarcon et le syndic des consuls de La Romieu réintégrait le dit seigneur dans la justice de cette ville. (2)

Ce fut au mois d'avril 1530 que mourut Aymeri de Narbonne. Il avait eu de son mariage avec Anne de Lomagne les enfants dont les noms suivent :

I Bernard, marquis de Fimarcon.

II Anne, mariée par contrat du 20 février 1523, à Jean-Jacques d'Astarac, chevalier, seigneur de Fontarailles, Castillon de Marestaing. (3)

III Michel vicomte de St-Girons et de Couserans, par testament de sa mère. Il épousa Marguerite de Pardaillan-Gondrin et fut la tige des Narbonne-Lara St-Girons représentée de nos jours par M. le marquis Manrique de Narbonne-Lara, chatelain de Nescus dans le département de l'Ariège. (4)

IV Catherine, mariée le 4 août 1531 à Géraud, fils de Jean de Mauléon, seigneur de Durban dans la sénéchaussée de Toulouse. (5)

V Autre Catherine substituée à ses frères et à ses sœurs dans le testament de sa mère.

III

BERNARD II, TROISIÈME MARQUIS DE FIMARCON 1530-1565

Bernard de Narbonne, marquis de Fimarcon depuis le 17 janvier 1517 par le testament de sa mère, fut aussi, par les

---

(1) Archives du château de Lagarde, lett. 32 Z. — (2) *Ibidem*, lett. 36 B.
(3) *Ibidem*, lett. 8 A.
(4) Généalogie communiquée par M. le Marquis de Narbonne-Lara.
(5) *Ibidem*.

dernières dispositions de son père, baron de Tallairan. Nous le trouvons, le 9 novembre 1526, faisant avec ce dernier une protestation à M. Ferrières, vicaire général et officiel d'Auch, concernant le prieuré de St-Pardon desservi par l'Eglise du Mas (1). En 1533, il prêta serment de foi et d'hommage au roi François 1er et lui fit dénombrement pour ses diverses seigneuries (2).

Devenu maître de ses domaines féodaux et libre d'en disposer selon le droit de l'époque, Bernard en vendit quelques uns. Y était-il déterminé par un besoin réel ou plus tôt par cet amour du luxe qui fut une des plaies de la noblesse sous le règne de François 1er ; nous ne saurions le dire : toujours est-il que nous le voyons, le 21 mai 1535, aliéner la place de St-Girons en faveur de M./ Fontarailles (3). Cependant, le frère puiné de Bernard, Michel de Narbonne, avait pris possession de cette place le 21 mai 1532 (4). Y avait-il dans la vente faite par Bernard une tentative d'usurpation sur les domaines légitimes de son frère. Y avait-il plus tôt cession momentanée faite par Michel en faveur de son frère aîné ? Cette dernière hypothèse semble la plus plausible, car, dans le cas contraire, Michel de Narbonne n'aurait pas manqué de protester contre la vente de son patrimoine et nous ne trouvons pas de trace de cette protestation. Le 16 avril 1545, le parlement de Toulouse rendait un arrêt pour Bernard de Narbonne, marquis de Fimarcon, concernant la place de St-Girons (5). Toutefois, il est certain que les descendants de Michel portèrent le titre de vicomtes de St-Girons jusqu'à la mort de Louis de Narbonne qui fit son testament le 22 Décembre 1664 (6).

L'année qui suivit la vente de la place de St-Girons, Bernard de Narbonne vendit la seigneurie d'Astaffort au sieur Elie du Loréns (7). Il la rachetait le 12 et le 13 juin 1539 à Géraud du Loréns héritier de ce dernier (8); mais dans l'intervalle, les acquéreurs avaient aliéné cette seigneurie au chapitre de l'Eglise d'Aurillac qui refusait d'en faire la revente. Par un appointement du sénéchal d'Agenais en date du 16 juin de cette mê-

---

(1) Inventaire des archives de Lagarde, lett. 10 A. — (2) *Ibidem*, lett. QQQ. (3) *Ibidem*, lett. 40 V. — (4) *Ibidem*, lett. 21 Q, 30 H. — (5) *Ibidem*, lett. X. (6) Généalogie de M. de Narbonne-Lara. — (7) Inventaire C.

me année, les chanoines d'Aurillac furent contraints de la consentir pour une somme de quatre mille livres que dut leur verser M. de Fimarcon (1).

Le 11 septembre suivant, Bernard vendait au même chapitre la seigneurie et place de La Romieu (2).

Cependant, Astaffort ne cessait pas d'occuper le marquis de Fimarcon. Le 2 mars 1544, une sentence du sénéchal d'Agen le maintenait dans la perception de certaines dîmes en la juridiction de cette place et le relaxait d'une demande de Mgr Desplatz évêque de Bazas et prieur de Layrac (3). Enfin, le 23 août de la même année, Bernard était obligé de revendiquer en Astaffort son droit de justice. Un arrêt du parlement de Bordeaux le maintenait en la possession de retenir les prisonniers dans sa tour appelée de Marre au préjudice des autres co-seigneurs (4).

Bernard de Narbonne dut racheter également au syndic du collège canonnial d'Aurillac la place et seigneurie de La Romieu, car en 1553, il s'élevait entre les consuls de cette place et le marquis de Fimarcon des différends qui nécessitaient un arrêt du parlement de Bordeaux (5). Cette même année, le 23 septembre, le juge du comté de Gaure ordonnait que le dénombrement fourni par M. de Fimarcon pour les biens qu'il possédait dans Le Sempuy et La Sauvetat serait enregistré (6).

Nous pouvons dire d'un seul mot l'administration par Bernard de ses domaines féodaux : il vendit plusieurs places et racheta, sauf quelques exceptions, toutes celles qu'il avait vendues. Ainsi commençait à se manifester une gêne pécuniaire qui devait augmenter sous les successeurs de Bernard et se terminer en 1760 par un véritable désastre dans lequel allait sombrer jusqu'au souvenir des suzerains de Fimarcon. Le rachat des places vendues souleva parfois quelques difficultés. Pour n'en citer qu'une, le cardinal de Ferrare, abbé de Fonfroide se fit prier longtemps avant de revendre à Bernard la place de St-Martin de Goyne aliénée en faveur de cette abbaye (7).

Mais Bernard eut pour jouir de ses droits d'autres adver-

(1) Archives du château de Lagarde, lett. 43 N, 52 C.
(2) Inventaire des archives de Lagarde, lett. 37 R. — (3) *Ibidem*, lett. 43 M.
(4) *Ibidem*, lett. 40 J. — (5) *Ibidem*, lett. 37 R. — (6) *Ibidem*, lett. 57 P.
(7) *Ibidem*, 45.

saires à terrasser. Les vicomtes de Terride, descendants de
la maison de Lomagne revendiquaient le marquisat de Fimarcon, à la succession duquel Odet de Terride s'était préten-
du substitué. Cette substitution était véritable, seulement, elle
supposait la mort sans enfants de Jacques de Lomagne son
frère ainé. Jacques mourut en réalité sans enfants males,
mais la seigneurie de Fimarcon, démembrée de la vicomté
de Lomagne qui n'était point un fief masculin, se trouvait régie par le même droit féodal que cette dernière. Elle pouvait
donc être possédée par les filles et transmises par elles
à une nouvelle maison. Conformément à cette jurisprudence
le parlement de Bordeaux rendit le 17 août 1554, un arrêt
pour M. de Fimarcon contre M. de Terride (1). M. de Terride
ne se découragea point et voulut du moins sauver du nau-
frage, la vicomté de St-Girons acquise à la maison de Fimarcon par Odet II. Par arrêt du 14 septembre 1556, le conseil
privé du roi renvoyait la cause devant le parlement de Toulouse (2). Nous n'avons pu retrouver la décision de ce parlement, mais nous savons qu'une branche cadette de la maison de Narbonne-Fimarcon porta le titre de St-Girons et de
sa vicomté jusqu'en 1664 et c'est peut-être pour sauver St-
Girons des revendications de M. de Terride que Michel de
Narbonne le laissa posséder quelque temps par son frère ainé.

Bernard eut aussi des différends avec la maison d'Astarac-
de-Fontarailles à laquelle s'était alliée Anne de Narbonne, sa
sœur. S'appuyant sur des fondements qui nous sont
inconnus, il disputait à cette famille la place de Castillon dont
la possession fut adjugée à Bernard par un arrêt du parlement de Toulouse rendu le 15 septembre 1547 (3).

Le marquis de Fimarcon avait épousé le 30 octorbe 1531
Cécile, fille de Germain-Aimé, baron de Mauléon (4). De ce
mariage naquirent six enfants.

I Jean, marquis de Fimarcon.

II Jean-François de Narbonne.

III Marguerite mariée le 6 mars 1550 à Jean de La Barll...
baron de Montcorneilli.

---

(1) Ibidem, lett. 19 O. — (2) Ibidem, lett. 19 C.
(3) Inventaire des archives de Lagarde, lett. 20 G. — (4) Ibidem, lett. 10 P.

IV Jeanne qui épousa, le 14 mars 1559, Jean de La Courtade, seigneur de Fendeilles.

V Constance, religieuse au monastère de Grasse.

VI Isabeau, religieuse au monastère de Paravis, ordre de Fontevrault, dans la juridiction de Feuguerolles en Albret.

Devenu veuf de Cécile de Mauléon, Bernard reçut en secondes noces, le 26 juin 1543, la main de Françoise, fille de François de Bruyères, seigneur de Chalabre (1). Il avait disposé du marquisat de Fimarçon en faveur du fils aîné de Cécile, mais il fut convenu dans son contrat avec sa nouvelle épouse, qu'il pourrait choisir parmi les fils de cette dernière son héritier dans la baronnie de Tallairan. Ce mariage fut, en effet, béni de Dieu. Bernard de Narbonne et Françoise de Bruyères-Chalabre donnèrent le jour à neuf enfants.

I Jean François, baron de Tallairan, seigneur de Combélonnet et de Montlaur en Bordelais. Il épousa, le 13 août 1579. Isabeau de Cous (2) et fonda la branche de Clermont représentée de nos jours par M. le cmte de Narbonne-Lara de Castel-Sarrazin (3).

II Micheau ou Michel.

III Eymeric ou Méric, mort sans postérité, après avoir, dans un testament qui est un véritable monument de vertu chrétienne, institué son héritier universel son frère Agésilan de Narbonne et fait des legs importants en faveur de chacun de se/frères et de chacune de ses sœurs (4).

IV Agésilas ou Agésilan épousa, le 5 juin 1595, Henriette-Renée, fille de Joseph de Lart de Goulard, seigneur de Biran, Aubiac et d'autres places. Le cinquième de ses enfants, Jean, lieutenant de la compagnie de M. du Tilladet au régiment des gardes et marié à Jeanne de Noaillan, fut la tige de la branche d'Aubiac. Illustrée au commencement de ce siècle par le comte Louis de Narbonne, ministre de la guerre du roi Louis XVI : aide de camp de l'empereur Napoléon Ier, puis son ambassadeur à Vienne, cette branche s'est éteinte en 1834 par la mort de Philippe-Louis-Christophe-Innocent. duc de Narbonne, frère du comte Louis (5).

---

(1) *Ibidem*, lett. 9 A. — (2) *Ibidem*, lett. 9 P.
(3) Généalogie communiquée par M. le comte de Narbonne-Lara de Castel-Sarrazin.
(4) Papiers de la maison de Fimarcon.
(5) Généalogie communiquée par M. le marquis de Narbonne-Lara.

V Paule qui épousa le 26 janvier 1563, Jean de Bezolles, seigneur de la place et seigneurie de ce nom, de Beaumont, Mouchan, Lagraulet et Ayguetinte et lui donna cinq enfants (1). Paule de Narbonne fut une insigne bienfaitrice de l'Eglise de Bezolles où elle fut ensevelie (2). La postérité de cette dame est aujourd'hui représentée par M. le comte de Bezolles, châtelain du Baradieu en Gensac-Condom.

VI Marguerite, mariée le 10 décembre 1564, à Charles de Rigault, baron de Vaudreuilh et d'Auriac en Lauraguais, gentilhomme de la chambre du roi (3).

VII Françoise, religieuse au monastère de Prouillan dont elle fut sous-prieure.

VIII Brandelise qui épousa, le 14 juin 1573, Hérard de Grossolles, baron de Flamarens et de Montestruc (4). La baronnie de Flamarens fut érigée en marquisat par le roi Louis XIV et une marquise de Flamarens, dame d'honneur de la reine Marie Lecksinska, fut célèbre par son esprit et par sa beauté. La maison de Grossolles s'est éteinte aux environs de 1876 (a).

IX Jeanne, mariée à Bernard de Cassagnet-Tilladet-Caussens et dont le fils aîné devait hériter plus tard du marquisat de Fimarcon.

IV

JEAN III, QUATRIÈME MARQUIS DE FIMARCON 1569-1593

Jean de Narbonne, devenu marquis de Fimarcon vers 1569 par la mort de son père, avait épousé cinq ans auparavant, le 25 Décembre 1563, sa cousine Paule, fille de Gabrielle de Narbonne, seigneur de Sallèle et de Combelonnet dont elle fut l'héritière (5).

Jean gouverna le marquisat au temps des guerres de re-

---

(1) Inventaire des archives de Lagarde, lett. 8 J.
(2) Archives de la fabrique de l'Eglise de Bezolles. — (4) Invent. lett. Q. II.
(3) Papiers de la maison de Fimarcon.
(4) Inventaire lett. 9 K (a) M. le chanoine Monlezun, a oublié la maison de Grossoles dans son armorial de Gascogne. *Histoire de Gascogne*, t. vi. Il a oublié aussi, peut-être ignoré, l'illustre maison de Cassagnet.
(5) Inventaire des archives de Lagarde, lett. 5 K.

ligion. A la tête des bandes huguenotes, le comte de Mont
gomery parcourait la province de Gascogne où il opérait
les plus grands ravages.

En ces tristes et terribles conjonctures, le marquis de Fimarcon ne demeure pas inactif. M. le chanoine Monlezun
nous le montre, avec les autres seigneurs catholiques ses
voisins, tirant vaillemment son épée contre les ennemis de la
foi et du roi. Ils avaient pour les diriger dans cette lutte, l'habile homme de guerre qui, si souvent, avait battu les bandes
de Montgomerry durant les premiers temps des guerres de
religion. « Il fallait, dit l'historien de la Gascogne, toute l'habileté, tout le zèle de Montluc, pour réprimer un ennemi qui
se montrait partout à la fois. A sa voix tous les gentilshommes
catholiques adjurèrent leurs haines et les rivalités qui les sé-
paraient et s'unirent contre cet ennemi. Bientôt, ils se partagèrent le pays. Fimarcon, Gondrin, Massés, Terride, Saint-
Paul, Clermont, Lannezan, Bellegarde, Pins-Monbrun, Fon-
tenilles, à la tête de ce qu'ils purent lever de recrues, se portèrent aux points les plus menacés. Montluc, retiré au Sempuy,
dirigeait leurs bras et leurs épées » (1). L'illustre capitaine
dont les forces étaient épuisées et qui était au bout de sa carrière, servait ainsi par ses conseils une cause que son bras
avait si longtemps et si vaillament défendue.

Cependant, Fimarcon, débordé par des forces supérieures
sous Astaffort (2) ; battu de nouveau devant La Romieu, dut

______

(1) MONLEZUN, *Histoire de la Gascogne*, tome x, page 276.

(2) Les ossements que l'on trouve en grands nombre dans les champs des
Croutzats, au nord-est de l'église de St-Félix, nous disent combien fut rigou-
reuse la lutte soutenue sous Astaffort.

Y eut-il aussi un combat sous Caussens ? Pendant que nous desservions
cette paroisse, nous amusant un jour à regarder des travailleurs qui
établissaient un ponceau sis au nord du village, près du chemin de la
Castagnère, nous aperçumes à cinquante centimètres environ du niveau du
sol, des ossements jettés pêle-mêle comme sur un champ de bataille. On
nous assura que les jardins environnants en étaient parsemés et qu'on en
trouvait jusqu'à la Castagnère et aux Marcescasses, à plus de cinq cents
mètres de Caussens. Nous savons qu'il n'y eut pas là de lutte au temps de la
Fronde et ces restes paraissaient trop bien conservés pour remonter au
moyen-âge. Du reste Caussens se trouvait sur le passage de Montgomerry se
dirigeant de La Romiea vers le Béarn. C'est peut-être dans cette circonstance que fut détruit le premier château de Caussens, dont un mur portant
le caractère des constructions du haut moyen-âge, sis à côté du presbytère
et auquel est adossé une maison moderne rappelle encore le souvenir.

laisser Montgomerry entrer dans cette ville où il profana la belle église bâtie par le cardinal d'Aux et mit à mort tous les chanoines de la collégiale qui tombèrent sous sa main.

Après cet exploit sinistre, le capitaine huguenot se dirigea vers le Béarn, où les forces catholiques étaient commandées par un arrière petit-fils d'Odet de Fimarcon, Antoine de Lomagne. vicomte de Terride. A la tête d'une armée que lui avait confiée le duc d'Anjou, aidé par son cousin Antoine d'Aydie, seigneur de Ste Colonne qui s'était emparé déjà de Pontac et de Nay, Terride se rendit rapidement maître de toute la province. Il n'avait éprouvé de résistance qu'à Navarreins, mais il avait dû mettre le siège devant cette place.

Il le poussait avec vigueur, et allait bientôt tenter l'assaut définitif, lorsque Montgomerry, qui avait repris Pontac et Nay, arrivant à la tête d'une armée victorieuse et très supérieure en nombre, le contraignit à se retirer. Incapable de résister en rase campagne, le vicomte de Terride courut se réfugier dans Orthez où son adversaire vint l'assiéger et le forcer bientôt à capituler. Les articles de la capitulation furent réglés par le propre frère d'Antoine de Terride, Gérard de Lomagne qui servait dans l'armée protestante.

L'année 1574 vit les catholiques de Gascogne délivrés de leur terrible adversaire. Montgomerry, pris dans Domfront par le maréchal de Malignon, et convaincu de trahison envers la patrie, fut exécuté le 26 juin en place de grève. Les habitants de La Romieu, revenus de la terreur que leur inspirait le capitaine huguenot, méconnurent le courage et le dévouement que Jean de Narbonne avait déployés à la défense de leur ville parce que ce courage et ce dévouement avaient été malheureux. Ils lui intentèrent un procès devant le Parlement de Bordeaux ; mais un arrêt rendu par ce parlement le 29 mai 1576 renversa leur prétention en attribuant à l'héritière des Lomagne-Fimarçon l'entière justice dans La Romieu. (1)

En 1583, des empiètements sur sa juridiction seigneuriale lui vinrent d'ailleurs. Un procès s'était élevé dans Ligardes et le présidial de Condom l'avait évoqué à son tribunal. Fort du droit que lui assurait le titre du haut justicier dans le marquisat de Fimarcon, Jean de Narbonne requit le prési-

---

(1) Inventaire des archives de Lagarde lett. 34 C.

dial de renvoyer la cause devant ses magistrats seigneuriaux. Le présidial répondit par un refus formel à la requête
du marquis. Jean porta devant le parlement de Bordeaux la
cause qui demeura pendante durant une année. Enfin, le 26
février 1585, un arrêt de la cour bordelaise, sanctionnant les
droits anciens des Sires de Fimarcon fit défense aux juges présidiaux de Condom de connaître des causes judiciaires qui
surgissaient dans le marquisat autres que les cas royaux. (1)

Trois jours avant, 23 février 1585, la reine Marguerite de
Navarre nommait Jean de Narbonne sénéchal d'Agenais : (2)
et le roi de France le faisait chevalier de son ordre (3) c'était
l'époque où Henri III, par un édit qui révoquait les privilèges des protestants, déchaînait de nouveau la guerre de reli-   /
gion. Le catholicisme éprouvé du marquis de Fimarcon ne
laisse aucun doute sur la cause qu'il dut embrasser. Cela nous
est indiqué d'ailleurs par cette circonstance, que, dans une
transaction passée le 19 novembre 1586 avec Jean-Eymeric de
Léaumont, Jean de Narbonne prend le seul titre de chevalier
des ordres du roi, laissant de côté celui de sénéchal d'Agenais (4).

Cependant, l'administration de Bernard son père et les ravages exercés par les bandes huguenotes dans ses états féodaux avaient beaucoup diminué les ressources du marquis
Jean qui dut songer à remplir de nouveau son trésor. Il se
tourna d'abord du côté de Jacques de Béon, vicomte de Cè-
re, qui n'avait pas encore payé les droits de sa sœur Germaine, épouse de Gabriel de Narbonne et mère de la marquise Paule de Fimarcon ; mais il dut transiger avec lui et n'obtint que trois cents écus d'or pour tous les droits de sa belle-
mère (5). Cette transaction qui eut lieu le 7 mars 1578, ne
fournissant pas au marquis tout l'argent qui lui était nécessaire, il dut le 16 juillet de la même année, engager Ligne-
rolles pour six mille livres au seigneur et à la dame de Caumont (6).

Avec ces ressources, Jean de Narbonne put, le 24 novembre 1582, consigner entre les mains de dépositaires fidèles la
somme de cinq mille livres pour racheter la seigneurie d'As-

---

(1) *Ibidem*, lettr. 19-V.
(2) *Ibidem*, lett. 7 D — (3) *Ibidem*, lett. 20 N. — (4) *Ibid. m*, lett. 7 D.
(5) *Ibidem*, lett. M. — (6) Papiers de la maison de Fimarcon.

taffort (1). Il l'avait cédée le 28 septembre 1573, à Bernard son fils premier né qui ne vécut que cinq ans ; (2) mais, le 30 novembre de la même année, la pénurie d'argent le forçait à la vendre sous faculté de rachat à noble François de Laville (3). Jean tenait d'autant plus à racheter la seigneurie d'Astaffort qu'il avait reçu, quelques années auparavant des droits lui en assurant la juridiction presque toute entière. En effet, le 14 novembre 1571, le roi de France, voulant sans doute le récompenser des services rendus et l'encourager de plus en plus dans sa lutte contre les huguenots, lui avait donné les biens confisqués d'Armoise de Lomagne, parmi lesquels se trouvaient une part en cette seigneurie (4).

Un reçu du 4 novembre 1589, nous montre que jean de Narbonne se préoccupait sérieusement de ce rachat. Il retirait, en effet, des mains des sieurs Rivière, Dantan et Perriquet la somme de cinq mille écus d'or qu'il leur avait pour cela consignée (5). Mais la mort ne lui donna pas le temps d'exécuter ce projet.

Avant de descendre dans la tombe, il eut la douleur de voir les soldats d'Henri IV, encore protestant, porter le ravage dans ses terres. Un capitaine du régiment commandé par Jean de Lomagne vicomte de Terride qui servait dans l'armée du vicomte de Turenne, établit son campement sur le territoire de la commanderie d'Abrin où il demeura pendant quatre jours, du 13 au 18 janvier 1590. Le soudard huguenot ne résista pas à la tentation de tout saccager. Il pénétra dans l'Eglise où il renversa l'autel et déchira les ornements sacrés, puis, il démolit le moulin ainsi que les granges des deux métairies.

Les témoins de ce désastre en tête desquels se trouvait Julien de Bonnefont sieur de Lyet et fermier des domaines de la commanderie, en firent dresser acte en l'étude de Me Frix de Maleville, notaire à La Romieu. Les experts nommés pour apprécier l'étendue des pertes portèrent à quarante livres tournois les sommes jugées nécessaires aux réparations de l'Eglise et des bâtiments d'exploitation (6).

____

(1) Inventaire des archives de Lagarde, lett. 41, A. — (2) *Ibidem*, lett. 44, P. (3) *Ibidem*, lett. 44, K. — (4) *Ibidem*, lett. 52, D. — (5) *Ibidem*, lett. 16, O. (6) Acte de déclaration sur « la ruyne et démolition faictes aux bouages et molèce de la commanderie d'Abrin, par les gens de l'armée du roy conduite par le sieur de Turenne. (Etude de M. Pélisson, à La Romieu).

La déclaration de M' de Maleville n'est pas inventorié dans les archives de Lagarde. Le dernier acte de Jean de Narbonne que nous révèlent ces archives est la signature d'un compromis précédé d'une sentence arbitrale avec le sieur Delort qui lui avait acheté, quelque temps auparavant, la seigneurie de Blaziert (1).

Le marquis de Fimarcon perdit, en 1575, sa première épouse Paule de Narbonne qui mourut au château du Mas et fut ensevelie dans l'église collégiale de La Romieu (2).

Jean ne tarda pas à contracter une nouvelle union avec Charlotte de Vergnes ou de Lavergne, dame de La Bastide, en Bordelais, qui lui survécut mais dont il n'eut pas d'enfants.

Six lui étaient nés de son premier mariage : c'étaient :

I Bernard, mort comme nous l'avons dit à l'âge de cinq ans.

II Amalric, marquis de Fimarcon, né en 1570.

III Jean, seigneur de Castelnau des Loubères qui mourut au Mas en 1610, après avoir fait son héritier Jacques de Narbonne son neveu.

IV Charles, mort au siège d'Amiens où il portait l'enseigne colonelle de son régiment.

V Marguerite, mariée en première noces à Hector de Narbonne, vicomte de Saint-Girons, en secondes, à François de La Jugie, comte de Rieux.

VI Jeanne-Françoise, morte à l'âge de quatorze ans.

Jean lui-même quitta ce monde le 28 janvier 1593.

V.

Amalric cinquième marquis de Fimarcon 1593-1622

Le premier acte d'Amalric de Narbonne, déjà marquis de Fimarcon depuis le 20 octobre 1592, date de son mariage avec Marguerited'Ornézan (3), fut de répudier les restes de l'hérédité de son père. L'acte de répudiation, inventorié dans les archives du château de Lagarde, est daté du 10 février 1593 (4)

---

(1) Inventaire, lett. 24 P. — (2) *Ibidem*. Les noms de la marquise Paule et de Jean de Narbonne se lisent encore de nos jours sur une cloche de Castelnau-sur-l'Auvignon, précédés du millésime 1571.

(3) Inventaire des archives de Lagarde, lett. 9 Q. — (4) *Ibidem*, lett. 32 D.

Marguerite, épouse du nouveau marquis, était fille d'Alain Frédéric d'Ornézan, seigneur d'Auradé et de Marguerite de Lambes. L'alliance avec cette puissante famille dont Marguerite d'Ornézan devint l'unique héritière, valut à la maison de Fimarcon les deux seigneuries de Seysses et d'Auradé. Les deux nobles époux, dans les pactes même de leur mariage, décidèrent de l'avenir de leurs descendants en y convenant que le marquisat de Fimarcon appartiendrait à celui de leurs enfants qu'Amalric désignerait, ou, à défaut de désignation, au premier né d'entre eux et à sa postérité, dans le cas où ce dernier mourrait sans enfants, on lui substituerait ses frères et leurs descendants, puis ses sœurs et les enfants de ses sœurs dans l'ordre de primogéniture et il demeurait interdit de prendre une seule place ou le moindre territoire du marquisat pour en constituer une dot. Conformément à la pensée de ses auteurs, ce mode de succession plusieurs fois confirmé par les parlements devint une loi irrévocable d'hérédité pour le marquisat de Fimarcon (1).

Amalric, en agissant de la sorte, s'imposait la plus stricte économie dans le gouvernement de ses domaines féodaux et l'administration de ses biens, car ses prédécesseurs, qui avaient soutenu de nombreux procès, lui avaient légué de fortes dettes. Mais quels que fussent le bon ordre de sa gestion dans ses affaires domestiques et sa science administrative, il lui fut à peu près impossible de relever sa fortune ; aussi dut-il, dès les premières années, aliéner quelques-uns de ses domaines. Le 7 avril 1593, il vendait à son oncle Agésilas de Narbonne la place de Blaziert et celle d'Abrin (2). Le 5 janvier de l'année suivante, la seigneurie de Sallèles avait le même sort et passait entre les mains du sieur Lacoste de Séguier (3). Enfin, le 14 juin 1596, Jean Garde, bourgeois et marchand d'Agen lui achetait la seigneurie de Combelonnet (4).

Fervent catholique, Amalric de Narbonne voulut, dès les premières années, mettre son gouvernement sous la protec-

---

(1) Papiers de la maison de Fimarcon. Rapport de M⁰ Robin de Mouras membre du conseil général du roi, en faveur du vicomte d'Esclignac, dans un procès jugé par ce conseil le 16 janvier 1783, contre la comtesse de Beaumont qui lui disputait l'héritage de Fimarcon.

(2) Inventaire des archives de Lagarde, lett. 46-49 J.

(3) *Ibidem*, lett. 24 F. — (4) *Ibidem*, lett. 28 G.

tion du ciel, et, le 7 septembre 1598, il fonda une chapellenie
dans son château de Lagarde · (1). Le 17 janvier de l'année
suivante, il rendait, pour toutes ses possessions féodales, hommage au roi de France Henri IV (2).

Comme ses prédécesseurs, Amalric dut porter ses soins
vers les deux principale/places de son marquisat, Astaffort et
La Romieu. Astaffort surtout, depuis qu'il appartenait aux
Fimarcon, semblait prendre à tâche de donner du souci à ses
suzerains, et pourtant, il n'était peut-être aucune de leurs
seigneuries qu'ils eussent tant à cœur de défendre et de conserver. Amalric la racheta, le 9 août 1594, à la veuve et aux
enfants de noble Antoine de Laville, frère de **François et son**
héritier (3) ; mais de ce rachat sortit un procès qui dura plusieurs années.

Jeanne de Béarn, dame de Laville, tenta de revenir sur la
vente qu'elle avait dû faire. Elle se vit arrêtée dans ses prétentions, le 15 mai 1604, par un arrêt du parlement de Bordeaux (4).

Ce premier échec ne découragea pas la dame de Laville qui
vit accourir à son secours Armoise de Lomagne dame de Montaigut. Le 2 juillet 1601, Amalric obtenait du parlement de Bordeaux une lettre de requête civile contre ses deux parties ad-
verses (5). Un premier arrêt fut rendu le 17 juillet 1603 (6).
Il dut être favorable au marquis de Fimarcon, qui, l'année
suivante, affermait la seigneurie d'Astaffort à Maître Jean La-
bevrie, notaire royal au même lieu, (7) et, le 4 août 1605,
achetait à son frère Jean de Narbonne la part de puissance
féodale que ce dernier possédait en cette ville (8).

Enfin, deux années après, le 31 janvier 1607, un arrêt définitif, consacrait les droits d'Amalric. Le parlement de Bordeaux
déclarait qu'en vertu du droit de prélation (a) à lui concédé

---

(1) *Ibidem*, lett. TTT. — (2) *Ibidem*, lett. XXX. — (3) *Ibidem*, lett. 41 C.
(4) *Ibidem*, lett. 41 E. — (5) *Ibidem*, lett. 52 O. — (6) *Ibidem*, lett. 52 N.
(7) *Ibidem*, lett. 52 P. — (8) *Ibidem*, lett. 44 R.
(a) La *Prélation* était un droit que le seigneur avait de reprendre le bien
vendu ou aliéné, tant par contrat que par décret et autorité de justice, en
remboursant l'acquéreur du prix de l'acquisition. Le seigneur suzerain avait
droit de prélation en fiefs nobles où le retrait féodal était toujours entendu.
Si la cession de ce droit leur était faite, comme dans le cas présent, par un
autre seigneur ayant des droits supérieurs aux siens, il était dispensé par le
fait même de payer les leds et ventes de son rachat légalement dus à ce
dernier; mais si lui-même avait pris les leds et ventes de l'acquéreur ou

par la reine Marguerite, le marquis de Fimarcon retiendrait
par puissance de fief, la seigneurie d'Astaffort (1). Mais une
si longue procédure avait entrainé de fortes dépenses et les
trésors d'Amalric étaient épuisés ; aussi dut-il emprunter au
sieur de Breit la somme énorme pour cette époque de 7.000
livres.

Heureusement, son épouse put venir à son secours, et, deux
mois après l'emprunt, le 5 avril 1607, Marguerite d'Ornézan
payait la dette de son époux. Elle demeurait par suite subrogée à l'hypothèque que M. de Breit avait sur la seigneurie
d'Astaffort (2).

Maitre enfin de cette place et déchargé des lods et ventes de
son rachat par le droit de prélation qui lui valut le gain de
son procès (3), le marquis de Fimarcon put préparer le dénombrement et l'hommage qu'il devait pour elle au roi de
France. L'hommage fut rendu et le dénombrement présenté
en 1621 (4). Le 5 avril de la même année, le projet de dénombrement ayant été soumis aux consuls d'Astaffort, ces magistrats municipaux rassemblèrent leur communauté. L'avis de
la jurade fut que le marquis de Fimarcon ne s'attribuait pas
d'autres droits ni d'autres pouvoirs en Astaffort que ceux qui
lui appartenaient en réalité (5). Cependant, cette ville gardait
à côté d'Amalric des co-seigneurs dont nous verrons les descendants susciter de nouvelles difficultés aux marquis de
Fimarcon.

La reine Marguerite qui venait d'apparaître d'une manière
si favorable pour Amalric dans son procès contre Armoise de
Lomagne et la famille de Laville, lui suscitait d'un autre côté
de sérieux embarras. Fille d'Henri II et première épouse
d'Henri de Navarre, Marguerite s'était emparée de l'Agenais
pendant que son mari était sous le coup de l'escommunica-
tion. Elle s'était établie dans la ville d'Agen d'où ses désordres

------

biens nobles et lui en avait donné quittance, le droit de prélation lui était
par là même relevé.

On appelait lods et ventes les droits perçus par le seigneur à la vente d'une
terre, soit noble, soit amphythéotique, c'est-à-dire soumise aux rentes seigneuriales. Ils étaient en certains endroits de 6 % du prix de la vente. Dans
d'autres, ils comprenaient le quint et le requint, ce qui veut dire 5 % du
prix de la vente et le cinquième de ce cinquième.

(1) Inventaire des archives de Lagarde, lett. X. — (2) *Ibidem*, lett. 41 R.
(3) *Ibidem*, lett. 40 H. — (4) *Ibidem*, lett. 43 G.

la firent chasser (1). Lorsque, en 1593, une bulle du pape Clément VIII eut déclaré nul son mariage avec le roi de France, la bonté d'Henri IV lui conserva le droit de suzeraine sur le comté d'Agenais. La reine Marguerite en profita pour réclamer en La Romieu la part de seigneurie qui avait autrefois appartenu aux rois de France et que ceux-ci avaient cédé aux /e seigneurs de Fimarcon. A son instigation, s'appuyant sur la donation faite le 7 mai 1082 par Odon 1er, vicomte de Lomagne, à l'abbaye Saint-Victor de Marseille (2) dont ils se portaient héritiers de ce chef, les chanoines de La Romieu revendiquaient à leur tour une part de seigneurie dans cette place.

Deux procès s'engagèrent en même temps devant le parlement de Bordeaux. Dans le premier, Amalric de Narbonne réclamait les droits de Seigneur en La Romieu, dans le second, il demandait des indemnités au chapitre qui avait usurpé sur ses officiers le droit de justice. Mais dès le début, les principaux nobles et habitants de La Romieu se séparèrent d'avec le chapitre et déclarèrent par des actes authentiques qu'ils n'entendaient, ni ne voulaient plaider avec M. de Fimarcon (3).

Amalric trouvant que le procès traînait en longueur, consulta deux avocats de Bordeaux sur la valeur de ses droits, sur le moyen de les faire déclarer d'une manière plus rapide (4). et, d'après leur avis, voulut faire juger la cause par le conseil privé du roi. Mais, le 16 octobre 1614, un arrêt de ce conseil la renvoyait devant le parlement de Bordeaux qui en était déjà saisi (5).

D'autres conclusions de l'affaire demeuraient encore pendantes et le procès se poursuivait devant le parlement. Pendant ce temps, les habitants de La Romieu, auxquels leur lutte contre leur suzerain avait donné peut-être un trop grand amour de l'indépendance, se voyaient, le 15 mars 1616, dresser procès-verbal par le lieutenant général de Condom pour avoir refusé d'obéir à un ordre du gouverneur de la province (6).

Enfin, le 28 janvier 1618, lasses des lenteurs de la procédure, les deux parties terminaient leur affaire par une transac-

---

(1) FELLER, Biographie universelle, article Marguerite de France.
(2) Inventaire, lett. 31 N. — (3) Ibidem, lett. 36 O.
(4) Ibidem, lett. 34 G, 40 B. — (5) Ibidem, lett. 37 L, 35 H.
(6) Inventaire des archives de Lagarde, lett. 37 V.

tion (1). Almaric conserva ses droits féodaux en La Romieu ainsi que l'exercice de la justice dans cette place ; mais elle ne put, dans la suite, être confondue avec le reste du marquisat et les Fimarcon durent ajouter à leur titre de marquis celui de seigneurs de La Romieu (2).

Quand à la reine Marguerite que les actes du procès nous montrent comme l'ayant engagée conjointement avec le chapitre et les consuls, la mort ne lui permit pas d'en voir l'issue. Marguerite quitta ce monde dans le cours de l'année 1615, aussi voyons- nous qu'à partir de cette époque. le procès fut poussé, de la part des adversaires d'Amalric avec moins de vigueur.

Mais Fimarcon eut encore d'autres débats à soutenir. Les seigneurs féodaux paraissent avoir eu de tout temps soif de lutter entre eux, et, lorsqu'il leur fut devenu impossible de se disputer les armes à la main les places et les seigneuries, ils se les disputèrent encore devant les parlements.

Le second mariage de Jean de Narbonne avec Charlotte de Lavergne laissait au marquis Amalric un différend avec Madeleine de Lavergne, dame de Pardeillan, parente de sa belle-mère. Une première transaction avait eu lieu le 25 janvier 1595 entre Amalric et cette dame (3). Les conditions ne durent pas en être respectées, car l'année 1607, nous fournit à la date du 3 mars, un arrêt porté par la chambre de l'Edit établie à Nérac entre M. Fimarcon et la dame de Pardaillan (4).

Condamné par la chambre de l'Edit Amalric fit appel au Conseil Privé du roi, et. nous trouvons, au 14 janvier 1610, un arret de ce conseil pour M. de Fimarcon contre la douarière de Pardaillan (5). Enfin, le 11 janvier 1614, intervenait un accord entre la dame de Pardaillan et Messire Amalric de Narbonne portant relachement de droits (6).

Les archives de Lagarde ne nous fournissent plus, comme appartenant au règne d'Amalric que quelques actes d'administration, Le 15 mars 1593, année même où il prit possession

---

(1) *Ibidem*, lett. 34 K. — (2) *Ibidem passim* à partir de 1618.

(3) *Ibidem*, lett. 27 J.

(4) *Ibidem,* lett. 18 K. C'était une chambre composée par moitié de catholiques et de protestants que l'édit de Nantes avait établi dans quelques parlements pour juger les affaires pendantes entre les catholiques et ceux de la religion dite réformée.

(5) Inventaire des archives de Lagarde, lett. 18 G. — (6) *Ibidem*, lett. 26 J.

de l'héritage paternel, il affermait la baillie de La Romieu au nommé Jean Tournerie ; ce fut Marguerite d'Ornézan qui signa l'acte de ferme en l'absence de son époux (1).

Le 26 avril et le 1er mai 1597, Amalric lui-même signait des actes de transaction avec les habitants de Lagarde et ceux de Marsolan (2). Le 3 janvier 1598, les habitants de St-Martin de Goyne lui présentaient la liste des consuls avec prière de l'agréer s'il la trouvait bien faite. Le marquis était absent et Marguerite donnait en son nom l'agrément demandé (3). Le 15 janvier suivant, les consuls de Blaziert prêtaient serment de fidélité entre les mains de M. de Fimarcon (4).

Le 9 avril 1600, Amalric terminait le quinzième siècle dans son marquisat par un acte de bienfaisance. Il échangeait, en faveur des consuls et des habitants de Marsolan, des arrérages de rente de cinq années contre des arrérages de taille que devait en la juridiction de cette communauté le sieur Bertrand du Bousquet (5).

En 1601, sur la demande des consuls de St-Martin, d'Abrin et du Mas, le marquis de Fimarcon rétablissait dans son marquisat la charge de trésorier (6).

A partir de cette date, il nous faut attendre jusqu'à 1608 pour trouver dans les archives de Lagarde de nouveaux actes d'administration. C'est d'abord, cette même année, 4 février, une transaction passée avec les consuls, manans et habitants du lieu de Castelnau (7). Deux ans après, Amalric obtenait un arrêt de Bordeaux contre les sieurs Michel Bédès et Louis Caillaus concernat l'élection consulaire du Mas (8). Enfin, le 2 février 1621, avait lieu une transaction entre M. de Fimarcon et les communautés du Mas du Sempuy concernant des limites de juridiction (9).

Pour terminer ce que nous avons à dire d'Amalric et de son gouvernement, notons encore deux faits : le premier est un acte d'accord et de transaction entre Messire Amalric de Narbonne et Messire Jean de Biran, seigneur de Goas et Lamothe au sujet de l'hommage de sa seigneurie (10). Le second

---

(1) *Ibidem*, lett. 35 T.
(2) Inventaire des archives de Lagarde lett. 16 V-16 J.
(3) *Ibidem* lett. 45 Z. — (4) *Ibidem* lett. 47 K. — (5) *Ibidem* lett. 53 J.
(6) *Ibidem* lett. 55 F 48 C., 53 J. — (7) *Ibidem* lett. 16 K.
(8) *Ibidem* lett. 19 T. — (9) *Ibidem* lett. 26 Ç. — (10) *Ibidem* lett. 27 B.

est un dénombrement présenté, le 32 juillet 1622, au marquis de Fimarcon par Jean François de Lauriac de la maison et salle noble de Lauriac autrefois du Tendon, sise en la juridiction de Blaziert (1). Ce devoir appartenait aux Fimarcon en vertu d'une donation faite le 29 août 1529 par Aymeri et Bernard de Narbonne père et fils en faveur d'un ancêtre de Jean-François de Lauriac (2).

Au milieu de ces débats juridiciaires et de ces actes d'administration, le temps s'écoulait avec rapidité. La belle-mère d'Amalric, Marguerite de Lambes, sentant que sa fin ne pouvait être bien éloignée, voulut prendre ses dernières dispositions. Ce fut le 16 janvier 1611 que cette dame dicta sa volonté suprême.

Elle léguait la moitié de ses biens à Marguerite d'Ornézan, sa fille, et l'autre moitié à son autre fille Jeanne-Françoise, atteinte d'aliénation mentale. Puis, profitant du droit que l'état d'esprit de Jeanne-Françoise lui donnait de tester pour elle, Marguerite de Lambes instituait la Marquise de Fimarcon héritière de sa sœur. Elle substituait à Marguerite d'Ornézan pour ce double héritage, Jacques de Narbonne, l'aîné de la maison de Fimarcon, et après lui, les enfants de cette noble maison, l'ordre de primogéniture toujours gardé. Elle prohibait toute détraction de légitime et la quarte trébellianique (a).

Cinq mois après, Marguerite de Lambes déclare dans un codicile, que si les enfants mâles de la maison de Fimarcon décèdent sans enfants, elle veut que tous et chacun de ses biens reviennent aux filles de Marguerite d'Ornézan, mais toujours selon l'ordre de primogéniture (3).

Amalric de Narbonne eut de son mariage avec Marguerite d'Ornézan neuf enfants dont les noms suivants :

I Jacques, baron de Fimarcon : II François ; III Hector ; IV Jean-Paul ; V Henri-Renée ; VI Françoise-Paule ; VII Charles ; VIII Marguerite ; IX Marie. Cette dernière fut d'a-

---

(1) *Ibidem* lett. 5 R.

(2) Papiers de la maison d'Orlan de Polignac. Inventaire des pièces concernant la salle de Lauriac et ses dépendances.

(a) On appelait ainsi un quart de l'héritage paternel que le Seigneur pouvait laisser par testament à l'un de ses fils cadet, qu'il voulait favoriser. C'était une institution du droit Romain qui avait pris son nom du fameux jurisconsulte Trébellianus l'un des conseilliers juridiques de l'empereur Justinien.

(3) Raport de Me Robin de Mouras.

bord religieuse au couvent de Sainte Claire de Lectoure. La
Revue de Gascogne, sous la plume de M. Plieux ꝓ nous à révélé qu'elle en fut une insigne bienfaitrice (1). Marie de Narbonne mourut à Toulouse au monastère Saint Jean de Jérusalem.

Amalric de Narbonne mourut lui aussi dans la même ville,
le 8 août 1622, des suites d'une blessure qu'il avait reçue au
siège de Montauban et peu après sa nomination de chevalier
du St-Esprit. Ce vaillant homme de guerre possédait depuis
longtemps déjà la charge de capitaine de mille hommes d'armes. Il avait fait son testament le 27 juin de l'année précédente au château de Lagarde par devant M. de Rancé, notaire
royal en cette place (2). Il y désigne pour sa sépulture l'Eglise
collégiale de La Romieu, veut qu'il soit dit par le chapitre une
messe chantée à chacun des anniversaires de sa mort et tous
les jours de la semaine une messe basse.

Il affecte à la chapelle de St-Pardon la moitié des revenus
de la métairie de Villefontan. Un prêtre châtelain jouira de
ces revenus, mais il sera mommé par les héritiers du testateur qui seront à perpétuité patrons de la dite chapelle, à la
condition qu'ils vivent dans la religion catholique romaine.
Jamais les héritiers d'Amalric ne pourront s'attribuer les
fruits de cette moitié de métairie. S'ils le faisaient, l'Archevêque d'Auch leur serait substitué par le fait même comme patron avec plein pouvoir de porter remède au mal causé par
eux. L'autre moitié des revenus de Villefontan est attribuée
par le testateur aux pauvres du village et de la terre du Mas.
Le noble testateur charge le juge procureur d'office du marquisat et les consuls du Mas d'administrer conjointement et
sans prendre salaire les biens des pauvres qui ne peuvent être
baillés que par afferme au plus offrant (3).

Amalric était mort sans nommer celui de ses enfants, qui
devait posséder son héritage et Jacques de Narbonne avait
quitté ce monde avant son père. François, ainsi devenu l'aîné
des fils d'Amalric, fut appelé à lui succéder, mais il mourut
lui-même à Auradé, huit jours après, des blessures qu'il a-
vait reçues devant Clairac au mois de mai précédent. François ne s'était pas marié, la mort ne lui avait pas laissé le

---

(1) *Revue de Gascogne,* tome XXXI, pages 252-257.
(2) Papiers de la maison de Fimarcon.
(3) Archives de la fabrique du Mas de Fimarcon.

temps de dicter ses volontés dernières ; en conséquence, sa mère, ses frères et ses sœurs recueillirent par égales parts sa légitime. La donation contractuelle du marquisat de Fimarcon, villes de La Romieu, Astaffort et autres places, revenait de droit à Hector qui fit acte d'acceptation le 29 août 1622. (1) Quand aux domaines qui n'étaient pas compris dans cette donation, Amalric s'était vu obligé, pour faire face à ses dettes, d'en aliéner une grande partie et il était descendu dans la tombe laissant des obligations qui en excédaient la valeur. Ce fut donc sous bénéfice d'inventaire qu'Hector de Narbonne hérita des biens paternels.

VI

HECTOR, SIXIÈME MARQUIS DE FIMARCON (1622-1628)

Dans sa rapide carrière, Hector de Narbonne eut, lui aussi, quelques procès à soutenir. Un inventaire des archives du château de Caussens, fait en février 1708, par Louis Dupleix, seigneur d'Ansoulès, nous fournit sans date des productions faites, d'abord au parlement de Paris, puis à celui de Bordeaux, par Messire Hector de Narbonne, contre Jean et Paul du Bouzet, Charles et Charlotte de Monlezun, François de Patras, seigneurs des fiefs et terres de Roquepine, Pouy-Carréjelard, Berrac et Ligardes, les manants et habitants des dits lieux et Messire François d'Esparbès-de-Lussan, d'Aubaterre. M. Noulens, dans sa notice généalogique sur la maison du Bouzet, marque l'origine de cette affaire à l'année 1614. (2) Il continue en ces termes : « Pons du Bouzet était en litige avec « le marquis de Fimarcon à propos de certaines prérogatives « réclamées par celui-ci. La partie adverse les contestait et « prétendait ne relever que de la couronne. Les phases, qui furent diverses quant à la solution, donnèrent tour à tour « raison aux uns et aux autres. La cour de Bordeaux accorda « aux Seigneurs de Roquépine, main-levée de la saisie opérée « par son poursuivant » (3).

Ceci se passait au temps d'Amalric ; l'affaire fut comme

---

(1) Papiers de la maison de Fimarcon.

(2) Une transaction mentionnée deux fois dans les archives de Lagarde, d'abord au 26 mars 1562, puis sous le millésime de 1614, montre que le savant généalogiste dit vrai.

(3) Noulens, *Généalogie du Bouset* page 166.

on le sait, poursuivie par son successeur. Les quelques prérogatives signalées par M. Noulens étaient simplement les droits de suzeraineté sur les seigneuries de Roquépine et de La Roque et cette prétention paraissait bien justifiée. Un serment de fidélité prété le 31 mars 1467 par Catherine de Bordes, femme de noble Pierre de Montluc d'Ayguemortes et Dame de Roquépine (1), les rescrits du roi d'Angleterre Edouard 1er en 1279, le dénombrement donné par Bernard de Narbonne en 1533, la lettre patente du roi François Ier au sujet de ce dénombrement et de l'hommage qui en fut l'occasion (2), la convocation des conseils de Fimarcon faite en 1583 par François de Sâge (3) en constituaient autant de preuves difficiles à contester. Cependant, la cause ne fut pas, à cette époque, définitivement jugée. Nous la verrons se réveiller vers la fin du XVIIe siècle.

Hector de Narbonne eut aussi des différends avec le chapitre de La Romieu. Marguerite d'Ornézan venait de faire don à l'Eglise collégiale d'ornements de velours noir sur la réception desquels le chapitre délibérait le 19 février 1623 (4). Le 29 avril de la même année, survenait une nouvelle délibération aux fins de faire homologuer un accord fait sur une requête civile présentée au parlement de Bordeaux, entre le même chapitre et M. le marquis de Fimarcon (5). Enfin, en 1625, s'élevaient des contestations au sujet desquelles Hector de Narbonne faisait nommer des commissaires (6).

Cependant, Marguerite d'Ornézan touchait à ses derniers

---

(1) Inventaire des archives de Lagarde lett. 5 J. — (2) *Ibidem* lett. 40 V.

(3) Archives mnnicipales de Condom lett. FF 34. L'inventaire des archives de Lagarde nous en fournit encore d'autres preuves. Nous y trouvons Messire Pierre du Bouzet, seigneur de Cots, Roquépine, passant un acte de transaction avec les consuls de cette dernière communauté. Il affranchissait ses biens des tailles et impositions, en vertu des hommage et dénombrement qu'il faisait au seigneur marquis de Fimarcon. Cet acte accompagné dans les archives de Lagarde par deux arrêts d'autorisation, se trouve mentionné deux fois dans ces archives, sous sa date propre et celle du 25 août 1604 : c'est à cette dernière qu'il fut homologué par le parlement de Bordeaux. Cette année fut, nous dit M. Noulens, celle de l'ouverture des contestations. Il paraît en résulter que l'acte dont nous parlons fut alors produit par Amalric de Narbonne comme une des pièces principales à l'appui de ses revendications. Hector de Narbonne son fils et son successeur, put y ajouter une copie informe de l'hommage d'une partie de Ligardes rendu en 1619 par noble Pons du Bouset au marquis de Fimarcon.

(4) Inventaire des archives de Lagarde lett. 5 K. — (5) *Ibidem* lett. 34 L.

(6) *Ibidem* lett. 35 R.

jours. La mort avait frappé impitoyablement autour d'elle et quatre de ses enfants, Jacques, François, Jean-Paul et Henrie Renée l'avaient précédée dans la tombe. Mais elle eut la consolation de voir avant d'y descendre elle-même, sa fille Paule-Françoise devenue son ainée, donner sa main à Paul Antoine de Cassagnet, seigneur de Caussens. Le père de ce jeune seigneur, Bernard, époux lui aussi d'une fille de la maison de Narbonne, avait, par une administration sage et des acquisitions successives, accru l'opulence de la maison de Cassagnet. Le mariage de Paule de Narbonne avec Paul Antoine de Cassagnet–Tilladet de Caussens, fut célébré le 14 mai 1623 (1).

Deux ans après, Marguerite d'Ornézan sentait les premières atteintes du mal qui devait la conduire au tombeau. Elle se hâta de prendre ses dernières dispositions. Depuis quelque temps, le titre de marquis de Fimarcon ne fournissait pas à Hector de Narbonne des ressources suffisantes pour soutenir dignement l'éclat de son nom. La dame d'Ornézan, voulut relever la maison de Narbonne et lui donner, s'il était possible, un état de fortune digne de sa grandeur et de l'antiquité de son origine. En conséquence, elle rendit inséparables, ses biens et ceux du marquisat et ne fit qu'un seul héritier.

Dans son testament fait le 28 avril 1627, par devant Me Bessier notaire à Toulouse, après avoir déclaré vouloir être ensevelie au chœur de l'Eglise d'Auradé au tombeau de sa famille fondé à perpétuité une messe à dire chaque semaine pour le repos de son âme et fait un grand nombre de legs, Marguerite, institue Hector de Narbonne, maintenant l'aîné de la maison de Fimarcon, son héritier universel (2).

---

(1) *Ibidem*, lett. 37 P.

(2) Voici les dispositions de Marguerite d'Ornézan, relatives à son héritage, citées par M* Robin de Mouras dans son rapport au conseil privé en faveur du vicomte d'Esclignac, contre la comtesse de Beaumont : Marguerite, institue « en tous et chacun de ses biens, droits, voix, noms et actions présents et à venir et nomme de sa propre bouche son héritier universel et général messire Hector de Narbonne a présent son fils ainé et le charge de payer tous les susdits légats et satisfaire entièrement àses volontés.

« Et en cas que le dit Hector décéderait sans enfants mâles ou ses enfants mâles sans autres enfants mâles habiles à succéder, elle lui substitue Charles de Narbonne son fils puiné et après luy ses mâles et les mâles de ses mâles habiles à succéder, l'un après l'autre, l'ordre de primogéniture toujours gardé afin qu'il n'y eut qu'un seul héritier dans la maison, per-

Marguerite d'Ornézan mourut le 28 avril 1627. Hector de Narbonne, recueillit toute la succession de sa mère et se trouva possesseur, non seulement du marquisat de Fimarcon, villes de La Romieu, Astaffort et autres places, mais encore de la baronnie d'Auradé, de la seigneurie de Seysses et de tout ce qui en dépendait. Mais il ne jouit pas longtemps de ce vaste héritage. Il fut tué dans le mois de mars 1628, au siège de Pamiers. Hector, dans un testament fait le 25 ou le 26 octobre de l'année précédente, instituait son héritier universel Charles de Narbonne, son frère et léguait à sa sœur Paule une somme de quatre mille livres. (1)

VII

CHARLES SEPTIÈME MARQUIS DE FIRMACON 1628-1630

Charles de Narbonne, devenu marquis de Fimarcon par la mort de son frère, épousa l'année suivante, 31 mars 1629, dame Gabrielle du Chatelet. (2)

Cependant, à peine Hector avait-il fermé les yeux que Paule-Françoise éleva des prétentions sur les seigneuries de Seysses et d'Auradé ; mais des amis communs s'interposèrent entre le frère et la sœur et amenèrent une transaction. Les pactes de cet accord furent dressés par Mᵉ Doazan, notaire royal dans un des appartements du château de la Garde.

Charles y promettait de payer à sa sœur, comme compensation de sa dot et des legs qu'elle avait à recueillir par suite des testaments de sa mère, de ses frères et de ses sœurs, la somme de cent mille livres qui devaient être versés dans un

---

mettant néanmoins à son dit héritier et ainsi à tous ceux qui recueilleront de choisir tel de leurs mâles qu'ils jugeront plus capables de leur héritage et de celui de la testatrice, sous pareil degré de substitution.

« Et en cas que les dits enfants mâles décéderaient sans enfants mâles habiles, et leurs enfants mâles sans autres enfants mâles habiles et qu'ils ne laisseraient que filles, elle veut que ses biens appartiennent, dans ce cas, à la première fille de son dit héritier et aux enfants mâles d'icelle, l'ordre de primogéniture toujours gardé, et à charge par celui des enfants de ladite fille qui recueillera de porter son nom et ses armes.

« Et advenant que tous les descendants de ses enfants mâles manqueraient, en ce cas, elle veut que tous ses biens appartiennent à sa fille Paule, établissant le même ordre entre ses descendants qu'elle a ordonné ci-dessus et descendants de ses enfants mâles ». (Rapport de Mᵉ Robin de Mouras).

(1) Papiers de la maison de Fimarcon.
(2) Inventaire des archives de Lagarde lett. 31 C.

an et sans intérêt entre les mains de Paule-Françoise et celles de son époux. En attendant, Charles engageait entre leurs mains ses terres du Mas de Castenau et de Gazaupouy (1).

Lorsque Marguerite d'Ornézan, exprimant ses dernières volontés, fonda la substitution, elle prévit le cas où Charles et Hector de Narbonne mourraient sans enfants et décida qu'alors tous ses biens appartiendraient à Paule, sa fille aînée; or, ces prévisions se réalisèrent. Hector mourut sans avoir été marié; Charles suivit, le 2 décembre 1630, son frère dans la tombe. Il ne laissait pas d'enfants de son mariage avec Gabrielle du Chatelet, et, par son testament écrit le 11 septembre, l'année même de sa mort, il faisait son héritière universelle Paule-Françoise sa sœur. En conséquence, toute la succession de Marguerite d'Ornézan, ainsi que le marquisat de Fimarcon, villes de La Romieu, Astaffort et autres places, devinrent la propriété de Paule-Françoise de Narbonne qui porta tout cet héritage avec son nom et ses armes à la maison de Caussens.

(1) Papiers de la maison de Fimarcon.

LIVRE III

Le Marquis de Fimarcon de la Maison de Cassagnet

I

ORIGINE ET PREMIERS TEMPS DE LA MAISON DE CASSAGNET.

L'illustre et très ancienne maison de Cassagnet tirait son nom d'une seigneurie dans la paroisse et juridiction de Gondrin (1). Un recueil de notes généalogiques conférées au grand séminaire d'Auch le fait descendre des vicomtes de Lomagne (2). D'après ce recueil, Arnaud, chef d'une branche séparée de la première maison de Lomagne donnait, en 1205, la salle de Cassagnet et quelques autres terres en apanage à son frère Sanche dont les enfants prirent, vers 1225, le nom de Cassagnet. Un Gailhard de Cassagnet y est mentionné sous la date de 1268. Un état des titres et preuves de noblesse produit en 1688 par Jean-Baptiste de Cassagnet, marquis de Tilladet, nous montre le même Gailhard au nombre de gentilshommes réunis le 1ᵉ janvier 1285 et constituant des procureurs pour assister en leurs noms à la rédaction des coutumes du Fezensac. Le 24 mai 1289, Edouard 1ᵉʳ, roi d'Angleterre, datait de Condat près de Libourne un rescrit en faveur de Gailhard de Cassagnet, damoiseau. Il intimait au conétable de Bordeaux l'ordre de payer à Gailhard, fils de Raymond-Guillaume de Cassagnet, la somme de six cent livres tournois, montant de quelques dépenses faites par ce dernier pour la Couronne d'Angleterre. Elles étaient constatées dans un acte donné par Henri, père d'Edouard 1ᵉʳ, mais n'avaient pas été remboursées à cette époque,

---

(1) Cassagnet (St.-Pierre de Cassagnet) situé dans le bassin de l'Osse, près d'un ruisseau dit le Grésillon, était le chef-lieu d'une section de la paroisse de Gondrin.

(2) L'obscurité qui règne sur la généalogie des premiers vicomtes de Lomagne ne permet pas de fixer l'époque où fut séparée la branche à aquelle se ratachent les Cassagnet. La situation de leur apanage semble nous prouver que ce fut avant 1011, date à laquelle le Condomois, démembré de la Lomagne, devient le domaine du comte Hugues abbé de Condom.

(3) Archives de M. de Malartic.

et le roi donnait ordre de satisfaire promptement à cette dette sur la simple présentation des lettres de crédit faite par Gaillard de Cassagnet (1). Gailhard vivait encore en 1319. Cette année là, le vendredi après la fête de St Jacques, il prêtait serment de foi et d'hommage au comte d'Armagnac, de Fezensac et de Rhodez, pour le territoire de Villeneuve près du château de Gondrin et pour celui des Cluzets, près de Valence (2).

Le 25 août 1352, un Raymond de Cassagnet figure dans une revue passée près de Montclar, au nombre de trente cinq écuyers de Messire Guiraud de Geoly, capitaine de Montclar et de Chatel. Seigneur.

La filiation de la noble famille dont nous occupons est établie sans lacune, à partir de Jean de Cassagnet. Il eut deux enfants, Pons et Condorine. Jean mourut en 1410, laissant la tutelle de son fils et de sa fille encore mineur à leur oncle Jean de Cassagnet.

Le 3 décembre 1418, Guillaume, au nom de ses pupilles, rendait foi et hommage de la terre de Cassagnet à Jean comte d'Armagnac (3). Pieux comme on l'était à cette époque, il voulut mettre sous la protection du ciel son neveu et sa nièce, l'espoir de sa maison. A cette effet, il vendit une demeure qu'il possédait à Gondrin, dans le faubourg de Lagugnan et plaça pour le service d'une chapelle fondée par la famille de Gondrin en l'église St-Martin de cette ville, cent-dix florins qu'il en avait retirés, ainsi que vingt cinq écus provenant d'une autre vente. Dans un testament fait le 25 décembre 1425, il nomme Pons, son petit neveu, son légataire universel.

Pons de Cassagnet n'accepta d'abord que sous bénéfice d'inventaire le testament de son grand oncle, mais Agnès de Lescout, veuve de Guillaume, sut le déterminer à une acceptation sans réserve en renonçant à un legs que lui avait fait son époux. De son côté, Pons s'obligeait à payer à sa grand-tante, tant qu'elle vivrait « honêstement et chastement une pension annuelle de « quatre cent conques de bled, six pipots de vin, et deux écus de soixante blancs, valant le blanc trois jacquets ».

---

(1) *Rôles Gascons*, copiés à la Tour de Londres par M. Charles Bémont.

(2) Bureau des finances de Montauban, livre vert, coté 28, f. 27.

(3) *Ibidem*, livre rouge, f. 23.

Vers la même époque, Pons épousait Belliète de Ferrabouc, fille d'un gentilhomme qui habitait dans la juridiction de Jégun. Belliète apportait à son époux, avec son trousseau de mariée (1), dix-huit écus d'or et un mouton du même métal.

En recevant cette dot, Belliète donnait quittance à son père de tous ses droits paternels et maternels. Pons lui-même le 3 juillet 1439, donnait quarante écus d'or en dot à sa sœur Condorine qui épousait Arnaud de Lian.

Cependant Belliète étant morte sans lui donner de postérité, Pons de Cassagnet ne voulut pas laisser éteindre sa race, et rechercha la main d'une nouvelle épouse ; ce fut Gaillardine de Bourouillan. Il eut d'elle quatre enfants : Sans ou Sance qui lui succéda, Raymond, Jean et Arnaud. Les notes de M. l'abbé Lafitte n'indiquent point la date du second mariage de Pons de Cassagnet ni celle de sa mort.

Nous ne connaissons de Sans de Cassagnet, fils aîné de Pons que la date de son mariage et celle de son testament. Il épousa vers 1460, noble Bourguine de Verduzan fille de Jean de Verduzan, damoiseau, seigneur de Miran, et fit son testament dans le cours d'une grave maladie le 8 janvier 1469. Il y déclare vouloir être enseveli dans l'église Saint-Martin de Gondrin où se trouve le tombeau de son père, et destine cinquante écus d'or, en partie, à faire dire pour le repos de son âme des messes par des prêtres qu'il désigne, en partie à être donnés dans diverses églises de la contrée.

Sans, du vivant de son père, fut atteint d'une maladie dangereuse, et Pons de Cassagnet fit vœu, au nom de son fils aîné, s'il guérissait, d'aller en pèlerinage à St-Jacques de Gallice. Ce vœu ne fut point accompli et Sans attribuait à cela peut-être, la maladie dont il souffrait en ce moment ; aussi témoigne-t-il qu'il est dans la résolution d'accomplir le vœu fait pour lui par son père s'il relève de sa maladie actuelle. Si Dieu ne lui permet pas, un pèlerin devra être envoyé en son nom à St-Jacques de Gallice avec mission de faire à cette église une offrande de la valeur de deux écus.

Après s'être ainsi occupé des intérêts de son âme, Sans de Cassagnet songe aux affaires temporelles de sa famille. Il lè-

----

(1) Le trousseau de Bellecite était composé de : un lit garni; una culcitra bot... fili blani. longitudinis xvi palmis et amplitudinis vii palmarum. Una capsia : fili blani: duas nappas lini.

gue cent écus d'or à chacun de ses frères. Quant à Jean, qui
est entré dans l'état ecclésiastique, s'il devient prêtre, il aura
la vie et l'entretien dans la maison du testateur tant que celui-
ci vivra et jusqu'à ce qu'il soit pourvu d'un bénéfice. Sans lègue à ses fils puinés Gérard et Pons, soixante écus d'or, la
vie, l'entretien et le vêtement dans la maison paternelle jusqu'à leur mariage, ou jusqu'à ce que soit pourvu d'n bénéfice celui d'entre eux qui embrassera l'état ecclésiastique. Bérette, sa fille, reçoit le couvert et l'entretien jusqu'à son mariage,
son trousseau de mariée et soixante écus d'or pour sa dot.

Sans nomme son héritier général et universel Manaud de
Cassagnet, son fils aîné. Ses enfants auront pour tuteurs durant leur minorité : Jean de la Bilhière seigneur de Lagrau-
las et de Mouchan, Vital de Bourrouillan seigneur de Lagarde, Arnaud de Cassagnet leur oncle et noble Bourguine de
Verduzan leur mère.

Nous ne pouvons passer sous silence un noble exemple d'u-
nion fraternelle donné par Jean et Arnaud de Cassagnet, frères
puinés de Sans. Ces deux gentils hommes mirent pour vivre
ensemble leurs biens en commun et nous ne trouvons pas
qu'un nuage soit venu troubler cette touchante union jusqu'à
la fin de leur vie.

Manaud de Cassagnet, héritier général et successeur de
Sans, son père, épousa, le 10 juin 1884, Agnès, fille de Louis
de Lasséran seigneur de Mansencomme. Nous ne connaissons que deux de ses actes : un hommage rendu en 1691 à
Jean de Pardeillan seigneur de Gondrin, pour une maison
que Manaud possédait dans la juridiction de cette ville, et un
acte de quittance pour la dot de son épouse Agnès de Lasséran, donné par lui le 16 mai 1495 au père et au frère de cette dame.

Manaud de Cassagnet eut de son mariage avec Agnès de
Mansencomme, Bertrand et Bonne ou Rose qui épousa, le 7
octobre 1522, Etienne du Roy.

Tels sont les renseignements que nous trouvons sur Manaud dans les notes de M. l'abbé Lafitte, moins les archives
de Lagarde-Fimarcon inventoriées par M° Pélauque, nous
montrent sous la date de 1481, Manaud faisant un acte de partage comme père de Jean et Arnaud de Cassagnet. Or, Arnaud
et Jean étaient les deux oncles de Manaud, frères de Sans de
Cassagnet son père. Y a-t-il là une erreur de copiste ? N'y au-

rail-il pas plutôt une consécration du droit seigneurial qui
faisait du représentant de la branche aînée, quelque fut son
âge relativement aux autres membres de la famille, le chef
de la maison, héritier des droits féodaux et de l'autorité, même
à l'égard de ses oncles ? Nous penchons pour cette dernière
conclusion et nous demandons à nos lecteurs la permission
de nous y arrêter jusqu'à la preuve contraire.

Une autre indication des archives de Lagarde a le droit de
nous retenir encore. Nous y trouvons sous la date du 20 avril
1534, une échange entre Messire Bernard de Narbonne marquis de Fimarcon, noble Anne de Cassagnet, veuve et noble
Bernard du Boutet son fils, concernant des biens nobles situés en St-Orens et Blaziert. Or, nous n'avons pu trouver dans
la maison de Cassagnet, depuis 1460, une fille qui répondit
au nom d'Anne. Mais au XVIᵉ siècle, les règles de l'Eglise
étaient les mêmes que de nos jours et voulaient que l'on don-
nat aux enfants sur les fonds du baptême au moins un nom
de saint ou de sainte. Tel n'est pas le nom de Bérette porté
par la fille de Sans de Cassagnet ; ce n'est qu'un vocable d'a-
mitié emprunté au patois gascon et que l'on pourrait traduire par petite-belle. Ces vocables se glissaient au XVᵉ et au
XVIᵉ siècles jusque dans les actes publics et il y a, dans les
pactes du mariage de cette époque, des Bruniquettes et des
Brunissantes qui n'y sont pas autrement désignées. Nous
croyons donc que Bérette est la même qu'Anne de Cassagnet
des archives de Lagarde-Fimarcon. En 1534, date de l'échange
relaté dans les archives, cette dame avait environ soixante-dix
ans. Ce fut comme héritier de cette grand tante que Bernard
de Cassagnet, fils du capitaine Tilladet, devint seigneur de
Caussens.

A Manaud de Cassagnet succéda Bertrand son fils qui fit
autour du fief héréditaire d'importantes acquisitions. Il avait
épousé Marguerite du Bouzet dame de Tilladet qui, avec sa
main, lui porta le titre de sa terre. Marguerite fit, le 2 novembre 1523, son testament par lequel Antoine de Cassagnet,
son fils aîné, devenait son héritier universel. Elle avait donné à Bertrand de Cassagnet quatre enfants : Antoine seigneur
de Cassagnet et de Tilladet, François seigneur de St-Orens
et de Larroque, Catherine et Paule-Louise mariée le 10 septembre 1566, à Bertrand de Baylens seigneur de Poyanne.

Antoine seigneur de Cassagnet et de Tilladet était un valeureux homme de guerre. Il se montra tel surtout dans les campagnes de Piémont. En récompense de ses succès, le roi le nomma, l'an 1554, gouverneur de verrue mais lorsqu'éclatèrent les guerres de religion, Antoine de Cassagnet ne put prendre sur lui de rester inactif dans une place forte. Catholique de cœur et d'âme, il s'en alla, dans le cours de l'année 1562, rejoindre l'armée de Guienne commandée par Blaise de Montluc. Charles IX le nomma, cette même année, chevalier de St Michel et gentilhomme de sa chambre.

En 1568, Antoine fut nommé gouverneur de la ville et du pays de Bordeaux. Il s'y montra plein de zèle et d'habileté ainsi que le reconnaissait Charles IX par une lettre que nous citons ici.

« Monsieur du Tilladet,

« Le sieur évesque d'Acqs, à son arrivée près de moy, m'a confirmé ce que de tout temps j'ai cogneu du bon et diligent debvoir que vous faites à la conservation de ma ville de Bourdeaulx. De quoy il me demeure un parfaict contentement ; vous priant, si vous avez bien faict par le passé, continuer à mieux faire cy après. Et soyez asseuré que je n'oublieraï à vous recognoistre, selon les occasions qui s'offriront, comme vous méritez, ainsi que j'ay chargé le dit évesque de vous faire entendre de ma part et plusieurs autres choses concernant mon service, dont je vous prie de croire comme moy-même, priant Dieu, Monsieur du Tilladet vous avoir en sa sainte et digne garde ».

« Charles ».

« Escript à Melun le..... jour de décembre 1568 ».

L'année suivante, Antoine de Cassaget, laissant entre les mains d'un lieutenant la ville que le roi lui avait confiée, vint rejoindre son chef, qui lui donna une mission de confiance pour le maréchal de Damville. Il s'en acquitta fidèlement et rejoignit une troisième fois Montluc sous les murs de Mont-de-Marsan dont ce grand capitaine avait entrepris le siège. Cette ville était tombée au pouvoir des huguenots et Montluc ne demandait pour la reprendre qu'un de ses officiers nommé Savignac et dix enseignes ; mais un grand nombre de gentilshommes voulurent prendre part à ce fait d'armes. C'étaient . Tilladet, Fabien de Montluc frère du général, d'Arné, Ferbeaux Magnos, Rivière-Labatut, d'Arblade, Montespan fils du baron de Gondrin, le baron de l'Arboust, Cassesneuil maréchal de camp, Bezolles, Sérignac, Brassac, La chapelle-Lauzières, Léberon, Montestruc, Lestang, Anlo-fielle, Fieux de Miradoux (1), d'Aux-Lescout, Mathurin dit le chevalier de Roumégas, son frère St-Aubin, Mousseron, Pouy-petit, Béraut, Roquépine, Marin, Mauvezin, Mons, Fousserie, Camarade, Le Busca, Beauregard, Ligardes, Campagne, St-Jeannet, Vopillon, Gensac, Peyrecave, Pomyers, Miran, Ma-laussane, Castéra. La ville, attaquée dès le matin, fut empor-tée dans quelques heures. Le capitaine Fabas, qui comman-dait la garnison, s'était réfugié dans le château. Il demanda presque aussitôt à capituler. Pendant qu'on parlementait, les catholiques, à l'instigation de Montluc, escaladèrent les murs et passèrent au fil de l'épée tout ce qui tomba sous leurs mains. Fabas lui-même ne fut sauvé que parce que Fabien de Montluc et le chevalier de Roumégas, qui estimaient son courage, le tirèrent à eux. Une centaine de soldats se sauvè-rent par une fenêtre ; c'est à peu près tout ce qui survécut, mais Tilladet périt dans cette affaire et ce fut le seul officier de marque que l'armée royale y perdit. L'historien Scipion-Dupleix observe que ce fut grand domage. Tilladet, dit-il avec le long exercice des armes et l'expérience qu'il s'était acquis en guerres d'Italie, était doué d'un grand courage, assorti d'une force de corps extraordinaire dont j'ay oui faire des ré-cits merveilleux, et entre autres, qu'il avait remué seul à for-ce des bras un canon embourbé que six chevaux n'avaient pu dégager ». (1) Il fut remplacé comme gouverneur de Bor-deaux par Charles de Montferrand.

Antoine de Cassagnet avait épousé, le 27 janvier 1548, Jean-ne de Bezolles dont il eut un fils nommé Bernard.

A côté du capitaine Tilladet, nous devons une place d'hon-neur à son frère François de Cassagnet dit le capitaine St-Orens. Il était seigneur de la place de ce nom et le devint de La Roque-Fimarcon par son mariage avec Jeanne de Monle-zun. François, lui aussi, fut un illustre capitaine. Le maréchal de Montluc tenait les deux frères, Tilladet et St-Orens, en grande estime et les cite souvent avec éloge.

---

(1) Louis de Bonnefond, seigneur de Fieux.
(2) SCIPIEN DUPLEIX, *Histoire de France*, t v. p. 710.

François prit une part active aux guerres de religion. En 1552, il occupait Terraube avec deux compagnies. Montluc l'avait chargé de défendre cette place déjà rançonnée par les huguenots, à la seule condition que les habitants lui fourniraient les vivres nécessaires pour l'entretien de ses troupes. A cette fin, Bertrand de Galard vendit au capitaine St-Orens la moitié des biens de Terraube sous réserve de retrait lignager (1).

Quelque temps après, le capitaine St-Orens assistait, comme officier de l'armée catholique à la bataille de Montcontour. Laissons l'historien Scipion-Dupleix nous dire la part qu'il eut à l'honneur de cette journée :

« La Valette avec son gros, dit cet écrivain, allait charger les reistres des ennemis par le front. St-Orens, qui estait près de luy, s'escria qu'il s'en allait perdu s'il prenait ce parti et qu'il veillait mieux les choquer par le flanc. La Valette, qui avait cognoissance de la grande expérience du capitaine gascon, déféra à son advis, et, par un caracol, tourna la tête des reistres, à leur flanc, et, les chargeant de la part qu'ils ne s'attendaient pas, parça leur gros d'outre en outre. Le duc de Guise, appercevant le mouvement de La Valette, commençait à le blamer comme s'il eut gauchi au péril, mais, voyant l'effect, il en fit un jugement tout contraire, et, le soir, discourant avec Monsieur touchant les circonstances de cette bataille, loua grandement le stratagème de La Valette ; lequel, néanmoins, avec autant de modestie que de vérité, en attribuait la gloire à son auteur. demeurant tous d'accord que sans cela, la victoire eut été incertaine ou plus sanglante pour les catholiques ».

Le capitaine St-Orens, marié deux fois, n'eut que deux filles, toutes les deux du premier lit, Françoise, l'aînée, épousa Jacques du Lau, baron du Lau, Estang et autres places. Frize, la seconde fut donnée en mariage à un gentilhomme de la famille de Pins.

Cependant, la branche aînée de la maison de Cassagnet poursuivait ses destinées. Bernard, fils du capitaine Tilladet

---

(1) NOULENS, *Généalogie de Galard.* C'était une condition de vente dans laquelle le vendeur et ses héritiers pouvaient, dans un temps fixé, retirer des mains de l'acheteur ou de ses héritiers l'objet de la vente, moyennant certaines formalités et le remboursement du prix.

et seigneur de Cassagnet et de Tilladet, devint aussi, par transaction avec Alexandre de Preissac, seigneur de Caussens.
Les Preissac d'Esclignac possédaient cette seigneurie par suite d'un mariage avec une fille de la maison du Boutet et par
l'extinction de cette noble famille. Mais le testament d'Odet du
Boutet en faveur de sa fille Claire épouse de Bertrand de Preissac stipulait que le second fils de cette dame porterait le nom
et les armes de Caussens. Il étendait cette condition aux géné-
rations suivantes. Or, Bertrand II de Preissac mourut sans
laisser de postérité.

La veuve d'Antoine de Cassagnet, Jeanne de Bezolles, et son
fils Bernard, voulurent alors faire revivre les droits de la
grand tante de ce dernier, Anne de Cassagnet épouse de Jean
du Boutet de la branche aînée de cette famille ; ils disputèrent
aux Preissac, devant le parlement de Bordeaux, la terre et le
château de Caussens. Une transaction passée le 29 Décembre
1594, termina le procès et les mit en la possession de Bernard
de Cassagnet.

Encore mineur à la mort de son père, ce gentilhomme fut
mis sous la tutelle de François de Cassagnet seigneur de St-
Orens, son oncle, qui l'envoya cette année même à la cour
comme page. Sa mère Jeanne de Bezolles mourut quatre ans
après. Le 13 septembre 1588, Bernard de Cassagnet épousait
Jeanne de Narbonne, fille de Bernard de Narbonne marquis
de Fimarcon et de Françoise de Bruyères-Chalabre.

Le 3 août 1589, il fut nommé par Henri IV capitaine d'une
compagnie de ses gardes. Ce grade étant vacant par la mort de
Marivault que Marolles avait tué trois jours auparavant. Le
roi fit Bernard gentilhomme de sa chambre, déjà, par provision du 4 août 1588, il l'avait nommé gouverneur de Bourg-
sur-mer.

Bernard de Cassagnet, écuyer, seigneur de Tilladet et de
Caussens, figure sur un rôle des gens d'armes de la compagnie
de Fontenille, en 1596. Il faisait partie de la noblesse qui servit sous M. de Bazillac et sous le commandement de Monseigneur le prince le 14 novembre 1612.

Quelques années auparavant 1606, Bernard de Cassagnet
obtenait d'Henri IV la confirmation de la cession faite par
Louis XII à Odet du Boutet. Pour indemniser Odet privé par
un traité de la rançon de Barthélémy d'Alviane, général en
chef de l'armée vénitienne qu'il avait fait prisonnier sur le

champ de bataille d'Agradel, le roi de France lui avait concédé
le droit de haute justice dans Caussens. En 1609, Bernard de
Cassagnet, se fondant sur la confirmation de ce titre, voulut
s'aproprier la totalité du droit de justice et de seigneurie dans
cette place et ses dépendances ; mais l'évêque Jean Duchemin
et les consuls de Condom l'attaquèrent devant le parlement de
Bordeaux.

Un arrêt du 16 mars 1615 maintint à l'évêque et aux consuls
la juridiction de Caussens, ordonnant que comme par le passé, la justice continuerait à être rendue par eux dans cette paroisse (1).

Ne pouvant être justicier, Bernard de Cassagnet se conten-
te d'être homme de guerre. En 1622, il servait dans les armées
de Louis XIII et se trouvait à Béziers cette année même, dans
le temps où la peste y faisait de grands ravages. Il y succomba
victime de ce fléau le 4 août à l'âge de soixante quatre ans.

Bernard avait fait son testament à Condom quatre ans auparavant. Il y institue son héritier unievrsel Paul Antoine de
Cassagnet seigneur de Caussens et de Tilladet, son fils aîné,
lui substituant, en cas de décès sans enfants mâles Gabriel
et Roger ses frères. Les annales de l'époque ne nous ont pas
fait savoir ce que deviennent dans la suite Gabriel et Roger
de Cassagnet.

Une appendice dont les matières ont été prises au ministère de la guerre nous fera cependant connaitre la carrière
militaire de Gabriel et de ses deux fils.

II

PAUL-ANTOINE, HUITIÈME MARQUIS DE FIMARCON, 1630-1664

Paul-Antoine de Cassagnet possédait depuis quelque temps
déjà la seigneurie de Caussens, lorsque la mort de Charles de
Narbonne, Lara-Talairan fit, en vertu de la donation contractuelle d'Amalric et de Marguerite d'Ornézan, passer le marquisat de Fimarcon, sur la tête de Paule-Françoise de Narbonne. Paul-Antoine, époux de Paule-Françoise, devenait ainsi
marquis de Fimarcon. Le nouveau marquis avait, comme la
plus part de ses ancêtres embrassé la carrière des armes. Nommé lieutenant d'une compagnie des gardes du roi, il en devint

____

(1) Archives municipales de Condom BB 16 (1614 1619).

capitaine après la mort de son père. Paul-Antoine avait épousé, le 13 octobre 1607, Antoinette-Françoise d'Esparbès et ce fut après la mort de cette dernière décédée sans postérité, qu'il reçut la main de Paule-Françoise de Narbonne.

En retour de la puissance féodale que lui apportait sa nouvelle épouse, Paul-Antoine eut pu énumérer au contrat, avec des richesses qui n'étaient pas à dédaigner, une renommée militaire déjà brillante. En 1620, encore lieutenant de son père à la compagnie des gardes, il combattait au siège et à la prise du château de Caën ,puis à celle de Pont-de-Cé. L'année suivante, il était au siège de St-Jean d'Angely, aux prises de Ste-Foi, de Castillon et de Clairac et se battait, au siège de Montauban auprès d'Amalric de Narbonne dont il devait plus tard être l'héritier.

L'année 1622 le trouvait en son cours au combat de l'Isle de Ré, aux prises de Royan, de St-Antoine et de Sommières. Enfin, à la tête de la compagnie que venait de lui léguer son père, Paul-Antoine était à la soumission de Montpellier.

Après cinq ans d'un repos relatif, le marquis de Tilladet, c'est ainsi qu'on le nommait alors, était en 1627, au siège de La Rochelle. Entre autres faits de guerre, il y soutint au secours de l'Isle de Ré un bataillon français qui était descendu le premier et que les anglais avaient rompu.

En 1628, il attaqua le fort de Tadon, mais les Rochelais que l'on croyait surprendre étaient en nombre et se tenaient sur leur garde. Malgré l'habileté du capitaine et la bravoure de ses hommes on ne put emporter ce fort.

Paul-Antoine de Cassagnet combattit encore au Pas de Suze si brillamment franchi par le roi Louis XIII en 1629. Dans la même année, au siège de Privas, Paul-Antoine enleva d'assaut l'ouvrage à corne de la demi-lune, puis concourut aux prises du fort de Toulon et de la ville d'Alais.

Ainsi riche de gloire, à la fin de l'année 1630, il se démit de sa compagnie en faveur de son frère Gabriel de Cassagnet (1).

Là se termina la première partie de la carrière militaire de Paul-Antoine, mais avant de raconter les évènements de son règne, nous parlerons d'un procès relatif au prélèvement des

____

(1) Archives administratives du Ministère de la Guerre, section historique Nos 15531-3.

impôts ; qui existait depuis un grand nombre d'années entre la communauté de Condom et les consuls et habitants du marquisat de Fimarcon. Nous nous sommes abstenu d'y faire même allusion jusqu'ici pour en mettre d'un seul coup toute la suite sous les yeux de nos lecteurs. D'ailleurs, les dernières pièces de ce procès sont datées des années qui précèdent la mort de Paul-Antoine. Les détails nous en seront fournis par les archives du château de Lagarde et par les archives municipales de Condom.

D'après les syndics du marquisat de Fimarcon, les habitants de ce marquisat n'avaient à payer que la neuvième partie de toutes les impositions, soit ordinaires, soit extraordinaires établies dans la sénéchaussée de Condom, et leurs efforts tendirent constamment à ne pas laisser leur communauté subir d'autres charges. Mais, pour l'intelligence de cette question, nous devons entrer dans quelques détails rétrospectifs.

Lorsque les tailles (1) furent établies dans le royaume de de France, on créa, pour simplifier et faciliter la levée des impôts, des recettes et des collectes particulières. Une seule recette fut établie dans le Condomois ; elle comprenait les trois pays de Condomois, d'Astarac et de Bazadaïs.

Le Condomois fut divisé en trois collectes ; celle de Condom composée de vingt communautés, savoir : Condom, Montréal, Mézin, Lisse, Fourcés, Larroque-sur-l'Osse, Francescas, Duran, Lamontjoie, Montguilhem, Larée, Toujouse, Ayzieu, Beaumont-sur-l'Osse, Montagnac, Courrensan. Lias, Vopillon, Damazan, Le Grézet, St-Arailles, Touars ; celle du marquisat de Fimarcon composée de dix huit communautés qui étaient : Larroque, Fimarcon, Gazaupouy, Castelnau des Loubères, Astaffort, Pouy-Carréjelard et Roquelaure, Ligardes, Abrin, St-Martin de Goyne, Berrac, Blaziert, la Romieu. Marsolan, Lagarde-Fimarcon, St-Mézard, Rignac, Belmont, Roquépine, la troisième se composait des terres du condomois qui appartenaient au duché d'Albret.

Le Bazardais fut divisé en deux collectes ; l'une formée de la sénéchaussée de Bazadais, l'autre, des villes vassales des ducs d'Albret qui se trouvaient en ce pays.

L'Astarac ne composa qu'une seule collecte comprenant, ou-

---

(1) Les premières tailles qui furent créées en France furent appelées *fouages* et ne durèrent qu'un an. Elles reçurent le nom de *tailles* lorsque, sous Charles VII, elles furent rendues perpétuelles.

tre le comté de ce nom et celui de Gaure, les villes d'Auch, Mirande, Bassoues,. Sos, Idrac, Lamaguère, Faget, Seissan et Pessan.

A chacune des recettes et des collectes qui la composaient fut attribué une part proportionnelle des impositions générales. Une assiette de l'année 1563, extraite d'un compte rendu de la chambre des comptes à Paris et à laquelle est annexée une ordonnance de cette chambre du mois de décembre 1598, se basant sur le pied de 4.000.000 de livres imposés sur tout le royaume, porte que les tailles montèrent, pour la recette de Condomois, Astarac et Bazadais à la somme de 28.418 livres, 6 sols, 11 deniers. C'était à peu près la cent quatre vingt sixième partie des quatre millions. Dix sept cent quatre vingt quatre livres, huit sols ,c'est-à-dire à peu près le douzième des impositions de la recette furent attribuées à la collecte de Fimarcon.

Mais en 1224, la collecte d'Astarac ayant été distraite de la recette de Condomois pour former une recette particulière. la portion de chaque collecte ,et par suite, celle du marquisat de Fimarcon,dut être relativement plus grande. D'après une assiette et département faits depuis cette époque. elle devint la troisième partie des recettes du Condomois et le cinquième de cette troisième partie.

Les habitants du Fimarcon qui, même avant la distraction de l'Astarac, s'étaient montrés mécontents de leur quotité de tailles, le furent encore plus de cette répartition. Ils formulèrent des plaintes tendant à ce qu'ils ne fussent imposés que pour la neuvième partie.

Les premières doléances, portent la date de 1542. Le 17 juin de cette année. ils obtenaient. sur leur requête, commission de la cour des aides de Paris portant permission d'assigner à cette cour ceux du pays de Condom à cause des tailles et autres impositions dont ils ne prétendaient surchargés par eux.

Le 15 février 1588, les syndics des consuls. manants et habitants du marquisat de Fimarcon. obtenaient. pour une cause semblable. un arrêt contre les syndics des consuls, manants. et habitants de Condom (1).

Il ne s'était agi jusque là que des tailles. les impôts extraordinaires vinrent à leur tour. En 1596, un département de cent

____

(1) Inventaire des archives de Lagarde lett. 60 E, 19 V.

trois écus quinze sols était fait sur le Fimarcon pour entretenir la garnison de Bayonne. Les états du marquisat, réunis le 31 juillet de cette même année, délibérèrent à ce sujet. Sur leur invitation, les syndics des consuls et des habitants ayant fait appel de cette surcharge, obtinrent des lettres royaux en vertu desquelles ce département fut annulé (1).

La même année, 14 décembre, une requête est présentée au parlement de Bordeaux. Le syndic des consuls, manats et habitants de Fimarcon y expose que : « par un arrêt de cette même année, 1er août et un autre précédent arrêt, il a été ordonné que les gens de Fimarcon ne paieraient que la neuvième partie des impositions établies en la sénéchaussée de Condomois. Défense et inhribition sous peine de mille écus et de tous dépens, domages et intérêts était faite aux consuls de Condom d'exiger plus grande cotisation que la neuvième partie de ce qui se lèverait dans la dite sénéchaussée. Néanmoins, contrairement à la teneur et au règlement de cet arrêt, les consuls avaient arrêté de prendre la troisième partie sur le marquisat, à l'occasion des impositions extraordinaires faites pour les frais de voyage de M. de Matignon, maréchal de France et lieutenant pour le roi, conduisant les canons et les munitions à Bayonne. Sur quoi, le syndic de Fimarcon en appelle de la dite surcharge et contravention au dit arrêt, requier que soit annulé la dite imposition et qu'il soit inhibé au lieutenant général et particulier de Condomois, et à tous autres de contrevenir au dit arrêt en imposant plus grande quantité que la neuvième partie sous peine y contenues ».

La cour tint l'appel interjeté par le syndic pour bien relevé. En conséquences elle défendit au lieutenant général et particulier de Condom ainsi qu'à tous autres, de contrevenir aux arrêts précédemment portés et d'imposer plus que la neuvième partie sur le marquisat de Fimarcon, et cela, sous peine de mille écus « et autres plus grandes peines telles que de droit et raison (2) ».

Les choses en demeurèrent là pendant plus de vingt ans, mais au bout de ce temps, 1615, les habitants de Condom réclamèrent contre les arrêts du parlement, réveillèrent

---

(1) *Ibidem* lett. 60 O, 60 P.

(2) Archives départementales de la Gironde, liasse 523, série B. Arrêt du parlement de Bordeaux du 15 décembre 1595.

le différend que l'on avait pu croire terminé. Assemblés en conseil de jurade, ils décidèrent que l'affaire de la communauté avec les habitants du marquisat de Fimarcon ne devait pas demeurer plus longtemps discontinue ; il fallait la poursuivre, et faire voir que le marquisat devait la troisième partie des impositions (1).

Le parlement fut-il de nouveau saisi ou différa-t-on l'accomplissement de cette résolution ? Les documents historiques ne nous éclairent pas là-dessus et il faut attendre jusqu'en 1637 pour trouver de nouveaux arrêts. A cette date, le procès était pleinement engagé, car le 10 mars de cette année, la Cour des Aides de Guienne décrétait, que les parties seraient plus amplement ouies. En attendant, elle faisait défense au lieutenant général et aux consuls de Condom de donner au marquisat plus que la neuvième partie des impositions de la sénéchaussée (2).

Mais cet arrêt fut audacieusement violé deux mois après dans un département de tailles. Les habitants du Fimarcon firent entendre des réclamations nouvelles et la cour y répondit par un arrêt de remise en audience (3). Enfin, le 19 mai, et le 12 juillet 1638, les magistrats de Bordeaux décrétèrent qu'il serait informé des faits contenus au procès entre les habitants de Condom et ceux du marquisat et que des exploits seraient donnés en conséquence (4).

Le 13 juin 1642, une assemblée générale des Etats du Condomois fut tenue pour l'accomodement de l'affaire entre les consuls de Condom et les gens du marquisat. Dans cette assemblée, les consuls exposent que plusieurs arrêts ont été portés au sujet de la surcharge d'impôts dont se plaignent les habitants du Fimarcon. Il y est ordonné qu'avant de faire droit aux parties, il sera informé en leur présence des faits contenus au procès par MM. les Trésoriers de France qui donneront leur avis. En attendant, les habitants du Fimarcon seront imposés conformément aux précédents arrêts. En exécution de celui de 1638, les habitants du marquisat on fait venir à Condom M. Léonard Essenault, l'un des trésoriers, devant lequel ils ont assigné les consuls. Après d'amples débats ; on a produit di-

(1) Archives municipales de Condom, registre des jurades année 1615.
(2) Inventaire des archives de Lagarde lett. 61 G.
(3) *Ibidem* lett. 61 K, arrêt du 21 juin 1628.
(4) Inventaire des archives de Lagarde lett. 61 N.

verses assiettes et départements anciens d'après lesquels les habitants du Fimarcon ont toujour/été portés pour le tiers et un peu plus de la dixième partie du tiers des impositions ordinaires réparties sur la recette du Condomois. M. Essenault a donné l'ordre d'insérer le dire des parties dans le procès-verbal et de l'envoyer au bureau de MM. les trésoriers qui en donneraient avis au Roi et à son Conseil, de là sortirait un arrêt destiné à servir de règle pour l'avenir dans la répartition des impôts entre la recette de Condom et celle de Fimarcon.

Les consuls prient l'assemblée d'approuver ce qui a été fait par devant M. Essenault, de députer quelqu'un auprès de MM. les Trésoriers à Bordeaux pour continuer la poursuite de cette affaire et obtenir un arrêt. L'assemblée donna son plein et entier consentement et les consuls furent priés de continuer la poursuite de l'affaire (1).

L'année suivante, les habitants de Condom se plaignirent que le procès-verbal de M. Essenault était trop favorable aux gens du marquisat. La jurade Condomoise ajoutait que le syndic de Fimarcon avait, l'année précédente, dans le cours de la discussion, accepté au nom de ceux qu'il représentait le sixième des impôts au lieu du neuvième, or, M. Essenault n'en avait rien dit dans son procès-verbal. La communauté protestait contre ce silence et contre les autres erreurs qui s'étaient glissées par surprise dans ce procès-verbal et se promettait de faire tout son possible pour qu'elles « en fussent ôtées (2) ».

En 1645, les démarches n'avaient pas encore abouti. Bien plus, le syndic du Fimarcon avait retiré sa promesse d'accepter au nom de ses clients la sixième partie des impôts au lieu de la neuvième qu'ils avaient payée jusqu'à ce jour. On en demeura là pendant deux ans, mais dans le cours de cette même année Paul-Antoine de Cassagnet, s'étant rendu à Paris, les condomois se persuadèrent qu'il avait entrepris ce voyage pour apuyer ses vassaux devant le Conseil privé du Roi et déterminer ce conseil à juger en leur faveur (3). Telle paraissait aussi la persuasion des consuls de Blaziert qui, le 13 janvier 1647, se transportaient à Paris auprès de M. de Fieumarcon et lui demandaient « de leur continuer ses bonnes affections afin

---

(1) Archives municipales de Condom, registre des jurades année 1643.
(2) *Ibidem* année 1644. — (3) *Ibidem* année 1645.

de leur obtenir un arrêt du Conseil Privé contre les consuls de
Condom (1) ». Peut-être les consuls de Condom et ceux de
Blaziert étaient-ils dans le vrai ; toujours est-il que dans le
cours de l'année 1647, le Conseil, par un arrêt, homologuait le
procès-verbal de M° Essenault favorable aux communautés du
Fimarcon et donnait encore une fois gain de cause à ces dernières. Les Condomois s'en plaignirent vivement et s'empressèrent d'envoyer cent livres au sieur Dudrot leur agent d'affaires à Paris. Cet agent devait les employer à faire annuler un
arrêt que la partie adverse avait disaient-ils, obtenu par for-
clusion (2).

Mais à cette époque, le passage fréquent des gens de guerre et les désordres auxquels ils se livraient étaient pour nos
cités du midi un véritable fléau. Le régiment de Navaille que
durent héberger les habitants de Condom se distingua parmi
tous à ce sujet. La jurade condomoise poussa de hauts cris
cette foix bien justifiés et ses membres qui, deux ans auparavant, étaient disposés à maudire le voyage à Paris de M. de Fimarcon, eurent à bénir sa présence dans cette capitale. Ils
députèrent en effet, vers le marquis et le sollicitèrent vivement
de s'employer pour eux, de leur obtenir le départ du régiment
de Navailles et de les protéger contre les exactions des gens de
guerre quels qu'ils fussent qui leurs seraient envoyés à la place de ce régiment (3). Paul-Antoine se montra favorable à leur
requete et eut le bonheur de réussir à les délivrer. Voici la
lettre qu'ils leur écrivait à ce sujet.

« Messieurs,

« Le sieur d'Aniordant que vous avez député exprès pour
venir dans cette ville m'a rendeu, le 17 du mois dernier la lettre sans dâte dont vous l'avez chargé et m'a desduit tout le
mauvais traictement que vous avez reçeu du régiment de Navailles, dont je suis extrêmement marry. Je participe bien fort
à tous voz des plaisirs, comme vostre bon voisin et par une inclination naturelle qui s'ensuit de père en filz, pour preuve de
laquelle, et vous faire voir le désir que j'ay que vous soyez sou
logés, le dict sieur d'Aniordan vous dira la résolution que je

____

(1) Inventaire des archives de Lagarde lett. 47 Q.
(2) Archives municipales de Condom, registre des jurades, année 1747.
(3) *Ibidem* année 1648.

fais de m'employer à vous porter une exemption afin que vous
n'ayez plus de garnison. Cependant, je vous ay obteneu et
deslogement du régiment afin que le dict sieur vous
porte. Je vous supplie qu'en le recevant vous fassiez
perdre à plusieurs malicieux de vostre ville l'opinion qu'ils vous
ont conçeüe que j'ai participé à vostre desplaisir. Je n'ay pas
l'âme si basse jusqu'à ce point et si j'avais eu la pensée d'un
ressentiment contre la ville je vous l'aurais dict. Je suis marry
que tout le monde ne me cognoisse. Mon inclination n'a jamais
esté de desservir la patrie. C'est de quoy vous me fairé plaisir
de prendre toute asseurance et de croire que vous me trouverez
toujours plein d'affection pour le bien publicq et en vostre particulier, Messieurs ». — « Vostre humble serviteur ».

« Paris, ce 16 Mars 1648 ».   « Fieumarcon ».

En même temps que le marquis de Fimarcon s'employait
pour le bien de ses vassaux et celui de ses voisins, il devait songer à ses affaires personnelles. La mort de Charles de Narbon
ne laissait à sa veuve Gabrielle du Châtelet des droits qu'elle
s'empressa de réclamer. Une première transaction était passée
entre cette dame et la marquise de Fimarcon le 23 mai 1631 (1).
Une autre dette de trente six mille livres était reconnue le lendemain en faveur de M. d'Aubiac (2). On le voit, les charges des
derniers Narbonne-Fimarcon pesaient lourdement sur Paul-
Antoine de Cassagnet et son épouse. En 1633, on n'avait encore
payé à Gabrielle du chatelet ni une partie de la somme qui lui
était due, ni même les intérêts, et, le 13 juin de cette même année, Paule-Françoise lui engageait la seigneurie de Seysses
pour lui en tenir lieu (3).

Cependant, le titre de douairière de Fimarcon pesait à la
jeunesse de Gabrielle, aussi, saisit-elle bientôt une occasion
pour le déposer. Le 7 janvir 1639, elle épousait Messire Georges
de Mouchy, grand prévot de France et Seigneur d'Hocquincourt. A cette époque, on n'avait pas encore entièrement satisfait aux droits qui lui revenaient sur la succession de son premier époux ; le paiement s'en fit même attendre plusieurs années, car, à la date du 3 juillet 1646, les archives du château de
Lagarde nous présentent une nouvelle transaction entre Mada-

----

(1) Inventaire des archives de Lagarde lett. 14 B.
(2) *Ibidem* lett. 31 N. — (3) *Ibidem* lett. 31 Ç.

me du Chatelet-d'Hocquincourt et M. et Mme de Fimarcon (1).
Quatre ans plus tard, le parlement dut intervenir de nouveau.
Le 22 avril 1650, une signification d'arrêt de Toulouse donnée à
la requête de la dame du Chatelet ordonnait à M. du Tilladet,
marquis de Fimarcon de satisfaire dans le mois à la transaction du 3 juillet 1646 (2).

Au milieu de ces débats, Paul-Antoine s'occupait de l'administration de ses domaines féodaux. Ses premiers regards,
durent se porter sur Astaffort. La seconde année après son
avènement, 7 janvier 1633, de concert avec les officiers de la
Couronne, il provoquait dans cette ville et dans sa juridiction
une enquête relative aux pouvoirs seigneuriaux et à la nomination des consuls (3). Deux gentils-hommes se présentèrent
pour lui réclamer en Astaffort les pouvoirs de co-seigneur ;
c'étaient MM. de Sarrant et Pierre de Redon, héritiers d'un
autre Pierre de Redon leur oncle. Paul Antoine acheta leurs
prétentions au prix de dix-sept cents livres (4).

Cependant, les consuls d'Astaffort tentèrent un essai pour
échapper à la suzeraineté du marquis de Fimarcon. Le 30
mars 1633, ils firent signifier à Paul-Antoine un arrêt du Parlement de Bordeaux qu'ils avaient obtenu contre lui (5). Paule-Françoise de Narbonne, en sa qualité de Dame d'Astaffort,
protesta contre cet arrêt et porta la cause devant la Cour des
Aides, qui, quatre mois après, la confirmait, elle et son époux,
dans le droit de nommer les consuls d'Astaffort (6).

Mais le jugement de la Cour des Aides ne mit pas fin à toute
résistance. L'année suivante, une décision de l'Hôtel des Requêtes fut encore nécessaire pour ranger la communauté
d'Astaffort à son devoir et l'amener à faire l'élection des consuls devant le marquis de Fimarcon (7). Après cette élection,
de nouvelles difficultés surgirent pour le paiement des droits
seigneuriaux, et un jugement des Requêtes du Palais dut contraindre à ce paiement « les consuls, habitants, possesseurs et

---

(1) *Ibidem* lett. 31 R.

(2) Papiers de la maison de Fimarcon. Etude de M* Boué du Boilong.
notaire à Lectoure.

(3) Inventaire des archives de Lagarde lett. 51 M. — (4) *Ibidem* lett. 51 S.
(5) *Ibidem* lett. 51 K. — (6) *Ibidem* lett. 51 O, 32 L.

(7) Jugement de MM. des Requêtes du 16 novembre 1634 délibération de
la communauté d'Astaffort du 31 décembre 1634.

bientenants de la ville et juridiction d'Astaffort (1) ». Enfin, une transaction passée le 3 avril 1636 entre Paul-Antoine de Cassagnet et ses vassaux semble mettre fin à ces querelles (2).

L année suivante le marquis de Fimarcon reprenait dans nos armées le cours de ses exploits. Fait Maréchal de Camp par brevet du 10 avril 1637, il vit mettre sous ses ordres un détachement de l'armée de Guienne à la tête duquel il força les troupes espagnoles qui avaient franchi les Pyrénées à repasser la frontière. En 1638, il concourut au siège de Fontarabie.

En 1639 Paul-Antoine conduisit deux cent « maitres » levés à ses dépens au secours de Salses assiégés par les Espagnol (3).

Entre temps, le marquis de Fimarcon dut recommencer à combattre contre ses vasseaux sur les champs de bataille judiciaires, car l'arrangement du 30 avril 1636 navait été qu une trève. Au Nord d'Astaffort existait une seigneurie qui donnait à ses titulaires des droits sur un quartier de cette ville et sur les campagnes environnantes ; c'était celle de St-Félix. Les seuls souvenirs qui nous en restent sont une église à demi-ruinée et quelques pans de mur que leur appareil de construction fait remonter au plein moyen-âge. Cette seigneurie avait appartenu aux du Lorens, puis à la maison de Laville dont l'héritière l'avait apportée avec sa main à M. d'Aussargue, procureur au Parlement de Toulouse (4). C'est à ce dernier que la municipalité d'Astaffort eut recours dans sa lutte contre M. de Fimarcon.

Le 30 décembre 1642, les consuls dont l'exercice allait finir firent un acte à M./Aussargue, seigneur de St-Félix pour la nomination de leurs successeurs (5). La réponse ne se fit pas attendre et le surlendemain, 1ᵉʳ janvier 1643, la communauté recevait un acte de St-Félix portant nomination de quatre consuls et d'un bayle d'honneur (6).

Paul-Antoine ne laissa point passer sans protestation cette usurpation de ses droits. Le 20 août 1643, M. de St-Félix

---

(1) Inventaire lett. 51 J.
(2) *Ibidem*, lett. 51 V.
(3) Archives administratives du Ministère de la Guerre, N° 15531-3.
(4) M. d'Ausargue fut un magistrat distingué du Parlement de Toulouse. Une rue qui porte son nom rapelle encore sa popularité dans cette ville.
(5) Inventaire des archives de Lagarde lett. 43 C.
(6) *Ibidem* lett. 44 H E F.

condamné par la Cour des Aides, sur la requête de M. de Fimarcon, devait payer les dépens du procès, et, le même jour, le marquis, par acte aux consuls qu'avait nommés son adversaire, les obligeait à quitter leur dignité, puis, faisait procéder à de nouvelles élections (1). Le 17 novembre de la même année, un accord entre les deux co-seigneurs terminait le différend. Enfin, en 1647, un nouvel incident se produisait. Le roi de France, pour récompenser Paul-Antoine de ses loyaux services, voulut lui donner la part qui revenait à la couronne dans la seigneurie d'Astaffort, mais la dame de St-Félix fit opposition et il fallut un nouvel arrêt du parlement pour que le marquis de Fimarcon put jouir du don que lui octroyait la libéralité royale (2).

L'année qui suivit celle où commençaient les difficultés et les procès relatifs à la seigneurie d'Astaffort, Paul-Antoine terminait par une transaction un autre procès en revendication de son pouvoir seigneurial. Il avait pour adversaire M. du Bouzet seigneur de Roquépine et co-seigneur de Pouy-Carréjelard qu'il amena cependant à reconnaître son droit de suzerain. M. du Bouzet dut avouer que les seigneuries et juridictions de Roquépine et de Pouy-Carréjelard relevaient directement des marquis de Fimarcon (3).

Au milieu de ces débats, Paul-Antoine continuait à se signaler par sa bravoure et son habileté sur les champs de bataille. En 1642, il conduisit cent « maîtres » entretenus à ses frais au siège de Perpignan (4). A quelles pressantes sollicitations il cédait en agissant ainsi et quel cas faisaient de ses talents militaires les généraux illustres de cette époque, la lettre suivante va nous le faire savoir.

« Monsieur,

» Je suis conjuré de si bonne façon par Messeigneurs les généraux d'armée de m'en aller les joindre avec le plus d'amis que je pourré pour s'opposer au dessein des ennemis qui viennent pour secourre Perpignan que je ne puis leur refuser. Vous m'avez toujours fait espérer que vous me faisiez l'honneur de m'aymé, ce qui me fait croire que vous ne me refuse-

---

(1) *Ibidem* lett. 44 K. — (2) *Ibidem* lett. 41 S T.
(3) *Ibidem* lett. 62 B.
(4) Archives administratives du Ministère de la guerre, N° 15531-3.

rez pas cette obligation que nous fassions le voyage ensemble qui ne sera au plus long que de quinze ou vingt jours. Si vous êtes en volonté de m'obliger, je vous supplie de vous rendre le 1er août à l'Isle-Jourdain pour en partir le lendemain, car je dois me rendre à Hilla en Roussillon. Je vous assure que je recognoistré cette obligation en toutes les occasions où je pourrai vous témoigner que je suis ».

« Monsieur, vostre très humble serviteur,

» Fieumarcon.

» A Caussens, ce 25 juillet 1642.

» Je souhaite que vous me donniez cette obligation, tant pour vostre satisfaction que pour la mienne, et très asseurément, l'arrière-ban sera mandé ».

Le 9 juin 1647, par commission signé d'Amiens, Paul-Antoine reçut le titre de Mestre de Camp lieutenant de Monseigneur le duc d'Anjou « Infanterie, trente compagnies de cent hommes chacune (1). Il servit en 1648 au siège de Tortose et l'année suivante à la levée du siège de Barcelonne par les Espagnols. Le 20 Décembre 1656, il se démit de sa charge de lieutenant du duc d'Anjou en faveur de son fils Jean-Jacques de Cassagnet. Paul Antoine avait reçu, deux mois auparavant, un brevet de lieutenant-général et l'ordre d'aller servir en Guienne sous le Maréchal de La Mailleraye, mais un contre ordre dut lui arriver incessament, car nous le trouvons, quelques jours après sa promotion à son nouveau grade, à la tête d'une division de l'armée du Nord, avec laquelle il contribue à la

---

(1) Il ne se peut agir ici de la création d'un simple régiment qui, à cette époque, n'était jamais que de mille à quinze cents hommes. Le grade de colonel a succédé dans l'armée française au titre de capitaine de mille hommes d'armes qui fut usité jusqu'à la fin du xvie siècle. Les compagnies dont nous parlent les archives du Ministère de la Guerre constituaient une vraie brigade d'infanterie, levée pour les besoins du moment et qui dut disparaître avec la cessation de ces besoins. Nous en avons une preuve nouvelle en ceci, que Paul Antonin possédait un grade d'officier général lorsqu'il fut mis à la tête de ces compagnies. Le véritable régiment d'Anjou continué par un de nos régiments actuels d'infanterie de ligne, ne fut d'ailleurs créé que dans le cours du xviiie siècle. Quand au titre de « Mestre de camp » il était quelquefois pris dans une acception assez ample. Lorsqu'il était porté à la tête d'un régiment, il mettait son titulaire dans une position analogue à celle d'un lieutenant-colonel qui commanderait en l'absence de son supérieur immédiat, mais il indiquait dans sa signification générale, le commandement exercé à la place d'un titulaire véritable impuissant ou empêché.

levée du siège de Guise par l'Archiduc, puis au combat et à la prise de Rhètel (1).

Le 25 novembre 1651, en récompense de fidélité, et pour reconnaître les nombreux services qu'il avait rendus à l'état, le roi, chef et grand maître de l'ordre St-Michel et milice de St-Esprit, le nomma chevalier de cet ordre.

Louis XIV encore mineur, mais agissant par ses ministres, récompensait ainsi un homme qui lui gardait avec tant d'éclat et de dévouement la fidélité promise dans un hommage rendu le 9 juillet 1649. Paul-Antoine avait du rendre cet hommage par procureur à cause d'une légère maladie dont il était alors atteint (2). Il ne paraît avoir pris qu'une part minime et d'ailleurs très honorable aux troubles de la/France (3).

Il habitait souvent le château de Caussens dont la paroisse garde encore un souvenir de sa présence. Lui et son épouse furent parrain et marraine de la petite cloche de l'église St-Martin de Caussens. Cette cloche, qui existe encore, porte

---

(1) Archives administratives du Ministère de la Guerre, Nº 1553-3.

(2) Voir aux pièces justificatives X.

(3) Feu M. Baradat de Lacaze, dans sa notice sur la ville d'Astaffort, en Agenais, ne nomme qu'une fois M. de Fimarcon dans le récit des luttes de l'armée royale contre le prince de Condé sous Astaffort et Miradoux en 1651. Encore la mention de ce nom n'est-elle qu'accidentelle. Elle vient, non sous la plume de l'auteur, mais sous celle du duc de La Rochefoucault dont il cite une lettre.

On ne trouve pas, dans ce récit, d'autre rôle attribué à Paul-Antoine de Cassagnet que celui d'intermédiaire entre le Maréchal d'Harcourt, commandant en chef de l'armée royale et les habitants d'Astaffort pour amener ces derniers à quitter le parti de Condé.

L'auteur de cette notice d'ailleurs pleine de science et d'intérêt, n'a pas su l'existence des documents inventoriés dans les archives de Lagarde. Fimarcon par Mᵉ Pélauque. Il paraît avoir ignoré comme l'ont ignoré du reste tous les auteurs d'histoire féodale jusqu'à ce jour, qu'il y ait en un pays de Fimarcon et des seigneurs suzerains de ce pays. De là des lacunes regretables dans son intéressante notice.

L'auteur affirme que le roi de France donna la seigneurie d'Astaffort aux comtes d'Armagnac, d'abord, puis au d'Albret. Cela n'est vrai qu'à moitié. Les rois de France ne possédaient en Astaffort que des droits affectant une partie de la seigneurie et ne pouvant en rien contrarier ceux que les Fimarcon tenaient de leur alliance avec la maison de Comminges. A partir de la donation faite par le roi de France au sire d'Albret, M. Baradat de Lacaze ne sait plus rien sur la seigneurie d'Astaffort. La raison en est bien simple : c'est qu'à part la concession du droit de prélation faite au marquis Amalric par la reine Marguerite, les d'Albret ne firent en Asiaffort aucun acte d'administration seigneuriale et laissèrent les Fimarcon faire tous ces actes ou en disputer le droit, presque toujours victorieusement aux autres co-seiles noms du marquis et de la marquise de Fimarcon précédés des noms sacrés de Jésus et de Marie, de celui de Joseph et suivis du millézime 1636.

Paul-Antoine de Cassagnet eut de son mariage avec Paule-Françoise de Narbonne, quatre enfants :

I Charles qui fut prêtre en 1655 et mourut à Condom le 16 octobre 1687.

II Jean-Jacques, marquis de Fimarcon, né en 1628.

III François, né à Caussens et baptisé le 1er septembre 1645. Il porta le titre de comte de Fimarcon, fut exempt des gardes du corps et « major » d'un régiment de Dragons en 1676. Le titre de ce régiment resta dans la famille. François, devenu brigadier des armées du roi fut tué à la bataille de St-Denys, près Mons le 14 août 1678.

VI Marie-Claire, mariée le 8 mai 1654, à Jean-Charles du Bouzet, marquis de Marin, Mestre de camp d'un régiment de cavalerie, maréchal de camp des armées du roi, gouverneur de la ville et du château de Friz, en Catalogne. Le père du marquis de Marin était Michel duBouzet, seigneur de Marin Ste-Colombe et la Montjoie ; sa mère Catherine de Preissac.

Paul-Antoine de Cassagnet fit son testament vers 1650, peut-être avant de partir pour l'armée du Nord. Il mourut dans son château de Caussens le 13 mars 1664 et son corps fut transporté le lendemain à La Romieu où on l'inhuma dans l'Eglise collégiale, au tombeau de la famille de Narbonne-Lomagne-Fimarcon. Il laissa la terre et le château de Caussens à Jean-Jacques, son second fils qui tenait déjà de lui le marquisat de Fimarcon, mais il réserva l'usufruit fruit de Caussens à sa veuve Paule de Narbonne. Cette dernière ne quitta ce monde que le 11 octobre 1687.

gneurs. Ceci est abondament prouvé par maintes pages de la présente étude.

L'auteur de la notice parait ignorer tout ce qui regarde la maison de Cassagnet. On ne reconnaitra jamais sous le nom de M. de *Cassanet*, seigneur d'Astaffort, attribué par lui au marquis Paul-Antoine de Fimarcon sans se demander d'où vient ce nouveau seigneur d'Astaffort mentionné là pour la première et dernière fois dans sa brochure. M. Baradat de Lacaze a du interpréter de la sorte l'ancienne orthographe *Cassanhet* qu'il aura trouvé dans la lettre du duc de Larochefoucault.

III

JEAN-JACQUES NEUVIÈME MARQUIS DE FIMARCON (1664-1708)

Jean-Jacques de Cassagnet, déjà « Mestre de camp » de la brigade d'Anjou par cession de son père en 1650 ne paraît pas avoir obtenu un grade plus élevé dans les rangs de l'armée française. (1)

En 1654, il épousait par contrat du 24 octobre, Marie-Angélique, neuvième enfant du fils d'Antoine de Roquelaure, premier maréchal de France de ce nom. (2) L'épouse apportait en dot deux cent vingt-cinq livres et trente mille livres de bijoux et de meubles précieux. Sa mère Suzanne de Bassabat, par son testament du 8 juin 1652, l'avait faite héritière d'une grande partie de ses biens.

Dans le contrat de mariage, Paule de Narbonne, mère de l'époux, donna trente mille livres à Charles de Cassagnet qui avait embrassé l'état ecclésiastique, puis, tant de son chef qu'en vertu des pouvoirs que lui donnaient les testaments d'Amalric de Narbonne et de Marguerite d'Ornézan elle nomma Jean-Jacques son héritier universel au marquisat de Fimarcon, villes de La Romieu et d'Astaffort, baronnie d'Auradé, Seysses et autres places.

De son côté, par ce même contrat, Jean-Jacques de Cassagnet donnait le marquisat de Fimarcon, les villes d'Astaffort et de La Romieu, à un des enfants mâles qui naîtraient de son mariage, mais se réservait de le nommer. Ce droit de nomination, s'il ne l'exerçait pas lui-même, devait appartenir à la dame de Roquelaure, et dans le cas où ni l'un ni l'autre des époux ne nommerait, le marquisat et ses dépendances devenaient la part d'héritage de l'aîné. Jean-Jacques fit en outre

---

(1) Nous avons vu que « brigade d'Avignon » dut être le véritable nom du corps dont le commandement fut transmis en 1650 par Paul-Antoine de Cassagnet à son second fils. Ce dernier dut être maréchal de camp, comme l'était lui-même, Paul-Antoine, à cette date, car un tel commandement nécessitait un grade d'officier-général. La brigade d'Avignon n'a pas laissé de succession dans l'armée actuelle où les anciens régiments se trouvent seuls continués par ceux d'aujourd'hui. Cela nous a mis dans l'impossibilité de trouver les états de service de Jean-Jacques de Cassagnet aux archives du ministère de la guerre où, indépendemment des anciens régiments, les lieutenants-généraux ont une notice.

(2) Voir : Appendice III.

une substitution perpétuelle et graduelle du marquisat en faveur de ses enfants selon l'ordre de primogéniture. Au défaut des mâles, il appelait les filles à la succession, mais à condition qu' s'il naissait un enfant mâle d'un second mariage tandis que le premier n'aurait donné que des filles, l'enfant mâle succèderait et la fille aînée du premier lit aurait une dot de 180.000 livres constituée sur les biens de la maison du chef paternel (1).

Cela nous montre que le jour même où fut signé son contrat de mariage, Jean-Jacques reçut en dot le marquisat de Fimarcon dont son père Paul-Antoine se démit en sa faveur. En vertu de cette donation, Jean-Jacques fit aveu et dénombrement par procuration de ses domaines féodaux le 17 septembre 1656 (2).

Le nouveau marquis eut différentes luttes à soutenir, soit pour s'assurer la pleine jouissance de son pouvoir seigneurial, soit pour l'exercice de ce même pouvoir. L'année même de la mort de Paul-Antoine, 1664, un procès était engagé entre Jean-Jacques de Cassagnet et le chapitre de La Romieu. Nous trouvons en effet, dans les archives du château de Lagarde, à la date des 5 et 6 avril, un cahier de décret contre le doyen de La Romieu et autres chanoines, et des exploits faits en conséquence (3) ; c'était un réveil du procès que les prédécesseurs des chanoines, à l'instigation de la reine Marguerite, avaient engagé contre Amalric de Narbonne. Le marquis fit intervenir en sa faveur les supérieurs ecclésiastiques, et le 25 avril de la même année, après information contre certains chanoines de La Romieu, l'official de Condom rendait, comme conclusion, un arrêt d'ajournement (4). Le chapitre ne voulut pas aller plus loin, mais un de ses membres, M. de Lescout de Guilloutel, descendant de l'un des neveux du Cardinal d'Aux, persista dans son opposition. Le 15 décembre 1665, le chapitre, pour le forcer à se soumettre, prenait une délibération contre lui (5) ; ce fut peine inutile ; le fort ecclésiastique dut se dessaisir du procès dont la connaissance fut attribuée, le 17 août 1667, au parlement de Toulouse (6).

---

(1) Rapport de M⁰ Robin de Mouras.
(2) Voir : Pièces justificatives XI.
(3) Inventaire des archives de Lagarde lett. 37 H. — (4) *Ibidem* lett. 37 H.
(5) *Ibidem* lett. 37 G. — (6) *Ibidem* lett. 37 J.

Les archives du château de Lagarde, ne nous font pas connaître la suite de ces débats. Il est probable que le chanoine de Lescout de Guilloutet, abandonné par ses confrères du chapitre, subit une condamnation.

Pendant le cours de cette affaire, une transaction fut passée au sujet d'une autre contestation, celle-ci entre Jean-Jacques de Cassagnet et l'évêque de Lectoure. Le marquis de Fimarcon relâchait en faveur du prélat la moitié des dimes de Blaziert. Le 27 Décembre 1701, il obtenait la permission d'assigner M. d'Auch devant le conseil privé (1).

Quelques années auparavant, Jean-Jacques plaidait contre les dames religieuses de La Romieu qui, le 24 septembre 1670, avaient acheté à Bernard d')Aux de Lescout la métairie de Bidon. Les religieuses prétendaient ne pas devoir les lods et ventes, droits signeuriaux qui résultaient de l'achat de cette métairie. Jean-Jacques les fit contraindre par appointement du sénéchal de Condom, à lui donner homme vivant et mourant (2).

Sous le règne de Paul-Antoine, les archives de Lagarde nous ont montré le seigneur de Roquépine tentant de se rendre indépendant de son suzerain et lui disputant son hommage. Obligé de céder une première fois, il se reconnut l'homme lige du marquis de Fimarcon : mais il ne tarda pas à protester contre cet hommage et chercha pas un nouveau procès à s'en faire dispenser à l'avenir Il gagna d'abord sa cause devant la lieutenance de Francescas (3) ; mais Jean-Jacques fit appel au Parlement de Paris et parvint à s'opposer efficacement à l'hommage que son adversaire voulait rendre à la cour des comptes (4). Deux ans après, poursuivant toujours les mêmes

____

(1) *Ibidem* lett. 40 F.

(2) *Ibidem* lett. 36 D. — Les chapitres, les hôpitaux, les fabriques, les maisons religieuses et autres gens de main-morte formant des communautés qui possédaient des fiefs, ne reconnaissaient pas eux-même le seigneur suzerain et ne lui portaient pas non plus eux-même les foi et hommage. Mais ils étaient obligés de s'acquiter par autrui de ce devoir de vassal : ils lui présentaient à cet effet une personne sur la têtè de laquelle la propriété du fief résidait par fiction relativement au seigneur dominant. Celui qui satisfaisait ainsi au devoir de vassal pour des gens de main-morte était appelé dans quelques coutumes : *homme viant et mourant.* Denisard, dict de jurisprudence 1771.

(3) Arrêt de la lieutenanie de Francescas 21 janvier 1671.

(4) Arrêt de la cour des comptes 4 décembre 1672,

débats, M. de Roquépine s'adjoignit MM. d'Esparbès et de Douzeil co-seigneurs de Ligardes et tous ensemble protestèrent contre le droit de préfage que M. de Fimarcon exerçait en cette seigneurie. Une sentence de l'Hôtel des Requêtes vint enfin terminer la cause en décidant que Jean-Jacques de Cassagnet de Narbonne de Lomagne possédait la juridiction féodale sur le marquisat de Fimarcon telle que l'avaient eue ses prédécesseurs (3).

Il eut encore avec ces derniers un trait de ressemblance, ce fut de se voir contester son pouvoir seigneurial en Astaffort. Il tenait cependant beaucoup à le posséder tout entier, car il se qualifiait seigneur et comte d'Astaffort et signait « Astaffort de Fimarcon ». Il exerçait là comme à La Romieu et dans les autres places du marquisat, la justice haute, moyenne et basse et les consuls étaient à sa nomination ; tous ces droits lui étaient garantis par divers arrêts du parlement de Bordeaux et du conseil privé du roi que nous avons mentionnés dans le cours de cette étude. En 1696, les consuls qui étaient : Armand Dumoulin, Jean Goze, Jean Lafon et Jean Goudin, ayant été nommés sans sa participation, il demanda que leur élection fut annulée, se basant sur ce principe que le seigneur peut, dans sa terre, créer toute sorte d'officiers et par conséquent, nommer les consuls. Ainsi avait-il été jugé par arrêt du parlement de Bordeaux le 24 juillet 1636, en faveur du sieur d'Engalin seigneur de La Roque-Fimarcon. Jean-Jacques gagna sa cause et il fut décidé que l'on procéderait à une élection nouvelle qui se ferait en sa présence (2).

Un différent s'était élevé d'un autre côté. A la mort d'Angélique de Roquelaure sa première épouse, le marquis de Fimarcon, entré en possession des domaines qui avaient appartenu à cette dame dans la juridiction de Samatan, se mit en devoir de rendre hommage pour ces biens et d'en faire aveu et dénombrement ; mais le sieur Duplan, procureur du roi au siège de Samatan, fit opposition. Sommé par les commissaires pour la réception des dénombrements dans le Languedoc de fournir dans les trois jours les moyens de son opposition, le malheureux Duplan, « se soi disant procureur du roi », comme le qualifiait Jean-Jacques dans sa colère, ne put obéir, et le mar-

------

(1) Inventaire des archives de Lagarde lett. 8 M.
(2) Archives du château de Malléac.

quis de Fimarcon prit, sans autre difficulté, possession des biens qui lui étaient échus (1).

De son mariage avec Angélique de Roquelaure, Jean-Jacques de Cassagnet eut les enfants dont les noms suivent :

I. Jacques, l'aîné, qui devint, par la mort de son père, Marquis de Fimarcon.

II. Gaston-Jean-Baptiste dit le Marquis de Narbonne, colonel des dragons de Fimarcon en 1678, fut un vaillant homme de guerre. Le 9 décembre 1688, devant Coblenz, après avoir chargé les impériaux, il fit mettre pied à terre à ses dragons et se jetta contre la tête du pont qui fut emporté à la baïonnette. En 1690 , quelques jours après la bataille de Staffarde, Catinat écrivait au roi : « le colonnel de Fimarcon s'est employé dans cette journée au delà de ce qu'on peut écrire ». Devenu brigadier des armées du roi, Gaston de Cassagnet mourut à Mons le 6 août 1692, d'une blessure qu'il avait reçue au combat de Steinkerque (2).

III. Charles-Henri- nommé abbé de Bonnefonds dans le diocèse de Comminges en 1673, en remplacement d'Antoine de Cous, vicaire général de Condom; il mourut le 8 octobre 1700.

IV. Charles comte de La Tour. Il reçut ce titre le 8 février 1671 par le testament de sa grand tante Henriette de Bassabat, héritière elle-même de Louis de Lary comte de La Tour, son époux. Bernard de Lary, seigneur de Lamothe-Ando attaqua le testament d'Henriette et le procès se termina le 13 novembre 1708 par une transaction. Le comté de La Tour revint à Bernard à condition de payer les legs faits par la testatrice à la maison des religieuses tertiaires de St-François de Miramont-Latour qu'elle avait fondée. Charles de Fimarcon conserva la seigneurie d'Aurenque (3).

V. Louise née en 1659, mariée, par contrat du 29 octobre 1685, à Jean Eymeric de Preissac de Marestaing marquis d'Esclignac.

VI. Thérèse-Louise.

VII. Claire.

VIII. Catherine-Henriette née en 1665, mariée, le 16 octobre 1694, à noble Alexandre de Verduzan comte de Miran, le ma-

---

(1) Papiers de la Maison de Fimarcon.
(2) Archives administratives du Ministère de la Guerre.
(3) Note communiquée par M. l'abbé Dutaut curé de Miramont-Latour.

riage fut béni dans l'église de Caussens par Mgr Milon, évèque de Condom.

Marie-Angélique de Roquelaure, par testament fait au château de Lagarde le 8 octobre 1678, institua pour héritier Jacques de Cassagnet son fils aîné. Elle mourut quatre jours après et son corps fut enseveli dans l'Eglise collégiale de La Romieu, au tombeau des Fimarcon.

Quelque temps après la mort de sa première épouse, Jean-Jacques rencontra dans le monde Philiberte, fille de Charles-Oger de Polastron seigneur de La-Hillière. Mlle de Polastron était jeune et belle, le marquis de Fimarcon s'en éprit et l'épousa. Mais les qualités de l'àme chez la nouvelle marquise ne répondaient pas à la béauté du corps. Ambitieuse et hautaine en même temps qu'habile à parvenir à son but, Philiberte prit sur le cœur et sur l'esprit de són époux un ascendént /a irrésistible. Elle porta le désordre dans la maison de Cassagnet-Fimarcon dont un de ses fils devait causer la ruine, en même temps que la vouer jusqu'à ce jour à l'oubli de la postérité. La dame de La Hillière donna elle aussi à Jean-Jacques plusieurs enfants que nous allons successivement nommer :

I. Charles-François dit le comte d'Astaffort fut colonnel des dragons de Fimarcon vers 1704 date à laquelle le marquis. Jacques, son frère du premier lit, devint Maréchal de camp. Il combattit à la tête de ce régiment à la prise d'Asti (1) et devint lieutenant général des Gendarmes écossais. Né le 6 octobre 1682, il mourut le 26 octobre 1708, à l'âge de vingt six ans. Le haut grade qu'il occupait dans l'armée malgré sa jeunesse , et son titre si précocement reçu de chevalier des ordres du roi nous disent sa grande valeur et lui présageaient une brillante destinée.

II. Michel-Louis, marquis de Tilladet né vers 1688, n'eut pas le temps dans sa rapide existence de donner la mesure de sa valeur. Il mourut, le 24 février 1716 à peine âgé de vingt deux ans.

III. Catherine, née à Caussens, le 3 décembre 1693. Elle reçut après la mort de son frère, Charles-François, le titre de Comtesse d'Astaffort.

IV. Eymeric, né le 18 mars 1696 et qui devait être marquis

---

(1) Archives administratives du Ministère de la Guerre.

de Fimarcon après la mort de Jacques son frère du premier
lit.

V. Ephigénée-Charlotte-Octavie, mariée, le 7 avril 1706, à
François, comte de Narbonne, Seigneur d'Aubiac, Birac, Pa-
pon, Las Martres. De ce mariage naquirent deux filles décé-
dées avant 1744 au couvent de Ste-Ursule à Fleurance. Ephigé-
née mourut elle-même à Paris le 16 juillet 1714.

VI. Jeanne-Marie, mariée le 17 décembre 1711 à Jean de
Biran d'Armagnac du Chemin, chevalier, comte de Goas.

Jean-Jacques fit son testament le 24 septembre 1696. Par
une première clause, il y nomme et désigne Jacques, son fils
aîné du premier lit, pour recueillir la succession du marquisat
de Fimarcon, ville de La Romieu, seigneurie d'Astaffort ; par
une seconde, il institue son héritier universel en tous ses autres biens, droits, voies et actions, Charles-François son premier fils du second lit, auquel il restitue par exprès les biens
dépendants du fidéicomis fait par Marguerite d'Ornézan; enfin,
par une troisième, dans le cas où Jacques de Cassagnet et ses
descendants mâles viendraient à manquer, il substitue au marquisat de Fimarcon le même Charles-François. à son défaut,
Michel son deuxième fils du second lit, et, à défaut de ce dernier Eymeric et ses descendants mâles (1).

La première clause de ce testament était conforme aux pactes du mariage de Jean-Jacques de Cassagnet avec Angélique
de Roquelaure : le testateur lui-même s'était lié par ces pactes
et il ne lui était permis d'y rien changer; mais il eut dû respecter également la dernière volonté de Marguerite d'Ornézan
rendant ses propres biens inséparables du marquisat de Fimarcon. Cette volonté testamentaire avait force de loi dans le
droit féodal. Elle ne put cependant tenir contre des intrigues
de Philiberte de Polastron dont le cœur de marâtre dut éprou-
ver une satisfaction particulière en faisant exclure de l'héritage paternel Charles comte de La Tour, le dernier survivant des
fils puinés du premier lit.

Jean-Jacques de Cassagnet mourut le 27 janvier 1708 à Paris
où il avait alors son domicile. Un codicile qu'il écrivit le jour
même de sa mort confirmait son testament et assurait des
biens à sa veuve Denyse-Philiberte de Polastron. Le 9 février
suivant, les scellés furent apposés au château de Caussens par

---

ordre de Louis Dupleix, écuyer, sieur d'Ansoulès, conseiller du roi, lieutenant général en la cour de la sénéchaussée de Condom. Charles François de Cassagnet, héritier sous bénéfice d'inventaire et créancier de son père, fit inventorier les meubles, effets, papiers, titres, trouvés dans ce château et dans les métairies qui en dépendaient. Cet inventaire fait les 24, 25, 26 et 27 avril 1708, fut signé par tous les enfants du défunt marquis.

Mais Charles-François suivit, le 15 octobre de la même année, son père dans la tombe. Il n'avait jamais été marié et Jacques recueillit, avec le reste de l'héritage paternel, la substitution de Marguerite d'Ornézan.

IV

JACQUES II DIXIÈME MARQUIS DE FIMARCON (1708-1730)

Devenu marquis de Fimarcon par la mort de son père, Jacques de Cassagnet fut aussi, par celle de son frère Charles-François, seigneur de Seysses et d'Auradé ; tel était son droit; puisque Marguerite d'Ornézan avait déclaré en termes formels à sa dernière heure que ses biens devaient toujours demeurer inséparables du marquisat. Cependant, tout cela ne se fit pas sans difficulté. A peine les restes du vieux marquis et ceux de Charles-François, son fils étaient-ils confiés à la tombe, que Jacques vit s'élever contre lui, sa belle mère Philiberte de Polastron et les enfants des deux lits de Jean-Jacques qui vivaient encore pour lui disputer la substitution de Marguerite d'Ornézan sur laquelle chacun d'eux voulait se tailler une dot.

Le jugement de cette affaire fut attribué, par différends arrêts du Conseil du Roi, à des commissaires choisis dans le parlement de Toulouse qui eurent le pouvoir de prononcer en dernier ressort. Ces commissaires déclarèrent ouverte, en faveur de Jacques de Fimarcon, la substitution faite par son père au moment de son mariage et celle de Marguerite d'Ornézan; mais en même temps, ils ordonnèrent la recomposition judiciaire du patrimoine de Jean-Jacques pour en constituer la juste légitime de chacun de ses enfants. En vertu de ce jugement, les frères et les sœurs de Jacques devaient rapporter à la masse commune tout ce qu'ils avaient déjà reçu. Ils avaient en effet touché, depuis la mort de leur père, différentes som-

mes que leur frère aîné leur avait laissé prendre sur les revenus des terres, à titre de provisions (1).

Les légitimaires ne trouvèrent pas à propos de se conformer
à la dernière partie de cette sentence et de provoquer la recomposition du patrimoine en justice ; ils aimèrent mieux s'en rapporter à la générosité de leur frère aîné. Les frères de Jacques
de Cassagnet ne furent pas trompés dans leur attente.

Jean-Jacques, avant de mourir, avait marié la marquise
d'Esclignac et la comtesse de Miran, ses filles du premier lit,
et leur avait donné en dot, à prendre sur ses biens, leur légitime telle qu'elle devait être au jour de son décès ; jusque là
leurs droits demeuraient incertains. Il avait également marié
en 1706, la comtesse de Narbonne, l'une de ses filles du second
lit, et lui avait donné de son chef la somme de douze mille
livres, commencement d'hoirie sur sa sucessession. Ce contrat
servit de modèle à Jacques. La comtesse de Narbonne avait
reçu douze mille livres, il voulut que chacun de ses frères et
chacune de ses sœurs en eussent autant, sans avoir égard à la
valeur des biens dont il était propriétaire à titre de substitution (2).

A cette époque, Jacques de Cassagnet s'était déjà montré
l'un des hommes les plus valeureux et l'un des officiers les
plus distingués de l'armée française. Entré au service en 1680
comme volontaire dans le régiment que commandait son frère, Gaston-Jean-Baptiste de Cassagnet, il assistait la même année à la prise de Cassal. Dans le cours de 1681, il franchit successivement les grades de lieutenant et de capitaine ; ce dernier fut conquis par une action d'éclat sur le champ de bataille. Quelque temps après, 1686, il reçut le grade de major au
même régiment de Fimarcon. Nous avons été assez heureux
pour retrouver les états de service de Jacques de Cassagnet et
de son régiment depuis 1690 ; nous nous empressons de les
mettre sous les yeux de nos lecteurs.

En cette année, le régiment de Fimarcon servait dans l'armée
de l'Est. Il passait à Seyssel poursuivant sa route vers une des-
tination qu'il avait reçue lorque M. de Vins, officier général,
l'arrêta pour attaquer le château où il y avait fossés et pont-
levis. M. de Vins n'avait pu s'en emparer la veille avec les trou-

---

(1) Raport de l'abbé Boyer maître des requêtes en faveur du vicomte
d'Esclignac.
(2) *Ibidem*.

pes qu'il commandait. Le régiment de Fimarcon l'emporta
u assaut et le lui remit.

Après avoir accompli comme en passant cet exploit, les
dragons de Fimarcon se remirent en marche ; mais comme ils
étaient parvenus à Briançon, un autre officier général, M. de
Larrey, les requit pour escorter un convoi qu'il devait faire
parvenir à l'armée du maréchal de Catinat. M. de Larrey était
averti que trois régiments du duc de Savoie au nombre desquels se trouvait celui de la Croix blanche, étaient postés au
col de Fenestre pour enlever le convoi. En conséquence, il donna comme renfort au régiment de Fimarcon deux corps de milice. Dès qu'on fut à portée de l'ennemi, les miliciens pliè-
rent. Le régiment de Fimarcon soutint seul l'effort des soldats
de Savoie qui l'attaquèrent à plusieurs reprises et conduisit
le convoi sain et sauf à l'armée du Maréchal.

Le surlendemain, M. de Catinat donna la bataille de Staffarde où le régiment se surpassa. Jacques de Fimarcon eut quatre chevaux tués sous lui et fut blessé légèrement.

En 1692, il se trouvait à la bataille de Steinkerque où son
frère Gaston fut mortellement frappé et où lui-même reçut une
grave blessure. Gaston-Jean-Baptiste de Cassagnet, brigadier
des armées du roi, s'était rendu célèbre dans l'armée française
sous le surnom de Sahuquet, par son expérience et par sa valeur, mais le major son frère était bien digne de le remplacer ;
aussi, reçut-il le commandement des dragons de Fimarcon
avec le grade de colonnel.

Il combattit en cette qualité sur le champ de bataille de Ner-
winde, à l'attaque du château d'Englemen, aux sièges d'Ath,
Huy, Charleroi et Namur.

Jacques était avec ses dragons à la défense de Crémone.
« Toute la France sait », dit un mémoire du temps, « que la
conservation de cette place est due, en partie, à la valeur du
régiment de Fimarcon et aux belles actions qu'il fit toute la
journée. M. le marquis de Creuvant, officier général, rapporté
fort blessé dans Crémone, déclara sur sa parole à toute la garnison, qui, d'après le prince Eugène, le roi de France avait une
grande obligation au régiment de dragons, qui était dans la
place. M. le marquis de Fimarcon fut fait brigadier en cette
occasion à cause de ses services (1) ».

---

(1) Le régiment contribua par plusieurs charges vigoureuses à pied et à
cheval à refouler les impériaux hors de la ville — Archives administratives

Il fit ensuite campagne avec le duc de Vendôme et se trouvait à la bataille de Luzara aux sièges de Gustalda, de Governolo et dans deux petites affaires qui ne laissèrent pas d'être fort vives.

Au retour d'Italie, les dragons de Fimarcon durent aller en Languedoc. « Le roi fit savoir à M. de Vendôme, « dit l'auteur du mémoire déjà cité, qu'il n'y pouvait envoyer un assez bon régiment de dragons pour les affaires des fanatiques qui s'y allumaient d'une manière très vive et devenaient de très grave conséquence. Dès le lendemain que le régiment fut arrivé à Nîmes, M. le maréchal de Montrevel marcha aux fanatiques. Ceux-ci étaient habitués à vaincre les troupes envoyées jusqu'à ce jour, mais le régiment, commandé par M. de Fimarcon, les battit à plate couture, en sorte qu'on fut plus de deux mois sans qu'il en parut dans le pays ». Les dragons de Fimarcon servirent dans le Languedoc jusqu'à la fin de la révolte des Camisards et y virent, au dire de notre auteur, « vingt deux actions, dont sept à huit réputées pour grandes dans les armées ; deux desquelles ont roulé sur M. de Fimarcon qui commandait en chef ».

Jacques de Cassagnet fut promu, en 1704, au grade de Maréchal de camp. Il servait alors sous Villars qui avait remplacé le maréchal de Montrevel à l'armée des Cévennes.

Il épousa, l'année suivante, Madeleine, fille de Louis de Baschi, marquis d'Aubaïs (1) et s'en alla servir ensuite en Allemagne sous le Maréchal de Villars. Mais bientôt Louis XIV le rappela pour l'envoyer sous Barcelone que le roi d'Espagne devait assiéger. « On mit M. de Fimarcon à l'aile droite où M. D'avarro, lieutenant-général, devait être en cas d'affaire générale, ayant ordre du roi de se tenir toujours près de la personne du roi d'Espagne. Milord Pétersbourg vint pendant

du Ministère de la Guerre. — Preuves de noblesse en faveur de Jacques de Cassagnet, marquis de Fimarcon.

(1) La maison de Baschi était originaire du château de ce nom dans la province d'Ombrie en Italie. Les terres d'Aubaïs et du Caïla entrèrent dans cette maison en 1571 par le mariage de Marguerite du Faur avec Balthazar de Baschi, seigneur de Saint-Estève. Elle fut mère de Charles de Baschi seigneur de Saint-Estève et de Louis de Baschi baron d'Aubaïs et du Caïla, mort le 16 novembre 1646. Charles baron d'Aubaïs, fils de ce dernier, mourut le 31 janvier 1668, laissant deux fils : Louis marquis d'Aubaïs et Henri marquis du Caïla. Louis, mort le 16 janvier 1703, eut Charles de Baschi marquis d'Aubaïs, mousquetaire du roi et Madeleine de Baschi, mariée à Jacques de Cassagnet par contrat du 13 avril 1705.

le siège, tenter deux fois le secours de la place par cette aile droite commandée par M. de Fimarcon. Il y fut toutes les deux fois repoussé vivement avec l'approbation du roi d'Espagne et de toute l'armée (1).

Jacques de Cassagnet fit la campagne de Catalogne sous le duc de Noailles. Ce général le chargea d'attaquer Figuières, place bien fermée, défendue par un bataillon d'infanterie et deux cent cavaliers. Le marquis de Fimarcon mit tant de vigueur dans l'attaque que toute la garnison fut prise, officiers et soldats.

L'année d'après, 1708, l'armée du maréchal de Noailles marcha pour enlever mille chevaux commandés par le général Fraquenberk, qui étaient campés sous le glacis de Gironne. M. de Fimarcon se trouvait à la tête de la colonne pour soutenir l'avant-garde. Il attaqua si vigoureusement, quoique l'ennemi fut sous le feu du chemin couvert et des remparts de la place, qu'il lui enleva une partie de son camp, toutes les selles et tous les équipages. Le général Fraquenberk, fait prisonnier, mourut des suites de ses blessures. Un grand nombre de ses officiers furent aussi blessés et pris avec lui.

M. de Fimarcon servit ensuite en catalogne sous les ordres du comte de Fiennes, lieutenant général des armées du roi, et y demeura jusqu'à la fin de la guerre de succession d'Espagne. Il fut chargé en 1711 d'aller secourir Urgel investi par les troupes de l'archiduc et réduit aux abois. Fimarcon franchit tous les obstacles, culbuta toutes les forces ennemies qui s'opposèrent à sa marche et délivra la place. L'année suivante, 1712, il délivra aussi Bergues qui était prêt à se rendre.

Après ces deux faits d'arme, Louis XIV lui donna, le 1er avril 1713, les titres de lieutenant général pour le roi et gouverneur des comtés de Roussillon, Conflans et Cerdaigne auxquels fut ajouté en 1717 le gouvernement de Villefranche. Il reçut en 1718, le grade de lieutenant général des armées du roi et la charge de gouverneur de Montlouis. Enfin, en 1723, il fut

---

(1) Cette citation et celles que nous avons données jusqu'ici, ce que nous dirons encore de la carrière militaire de Jacques de Fimarcon ainsi que les renseignements sur les grades qu'il eut dans l'armée française et sur ses exploits, sont extraits d'un mémoire intitulée : « Preuves de noblesse pour Messire Jacques de Cassagnet Narbonne Lomaigne, marquis de Fimarcon ». A part la campagne des Cévennes, dont elles ne parlent pas parce qu'il s'agissait là d'une guerre civile, les archives administratives du Ministère de la Guerre sont en concordance parfaite avec l'auteur de ce mémoire.

nommé chevalier des ordres du roi, puis, l'année suivante, fait solennellement chevalier du St-Esprit dans la chapelle du château de Versailles.

Cependant, les faits d'armes et les honneurs n'avaient pas enrichi le marquis de Fimarcon qui, pour mettre ordre à ses affaires dut vendre la terre et seigneurie d'Aurenques au comte de Flamarens. Il retira de cette vente cent deux mille livres dont il se servit pour payer ses sœurs, la marquise d'Esclignac et la comtesse de Goas et pour désintéresser quelques uns de ses créanciers.

Son père lui avait légué la suite des éternels différents entre les marquis de Fimarcon et les communautés d'Astaffort et de La Romieu : il s'agissait maintenant du greffe de la justice dans la première de ces deux places. Un différent s'était élevé à ce sujet entre Jacques de Cassagnet et le titulaire de ce greffe qui répondait au nom peu harmonieux de Poulin. Déjà le 7 décembre 1702, le marquis Jean-Jacques présentait une requête à M. de La Bourdonnais intendant de Bordeaux, qui par arrêt du 20 juillet 1703 renvoyait les parties au conseil du roi (1).

Ce fut encore partie perdue pour les consuls d'Astaffort, mais ce ne fut pas la dernière et le règne de Jacques de Fimarcon finit à leur égard comme l'avait fait celui de son prédécesseur. Le 21 juillet et le 17 octobre 1729, le procureur juridictionnel du marquisat devait adresser des protestations aux consuls toujours relativement au greffe de la justice dans leur ville (2). L'année suivante, 20 Décembre, une ordonnance de M. de Boucher enjoignait aux successeurs de ces mêmes consuls de remettre le registre des délibérations au sieur Azam, secrétaire de la ville. En même temps, elle ordonnait au dit sieur Azam d'en délivrer des extraits à M. de Fimarcon (3). L'inventaire de Me Pélauque se termine à cette date. On ne peut douter que si cet homme de loi l'avait dressé à la veille de la Révolution, nous y aurions trouvé jusqu'alors les mêmes contestations toujours reconnaissantes.

A son tour, la communauté de La Romieu contestait à Jacques de Cassagnet son droit d'intervenir dans les élections consulaires. Le 1er août 1710, le marquis de Fimarcon recevait à ce

---

(1) Inventaire des archives de Lagarde lett. 36 F, 40 F.
(2) *Ibidem*, lett. 40 V. — (3) *Ibidem*, lett. 40 P.

sujet un avis de M. de Caussade avocat au parlement de Toulouse (1). Le 20 octobre de la même année, M. de Lamoignon gouverneur du Languedoc rendait une ordonnance à ce propos (2).

La communauté dut se rendre et le 4 novembre de cette même année, une signification de la jurade de La Romieu relative à l'élection consulaire de cette ville portait que la liste serait présentée à M. de Fimarcon pour faire le choix des consuls (3).

Entre temps, Philiberte de Polastron et ses enfants amenaient les magistrats de Toulouse à intervenir d'une manière moins favorable dans les affaires de Jacques de Cassagnet. Les archives de Lagarde nous offrent, sous la date du 15 Septembre 1713, un arrêt rendu à Toulouse par les commissaires nommés par le roi, d'entre M. le marquis de Fimarcon, Mme de Polastron et autres (4). C'est à la suite de cet arrêt que Jacques dut vendre la seigneurie d'Aurenques.

M. de Fimarcon dépensait ses revenus, déjà diminués par tous ces procès, en des entreprises grandioses qui lui faisaient contracter de nouvelles dettes. C'est ainsi qu'il entreprit, sur des proportions très vastes, la reconstruction du château de Lagarde ruiné quelque temps auparavant par un incendie. On dut démolir, pour en jetter les fondements, une partie des anciens murs du village. Mais la mort le surprit avant qu'il eut pu mettre la dernière main à son œuvre que le vandalisme révolutionnaire a complètement détruite.

Jacques de Cassagnet mourut à son hôtel de Lectoure le 15 mars 1730 (5). Son corps fut transporté le surlendemain à La Romieu et inhumé dans l'Eglise collégiale de St-Pierre, au tombeau de ces ancêtres (6). Les trois enfants qu'il avait eu de Madeleine de Baschi-d'Aubaïs étaient morts en bas âge.

---

(1) *Ibidem*, lett. 37 A.

(2) *Ibidem*, lett. 36 N. — (3) Inventaire des archives de Lagarde lett. 37 B.

(4) *Ibidem*, lett. 18 V.

(5) Cet hôtel est situé : Place du Saint-Esprit dans la paroisse Saint-Jean.

(6) Registre de catholicité de la paroisse de La Romieu.

V

EYMERIC. ONZIÈME MARQUIS DE FIMARCON (1730-1760)

Avant sa mort, le marquis Jacques de Fimarcon avait institué son épouse Madeleine de Baschi, son héritière universelle. Si nous cherchions à pénétrer les intentions de Jacques, nous pourrions conclure, avec quelque probabilité, qu'il redoutait pour l'avenir des marquis de Fimarcon le caractère bien connu d'Eymeric. Les évènements viendront bientôt prouver qu'il n'avait pas tort. Quoi qu'il en soit, dès que les dépouilles mortelles de son mari furent confiées à la terre, Madeleine fit des tentatives pour se mettre en possesion du marquisat et de ses dépendances; mais son beau-frère dont nous venons d'écrire le nom, le dernier des enfants mâles de Jean-Jacques de Cassagnet et de Philiberte de Polastron de la Hillière, lui opposa les substitutions perpétuelles faites par Marguerite d'Ornézan et Paul-Antoine de Cassagnet ainsi que le testament de son propre père. Madeleine dut reconnaître bien fondées les prétentions d'Eymeric, mais, en renonçant à tout droit sur le marquisat de Fimarcon et sur les terres de Seysses et d'Auradé, elle réclama comme héritière de Jacques de Cassagnet en tous les biens qui ne tombaient pas sous la substitution, la somme énorme de 475.068 livres, 19 sols (1). Cependant, des amis communs s'interposèrent et Madeleine, cédant à leurs instances, voulut bien, par amitié pour son beau-frère, réduire ses prétentions à 290.000 livres.

Il fut convenu que cette somme serait payée dans quatre ans, mais, jusqu'au paiement définitif, Madeleine gardait comme garantie le marquisat et ses dépendances. Ainsi fut-il conclu le 16 mars 1730. Le même jour, la dame douairière de Fimarcon, par un nouvel accord, donnait à Eymeric de Cassagnet le droit d'administrer le marquisat et ses dépendances pendant quatre ans et d'en percevoir pendant le même temps les revenus à condition de payer fidèlement les intérêts de 290.000 livres.

Malgré ces charges énormes, malgré celles qui lui demeuraient encore de Jean-Jacques son père obligé de passer, le 14

____

(1) Voir aux appendices XII.

juillet 1696, un acte d'attermoiement avec ses créanciers, malgré ce que devaient lui réclamer la marquise d'Esclignac, la comtesse de Miran, les héritiers de la comtesse de Narbonne et la comtesse de Goas, Eymeric aurait pu, avec de l'ordre et l'économie, tenir tête à ses affaires et conserver quelques restes de sa fortune.

Nous lui devons cette justice qu'il fut un brillant officier. Successivement Mousquetaire en 1717, capitaine au régiment de cavalerie de Bourbon le 5 mai 1718, colonel-lieutenant du régiment d'Infanterie de Bourbon par commission du 6 mars 1719, il commanda ce régiment au camp de la Saône du 27 août au 26 septembre 1727. A l'armée d'Italie de 1733 à 1736, il prit part aux sièges de Gerra-d'Adda, de Pézzighitone, du château de Milan, en 1733 ; de Novarre et du fort d'Arrona en 1734 et fut envoyé porter au roi la nouvelle de la prise de cette place. Retourné à l'armée, Aymeri de Cassagnet défendit, le 4 juin, Colorno que les ennemis ne purent forcer, puis combattit à la bataille de Parme où il eut l'épaule traversée par une balle.

Brigadier par brevet du 1er août de cette même année, il se battait à Guastalla au mois de septembre, se distinguait par sa bravoure et ses talents militaires, à la prise du château de Gonzague, à celles de Reggiolo et de Reveré et rentrait en France au mois d'août 1736.

Maréchal de camp par brevet du 1er janvier 1740, il se démit du régiment de Bourbon.

Employé à l'armée de Flandre par lettres du 1er janvier il servit au siège et à la prise de la ville et château de Namur, combattit à Reaucoux et fut employé pendant l'hiver à Mons par lettres du 1er décembre.

Renvoyé sur les champs de bataille par lettres royales du 1er mai 1767, Aymeric de Cassagnet, marquis de Fimarcon se battit à Laufeld le 2 juillet et commanda pendant l'hiver dans Axel par lettres du 1er novembre.

Lieutenant général des armées du roi par pouvoir du 1er janvier 1748, employé à l'armée de Flandre par lettres du 5 avril, il servit encore au siège de Maëstricht (1).

Mais ce vaillant homme de guerre ternissait ses qualités par de bien malheureux défauts. Son goût pour les plaisirs était excessif, son train de vie somptueux. Le récit de ses prodigalités et de ses folles dépenses remplissait trop souvent les gazettes de l'époque.

Aussi fut-il loin de pouvoir, au terme échu, payer ce qu'il devait à Madeleine de Baschi. Au moment de ce terme, 1735, il n'était déjà plus en état de faire face aux réclamations de ses créanciers personnels qui, de l'autorité du chatelet de Paris, firent des saisies dans les mains des fermiers de toutes ses terres. Madeleine était morte deux ans auparavant, le 18 mars 1733, après avoir établi son héritier universel Charles de Baschi, marquis d'Aubais son frère. Celui-ci, informé des saisies faites par les créanciers personnels, révoqua l'acte qui donnait au marquis de Fimarcon la régie de ses biens, exerça lui-même des poursuites et obtint des saisies par arrêt du 18 février 1739.

Le 7 juillet 1740, le parlement de Paris rendit, entre le marquis d'Aubais, les créanciers réunis et le marquis de Fimarcon un arrêt qui ordonnait : 1° que la transaction passée en 1730 entre le marquis de Fimarcon et Madeleine de Baschi fut exécutée suivant sa forme et teneur ; 2° que le marquis d'Aubais en sa qualité d'héritier de sa sœur, continuerait à percevoir le revenu des terres désignées dans la transaction jusqu'à ce qu'il fut entièrement payé de sa créance de 290.000 livres en capital et en intérêts ; 3° que dans six mois, le marquis d'Aubais rendrait compte devant Me Langlois, conseiller au parlement, des sommes que sa sœur et lui auraient touchées en déduction de leur créance, soit des mains du marquis de Fimarcon, soit de celles des fermiers.

En exécution de cet arrêt, le marquis d'Aubais rendit au marquis de Fimarcon et à ses créanciers divers comptes, le 18 septembre 1740 et le 4 juin 1755. Il y détaillait le produit de toutes les terres et les jouissances qu'il avait perçues pendant tout ce temps. A la dernière de ces dates, une transaction fut passée par laquelle le marquis d'Aubais remit aux créanciers les biens dont il avait la jouissance et ceux-ci, à leur tour, lui firent délégation pour le reste de ses créances. qui, toute déduction faite, se trouvèrent réduites à la somme de 64.741 livres 3 sols 6 deniers. Cette somme lui fut payée peu à peu.

En même temps qu'avaient lieu les contestations et les arrangements dont nous venons de parler, des revendications étaient faites par Louise de Fimarcon, fille aînée de Jean-Jacques, et par le fils aîné de cette dame, Jean-Henri, marquis d'Esclignac. A la mort de Jacques son père, Louise, dans une requête au sénéchal de Toulouse, exposa que le testament de feu le marquis de Fimarcon était nul. En conséquence, la succession lui appartenait ,d'ailleurs, il lui était dû sur l'hérédité 6.300 livres et en vertu du contrat de mariage de son père et de sa mère en date du 24 octobre 1655, 180.000 livres sur les biens de la maison des Fimarcon. Pour sûreté de ces différentes prétentions, elle demanda la permission de saisir les fruits, tant des terres de Seysses et d'Auradé que des autres biens sujets à ses droits, et elle obtint ce qu'elle demandait.

A son tour, la comtesse de Miran, autre sœur d'Eymeric, vint faire ses réclamations. Elle demandait qu'il fut procédé par autorité du parlement de Toulouse, au partage des terres et des autres biens de la succession, ou à la recomposition du patrimoine de son père et de sa mère qu'ordonnait un jugement souverain du 13 septembre 1713 rendu par des commissaires royaux, et au paiement de sa légitime d'après le résultat de cette recomposition..

Une troisième sœur d'Eymeric, la comtesse de Goas, fit, elle aussi valoir des prétentions, et, craignant que les arrêts du parlement ne fussent pas en sa faveur, elle entreprit de se payer en partie de ses propres mains. Elle s'empara de tout ce qu'elle put prendre au château de Lagarde, entre autres choses des chambranles de marbre et des placards des fenêtres prêts à poser, prit aussi les ornements et les vases sacrés de la chapelle seigneuriale et fit emporter le tout dans son château de Lamothe-Goas. Elle jouit pendant plusieurs années de la terre de Caussens affermée 1.900 livres et reçut à plusieurs reprises d'Eymeric de Fimarcon, son frère, des sommes considérables.

Cependant, la marquise d'Esclignac et la comtesse de Miran s'étant unies pour mener à bonne fin leur entreprise, firent assigner au parlement de Toulouse Eymeric et la veuve de Jacques de Fimarcon ; mais, sur ces entrefaites, Madame d'Esclignac mourut dans son château de Castillon-sur-Save, le 8 janvier 1731. Elle avait institué son héritier universel

Jean-Henri de Marestaing d'Esclignac, son fils aîné, et fait
à ses autres enfants, divers legs payables lorsque son héritier serait entré en jouissance des droits qu'elle lui léguait
sur les biens de feu M. le marquis de Fimarcon. Mais le marquis d'Esclignac ne persista pas dans toutes les prétentions
de sa mère et se contenta de réclamer 180.000 livres promises
à la fille aînée du premier lit dans le contrat de mariage entre Jean-Jacques de Cassagnet et Angélique de Roquelaure.

Le parlement de Toulouse rendit plusieurs arrêts, qui furent tous cassés, et le roi, par un arrêt du 9 septembre 1754,
rendu en son Conseil Privé, attribua au parlement de Bordeaux la connaissance des demandes formulées par le marquis d'Esclignac, la dâme de Miran et le comte de Narbonne.
Cet arrêt décidait que pour être fait droit, sur la demande du
marquis d'Esclignac au paiement de la somme de 180.000 livres portées au contrat de mariage de Jean-Jacques de Fimarcon avec Angélique de Roquelaure, sur celle de la dâme de
Miran au paiement de ses droits légitimes, sur celle du sieur
de Narbonne du 24 octobre 1742 et sur toutes les contestations
nées ou à naître entre les parties au sujet de la succession de
Jean-Jacques de Fimarcon et d'Angélique de Roquelaure,
« Sa Majesté les renvoyait avec toutes les circonstances et
dépendances au parlement de Bordeaux auquel Elle attribuait
toute cour, juridiction et connaissance, pour être jugées conjointement ou séparément ».

En vertu de cette attribution, le parlement de Bordeaux,
par arrêt du 13 juin 1757, ordonna qu'il fut payé au marquis
d'Esclignac, sur les biens délaissés par Jean-Jacques de Fimarcon, la somme de 180.000 livres avec tous les intérêts cou-
rus ou à courir depuis le jour de la demande jusqu'au paiement effectif.

A cette époque, le marquis de Fimarcon n'était plus, même
légalement, en possession de ses biens. Le chiffre énorme et
la multiplicité de ses dettes l'avaient obligé de faire, par acte
du 17 juin 1744, passé devant Me Platrier notaire au chatelet,
abandon de tout ce qu'il possédait entre les mains de ses
créanciers. Au nombre de ces derniers étaient : Le duc de
Villeroi, Joseph Paris-Duverney, secrétaire du roi, seigneur
de Plaisance, Chartreuse, Deuvrade, Mont-St-Père, Préaux,
Seyssel et autres places ; Jean-Paris de Marmontel, frère de
ce dernier, conseiller d'état et garde du trésor. C'étaient en-

suite des bourgeois de Paris et des fournisseurs auxquels Eymeric devait plus de deux cent mille livres.

Les créanciers acceptèrent l'abandon des biens fait par M. de Fimarcon, s'unirent pour ne former qu'un corps de direction et chargèrent un syndict d'administrer le marquisat. Le 30 juillet de la même année, un arrêt du roi de France assisté de son conseil évoquait toutes les causes « nées ou à naître entre le marquis de Fimarcon et ses créanciers personnels en quelques tribunaux qu'elles eussent été ou dussent être portées, ensemble celles concernant l'homologation et exécution du contrat d'union du 13 juin 1744, même les saisies réelles des biens du sieur de Fimarcon et les renvoyait avec leurs circonstances et dépendances par devant les commissaires nommés en cet arrêt, pour être par eux instruits et jugés en dernier ressort, leur donnant, Sa Majesté, pouvoir de procéder, à la poursuite et diligence des syndics et directeurs, à la liquidation des dettes du dit sieur de Fimarcon, à la vente de totalité ou partie des biens par lui abandonnés ou de l'usufruit de ceux des dits biens qui se trouvent substitués. Sa Majesté leur attribuant à l'effet de tout ce que dessus, toute cour, juridiction et connaissance ».

L'épouse du marquis de Fimarcon, Elisabeth, fille de Robert du Haillet, originaire de la Martinique, dont Eymeric reçut la main le 17 septembre 1730, lui avait apporté une dot de 500.000 livres ; mais elle n'attendit pas le dernier moment pour demander séparation de biens. Elle l'obtint en 1739 du parlement de Paris qui, par un premier arrêt, lui accorda 20.000 livres de provision.

Mais le marquis d'Aubaïs fit opposition à ce décret. Ce fut l'origine d'un procès entre la marquise de Fimarcon et lui. Elisabeth du Haillet demanda la restitution de sa dot ou qu'on l'envoyât en possession des terres de Seysses et d'Auradé. Elle fit oppoition à l'arrêt du 7 juillet 1740 qui avait accordé au marquis d'Aubaïs la jouissance des biens compris dans la transaction du 16 novembre 1791, passée entre la sœur de ce dernier et le marquis de Fimarcon.

Le 26 janvier, un arrêt contradictoire du Parlement de Paris appointait les parties et réduisait la provision d'Elisabeth du Haillet à la somme de 6.000 livres. Il ordonnait contradictoirement avec les créanciers de son mari. « que sans préjudice des droits respectifs, elle serait payée de cette somme annuellement par privilège et préférence de quartier en quartier jusqu'au jugement définitif sur les revenus des terres de Seysses et d'Auradé ». La marquise de Fimarcon mourut en 1755 avant que le jugement définitif eut été rendu.

L'époux d'Elisabeth du Haillet, en faisant cession de ses biens, avait eu pour but de recouvrer sa liberté, car, à l'époque où il consentit cet acte, il était depuis deux ans écroué pour dettes dans les prisons de Fort-l'Evêque. Sur sa demande, ses créanciers consentirent à sa mise en liberté et lui accordèrent une pension alimentaire de 4.000 livres, qu'ils devaient porter à 6.000 lorsque le marquis d'Aubaïs serait entièrement payé (1).

En face de cette fin misérable du dernier des Cassagnet Fimarcon, ce nous est une consolation d'avoir pu dire ses mérites et son talent comme officier de l'armée française, et pour mieux faire voir l'estime qu'en avaient ses chefs, on nous permettra de remarquer ici qu'il reçut le brevet de lieutenant général en 1748 après avoir consommé la délapidation de sa fortune.

Cependant, Eymeric, probablement peu favorisé par la marquise de Pompadour dont c'était alors le règne, ne put obtenir une pension militaire, et ses créanciers, qui avaient spéculé là-dessus pour réduire sa rente alimentaire durent la maintenir à 6.000 livres. Ils la lui payèrent jusqu'à sa mort qui arrive le neuvième jour d'avril 1760.

Nos lecteurs ont déjà tiré la conclusion de cette étude historique relativement à la conduite de nos aïeux en face de la féodalité. Les habitants des campagnes se soumirent sans peine au pouvoir des seigneurs, plus humains d'ailleurs et plus doux que ne les représentent d'habitude des historiens de nos jours. L'étude générale de l'inventaire de M⁰ Pélauque dont nous n'avons mis aux pièces justificatives que celles relatives au gouvernement des seigneurs de Fimarcon et à leurs affaires propres, nous ont donné la preuve de leur part, d'une administration vraiment paternelle et nous avons trouvé chez leurs vassaux et sujets, non seulement une grande somme de liberté, mais encore le droit de propriété absolu, moyennant quelques redevances légères. Ils savaient d'ailleurs, défendre ce droit avec vigueur et d'une manière presque toujours victorieuse

---

(1) Tout ce que nous avons dit de la ruine d'Eymeric de Cassagnet et des procès dont elle fut l'occasion est extrait du rapport de l'abbé Boyer en faveur du vicomte d'Esclignac.

devant les parlements, contre une autorité seigneuriale devenue parfois trop envahissante.

Mais cet état de lutte n'était pas ordinaire. Les comptes rédigés en langue vulgaire aux premières années du XVIe siècle, par Guilhem de Guillamère, intendant du domaine de Castelnau, que nous possédons dans nos archives personnelles, nous ont fait voir entre la chaumière et le château des relations d'une touchante intimité ; de ces fêtes de famille auxquelles prenait part toute une population, telles que nous nous souvenons les avoir vus au temps de notre enfance, dans les relations de nos bonnes familles bourgeoises, avec les habitants des villages ou des campagnes où elles faisaient leur résidence.

Elle fut donc complète et facile la soumission des campagnes au pouvoir de la féodalité mais les petites villes comme Astaffort et La Romieu ne subirent pas aussi facilement le joug et ceci est encore un des caractères généraux de notre histoire nationale. L'affranchissement des communes et l'organisation de l'existence municipale avaient amené chez les populations de ces cités minuscules un vie de l'esprit plus intense et un plus grand amour de la liberté ; aussi cherchaient-elles tous les moyens de se soustraire à la suzeraineté féodale. Les sentences des parlements presque toujours favorables au pouvoir seigneurial ne parvenaient pas à faire cesser ces luttes toujours renaissantes.

Les petites cités appelaient à leur aide tantôt les corps constitués du clergé, tantôt les rivalités de la noblesse. C'est ainsi que nous avons vu Astaffort et La Romieu s'appuyer cette dernière tour à tour sur les revendications de son chapitre contre leur commun seigneur, et sur les caprices de la reine Marguerite pour faire échec à l'autorité des Fimarcon. Astaffort appela à son secours, un instant le chapitre obituaire d'Aurillac, ensuite avec persévérance, l'ambition rivale des seigneurs de St-Félix et surtout les prétentions de M. d'Aussargues qui joignait à ce titre seigneurial. le crédit et l'autorité de magistrat distingué du parlement de Toulouse. Nos lecteurs, qui ont suivi ces luttes avec intérêt, partageront aussi notre tristesse en voyant si mal finir la maison illustre des Cassagnet Tilladet Caussens, marquis de Fimarcon.

LIVRE IV

Maison de Preissac d'Esclignac

Armes : d'argent au lion de gueules, armé, lampané et couronné d'or.

Un procès sous l'ancien régime.

I

QUELQUES PERSONNAGES DE LA MAISON DE PREISSAC

La maison de Preissac fut une des plus illustres du midi de
la France. Elle descendait en ligne directe des comtes de Fezensac qui eux-mêmes remontaient aux ducs héréditaires de
Gascogne et la souche de ces derniers fut, dit-on, Charibert, roi
de Toulouse et d'Aquitaine, second fils de Clotaire II (1).

L'héritière du dernier vicomte de Lomagne, Régine de Goth,
dans son testament, substitue en première ligne au comte
d'Armagnac, son époux, à défaut d'enfants issus d'un second
mariage de ce dernier, son propre cousin Bernard de Preissac. Mais le premier membre de cette famille qui nous intéresse particulièrement est Bertrand, deuxième du nom, chevalier, noble et puissant baron d'Esclinac, seigneur de Blanquet, Garac, Marac, Lartigue, Cadeillan, Bivès, Larcau, Laffitau, Montagnes de Comminges et surnommé le grand Baron.
Il avait épousé Claire ou Clarette du Boutet, fille de l'avant-der-
nier seigneur de Caussens de cette maison. Bertrand, mort le
12 octobre 1527, à l'âge de trente et un ans, était, malgré sa
jeunesse, un illustre personnage. Il fut le conseil et le bras
droit du maréchal de Lautrec. Bertrand de Preissac se prépa-
rait, lorsque la mort le surprit, à descendre en Italie avec cet
homme de guerre, et peut-être eût-il, par ses bons avis, évité
au maréchal cette série de désastres qui détruisirent son armée,
et le firent lui-même mourir de douleur devant Naples. Du
mariage de Bertrand avec Claire du Boutet étaient nés quatre
enfants: Friz, Jeanne, Alix et Anne. Il institua Friz son héritier
universel et fit des legs à chacune de ses filles. Jeanne, l'aînée,

---

(1) Archives du Grand Séminaire d'Auch.

fut mariée à Bertrand de Sédillac, seigneur de St-Léonard ; Alix devint, par son mariage, dame de St-Paul, près Bagnères de Luchon ; enfin, Anne épousa Hérard de Grosselles, seigneur de St-Martin de Las Oumettes (2).

Friz de Preissac, chevalier, baron d'Esclignac et d'Encausse, seigneur de Blanquet, était encore mineur à la mort de son père On lui donna, pour tuteur ainsi qu'à ses sœurs, mineures aussi, Bernard de Preissac, prévôt de l'Eglise de Lombez, Bertrand de Preissac, chanoine de cette même Eglise et Jean de Preissac, seigneur de Marac. Le 15 juin 1533, les tuteurs, usant de leurs droits, vendirent sous réserve de rachat, la terre et seigneurie de Blanquet à Bertrand de Sédillac, seigneur de St-Léonard et mari de Jeanne de Preissac. Il devait en jouir jusqu'à ce que Friz eut fini de payer à sa sœur la dot que ses tuteurs lui avaient constitué par contrat de mariage. Cette dot fut intégralement payée six ans plus tard, le 30 juin 1539. Bertrand et son épouse en donnèrent quittance à Friz qui reprit possession de la terre de Blanquet.

En même temps qu'il héritait de son père, Friz héritait aussi de son grand oncle François du Boutet pour le château de la terre de Caussens. Par les dispositions testamentaires de François, « noble damayselle Clarette de Caussens » en était établie « héritière et légitime administratesse » pendant la minorité de son fils en même temps qu'elle en serait « maistresse et usufructière » sa vie durant.

Friz de Preissac épousa, le 7 décembre 1560, Catherine de Léaumont, fille de Jean Charles de Léaumont chevalier, seigneur de Puygaillard et d'Anne de Nogaret. Elle était sœur de Jean Eymeric de Léaumont marquis de Puygaillard, maréchal de camp, chevalier des ordres du roi, gouverneur de la province d'Anjou, capitaine de cinquante hommes d'armes des ordonnances du roi.

Cependant, Claire du Boutel, devenue veuve de Bertrand de Preissac le 12 septembre 1527, avait épousé en secondes noces noble Bernard d'Antras. A la mort d'Odet du Boutet, se fondant sur la cession du droit de haute justice en Caussens fait par le roi François 1er à son beau-père, pour indemniser ce dernier de la rançon du général vénitien Barthélémy d'Alviano, qu'il avait

---

(2) Saint-Martin de las Oumettes est aujourd'hui une annexe de la paroisse de Mauroux dans le canton de Sain-Clar.

fait prisonnier sur le champ de bataille d'Agnadel et renvoyé ensuite libre sans en rien recevoir pour prix de sa liberté, le nouvel époux de Claire, essaya d'enlever à l'évêque de Condom les droits que le paréage de 1286 lui assurait en cette paroisse. L'évêque, Hérard de Grossoles et les consuls de Condom, voulant défendre leurs droits respectifs, se pourvurent contre Bernard devant le parlement de Bordeaux.

Un arrêt fut porté, le 20 décembre 1537. Il ordonnait « que le dit d'Antras, ensemble M. le procureur général, feraient apparroir que la juridiction n'est comprise dans le paréage, et le dict sieur évesque et le syndic des consuls, feraient la preuve du contraire, si bon leur semblait » En attendant, la cour faisait « inhibition et défense au dict d'Antras de troubler les sieurs évesques et consuls dans l'exercice de la justice et juridiction de Caussens ». Bernard d'Antras s'abstint de toute poursuite nouvelle, et les choses en demeurèrent là quelque temps.

Friz de Preissac mourut en 1549 laissant quatre enfants : Alexandre, Jean, qui mourut encore mineur l'an 1550, Bertrand, Anne, mariée à Jean de Gramont, seigneur de Montestruc et de Lupiac.

Suivont les dispositions testamentaires de François du Boulet, ce fut à Bertrand de Preissac que durent revenir le château et la terre de Caussens. Bertrand est qualifié dans les actes de l'époque de haut et puissant Seigneur. Il servit sous les rois Charles IX, Henri III et Henri IV, fut capitaine d'une compagnie des gardes du roi et gouverneur du château, ville et passage du Pont de Cé en Anjou. Jean Eymeric de Leaumont, son oncle, lui avait donné par testament du 8 septembre 1584, la baronnie de Blon et la terre de Mores situées en Anjou. Il en jouissait encore, lorsqu'il mourut à Nantes, sans tester et sans avoir été marié. La succession d'Eymeric de Léaumont, lui avait donné un procès à soutenir contre Bertrand de Maillé-Brézé, chevalier des ordres du roi, capitaine de ses gardes, et contre Simon de Maillé-Brézé, archevêque de Tours. Ces deux seigneurs étaient les héritiers de Marie de Maillé-Brézé, leur sœur, épouse de M. de Léaumont. Le procès se termina par une transaction le 15 février 1588.

Après la mort de Bertrand, Alexandre de Preissac, son frère aîné, crut pouvoir sans encombre, ajouter à l'héritage paternel qu'il possédait comme chef de nom et d'armes de la

maison, le château et la terre de Caussens ; ce que nous avons
dit en parlant des premiers temps de la maison de Cassagnet
nous prouve qu'il fut déçu dans son espoir. Cependant, il
ajoute dès lors à ses titres celui de seigneur de Caussens et
c'est sous le nom d'Alexandre de Caussens qu'on le trouve
quelquefois désigné. Alexandre de Preissac était né l'an 1541.

Il épousa, le 2 juin 1573, Philiberte, fille de noble François
de Savaillan seigneur de Boissède, et de Marie de Grossolles.
Elle appartenait à une des plus anciennes maisons de Guienne
et sa sœur, Françoise de Savaillan, avait épousé Pierre de Sédillac, seigneur de St-Léonard. Alexandre eut de ce mariage
plusieurs enfants dont l'aîné, Giles de Preissac, lui succéda
dans la plupart de ses titres, et de ses terres. A cette époque, le roi de France, Henri IV, n'avait pas encore abjuré la
religion protestante. Alexandre de Preissac, fervant catholique et guerrier plein de courage, ne se laissa pas intimider
par la victoire d'Arques qu'Henri venait de remporter et refusa de livrer aux troupes de ce prince la place qu'il commandait. Il ne céda qu'après de longues négociations et dans
l'espoir que le roi ne tarderait pas à rentrer dans le giron de
l'Eglise. Henri IV, donna le gouvernement de Pont-de-Cé au
frère d'Alexandre, Bertrand de Preissac dont nous venons de
raconter l'histoire.

Nous avons dit, dans la notice généalogique de la maison
de Cassagnet avant son accession au marquisat de Fimarcon
comment le fils du capitaine Tilladet devint, par transaction
avec Alexandre de Preissac, seigneur de Caussens. Cependant,
Alexandre conserva le droit de patronnage sur l'Eglise St-
Martin de Caussens et ce ne fut que le 20 ou le 22 février 1608
qu'il en fit donation à Bernard de Cassagnet.

Alexandre de Preissac mourut en 1628, à l'âge de quatre
vingt sept ans. Son arrière petit-fils, Jean Eymeric de Marestaing, marquis d'Eslignac, épousa le 29 octobre 1685, Louise, fille de Jean-Jacques de Cassagnet et d'Angélique de Roquelaure et fit, par suite de cette union, entrer dans les biens
de la famille, la seigneurie de Caussens unie au marquisat de
Fimarcon.

II

HENRI, MARQUIS D'ESCLIGNAC, DOUZIÈME MARQUIS DE FIMARCON
(1760-1771)

Le marquis de Fimarcon était mort sans postérité. Huit jours après son décès, Jeanne-Marie de Cassagnet, comtesse de Goas, se prétendant seule héritière légitime, comme sœur germaine d'Eymeric, voulut prendre possession des divers châteaux et des terres du marquisat. C'est à Caussens que se présenta d'abord le fondé de pouvoir de la comtesse, Me André Mondin, avocat en parlement, conseiller procureur du roi en la gruerie des eaux et forêts de Fleurance et habitant de Condom, escorté par Me Pélauque, notaire royal au dit Condom, conseiller du roi et secrétaire de la ville. Il somma le fermier Jean Lasmolles, de lui livrer les clefs ; celui-ci obéit et laissa tranquillement s'accomplir la cérémonie de prise de possession. Le fondé de pouvoir put, à son gré, visiter les diverses chambres, constater l'état des meubles et compter les poutres cassées, faire sortir le fermier du château et l'y faire rentrer ensuite au nom de celle qui s'en prétendait la nouvelle maîtresse ; Lasmolles laissa tout passer jusque là, fit tout ce que l'on voulut, mais lorsque Me Mondin en vint à lui signifier qu'il paierait désormais ses échéances à la douairière de Goas, Lasmolles déclara qu'il n'en ferait rien. Le marquis d'Esclignac, créancier d'Eymeric de Fimarcon avait fait opposition à ce paiement, le même et d'autres créanciers avaient obtenu, avant la mort de feu M. le Marquis, des arrêts du parlement de Bordeaux et le fermier de Caussens ne pouvait qu'obéir à l'autorité judiciaire (1).

Les délégués de Jeanne-Marie de Cassagnet passèrent outre et prirent possession des métairies, des moulins et des bois. On avait commencé l'opération le 17 mai 1760 à cinq heures du matin : la comtesse de Goas était pressée. Le même jour, à deux heures de relevé, selon l'expression de Me Pélauque, le fondé de pouvoir et son notaire se transportèrent au château de Lagarde. Ils ordonnèrent à la concierge, dame Françoise Dugarcin, de leur en ouvrir les portes ; celle-ci ne put obéir, les clefs n'étaient plus entre ses mains,

____

(1) Inventaire de Me Pélauque. Prise de possession du château de Caussen

elles étaient en la possession du notaire royal de Lagarde, M°
Labat. D'ailleurs, ajoutait-elle, il n'était point possible de procéder à un inventaire quelconque, car le juge du marquisat
de Fimarcon, sur la réquisition de M° Lépis, procureur juridictionnel du même marquisat, on avait apposé les scellés. M°
Lépis, mandé, déclara n'avoir agi de la sorte que pour conserver les titres et les papiers contenus dans les archives et
ne point s'opposer à la rupture des scellés ; à quoi M° Mondin répliqua que la permission devenait inutile si l'on n'a-
vait point de clefs pour arriver jusqu'à l'endroit où les scellés étaient posés. On chercha donc le notaire Labat ; il était
absent, et ses préposés, qui n'avaient point reçu d'ordre, refusèrent d'obéir en son absence. Force fut alors au fondé de pouvoir de se retirer et il ne peut prendre possesion d'aucun autre
château du marquisat, parce que des autres, comme celui de
Lagarde, M° Labat avait les clefs. L'avocat Mondin dut reprendre le chemin de Condom, mais ce ne fut pas sans avoir déclaré que la dame de Goas allait se pourvoir en justice contre la
résistance du notaire royal de Lagarde-Fimarcon (1).

Cependant, les prétentions de la comtesse de Goas n'étaient
pas fondées. Le contrat de mariage entre Jean-Jacques de Cassagnet et Angélique de Roquelaure déclarait formellement,
que dans le cas où tous les enfants mâles décéderaient sans
laisser d'héritier, la fille aînée du premier lit, ou, après son
décès, les enfants mâles issus d'elle, deviendraient les possesseurs du marquisat et de ses dépendances. Par conséquent,
le titre et les droits de marquis de Fimarcon appartenaient à
Jean-Henri de Preissac, marquis d'Esclignac, fils aîné de
Louise de Cassagnet et son légataire universel. Sur une requête présentée par lui le 14 mai 1760, le sénéchal de Bordeaux,
par une sentence du 11 juin suivant, déclara les substitutions
de Marguerite d'Ornézan et de Paul-Antoine de Cassagnet ou-
vertes en sa faveur.

Henri de Preissac était marquis d'Esclignac, baron de Marestaing, d'Encausse, Larée, de Blanquet, seigneur de Cadeillan, Larcau, Laffitau, Corneillan, Casteljaloux, Garac, Marac,
Lartigue, Montclair, St-Aubin, Laterrade, Cautéran, etc. A
tous ces titres il ajouta celui de marquis de Fimarcon. Nous
le trouvons ainsi qualifié dans un inventaire du château de

---

(1) *Ibidem.* Prise de possession du château de Lagarde.

Lagarde, où, avec M⁰ Mondin fondé de pouvoir de la comtesse de Goas, parut au nom de haut et puissant seigneur Messire Jean-Henri de Preissac, Marestaing d'Ornézan Lomagne Narbonne, seigneur de Seysses, Bragayrac, La Romieu, etc. comte d'Astaffort et autres places, baron de Marestaing et Auradé, marquis de Fimarcon et d'Esclignac, M⁰ Balthazar Garipuy, prêtre, docteur en théologie, curé de la paroisse de Terraube. Cet inventaire fut commencé le 25 juin 1760 (1).

Le haut et puissant seigneur qui s'y trouve désigné, avait, dès sa première jeunesse, suivi la carrière des armes. Il s'y distingua par son intelligence et sa bravoure et parvint aux premiers grades de l'armée. D'abord officier aux dragons de Fimarcon dont le marquis de Tilladet, son oncle était colonnel, il devint aide de camp du marquis Jacques de Fimarcon aussi frère de sa mère et parvint jusqu'au grade de lieutenant-général. Il fut encore chevalier des ordres du roi, gouverneur de Montlouis et commandant en chef de la province de Roussillon (2).

Henri de Preissac était, comme on le voit digne de succéder aux hommes illustres des maisons de Lomagne de Narbonne et de Cassagnet. Cependant, lorsqu'il voulut se mettre en possession du marquisat et des substitutions de Seyssel d'Auradé, n'en exceptant que le château et la terre de La Hillière, propriétés légitimes de la comtesse de Goas comme héritière de sa mère Philiberte de Polastron, il rencontra l'opposition des créanciers d'Eymerie. Ceux-ci, prétendaient à la jouissance des biens substitués délaissés par le dernier des Cassagnet, jusqu'à l'entrée paiement des détractions qu'ils avaient à prendre, comme représentants des derniers grevés.

Par exploit du 26 août 1763. Henri de Preissac les assignait au parlement de Bordeaux; mais au lieu de se présenter à cette cour, les créanciers s'adressèrent au grand conseil. Ils en obtinrent un arrêt daté du 6 août 1764. qui leur accordait la jouissance des biens substitués jusqu'à la liquidation des sommes

---

(1) Inventaire de M⁰ Pélauque.

(2) Archives du château d'Esclignac. — M. le chef de service des archives administratives du Ministère de la Guerre nous écrit en date du 22 décembre 1904, qu'Henri de Preissac ne fut pas lieutenant-général. Peut-être les archives du château d'Esclignac ont-elles confondu ce grade d'officier général avec celui de lieutenant général pour le roi dans la province de Roussillon. que le marquis d'Esclignac et de Fimarcon promait porter sans cesse d'être simple maréchal de camp.

12

qu'ils réclamaient. Il leur était enjoint, en même temps, de procéder à cette liquidation dans un an devant le parlement de Bordeaux. En vertu de cette décision, ils se présentaient devant le parlement désigné, qui, dans un arrêt du 27 août 1766, confirma l'ouverture de la succession en faveur du marquis d'Esclignac, et régla les détractions réclamées par les créanciers à la somme de 260.000 ivres.

Cet arrêt ne terminait pas les contestations. Henri de Preissac, soutenait que les créanciers ne pouvaient exiger le montant de leur détraction, sans lui payer auparavant 270.00 livres, arriéré pendant trente ans des intérêts de 180.000 livres, que lui avait adjugées un arrêt de 1757. Ces intérêts étaient dus par le feu marquis de Fimarcon et par ses créanciers comme charge priviliégiée de leur jouissance, et le défaut de paiement n'avait pu les faire retomber sur les biens substitués. Le marquis d'Esclignac, on le voit, ne manquait pas de ressources et savait combattre devant les tribunaux comme sur les champs de bataille. Mais les créanciers, prétendaient, à leur tour, que le parlement de Bordeaux n'avait pas compétence pour juger cette contestation. Séance tenante, et dans le même décret, 27 août 1766, le parlement répondit en ordonnant que, sur le déclination proposé par les créanciers, les parties se pourvoiraient à son audience.

Un second arrêt rendu le 12 mars 1767 débouta les créanciers de leur déclinatoire.

Le 31 mars de la même année, une troisième arrêt déclara que les directeurs des créanciers ne pourraient faire aucune poursuite ni aucune demande pour le paiement des 260.000 livres, chiffre précédemment déterminé pour les détractions qui étaient dûes sur les biens substitués s'il ne payaient d'abord au marquis d'Esclignac les intérêts arriérés de 180.000 livres.

Les créanciers, se pourvurent en cassation contre les arrêts du 27 août 1766 et 31 mars 1767. Leur principal moyen était pris de l'incompétence supposée du parlement de Bordeaux. D'après eux, l'arrêt du grand conseil du 28 mars 1763 avait donné pouvoir à cette cour pour liquider les détractions, et non pour décider si les créanciers pouvaient en réclamer le paiement sur les biens substitués : la connaissance de cette question appartenait au Grand Conseil, et devait lui être envoyée. Pendant tout le cours de procès qui dura jusqu'en 1787, nous verrons les créanciers invoquer la juridiction du Grand conseil. Nous aurons le secret de cette procédure en nous souvenant que parmi eux se trouvaient le duc de Villeroy et deux des quatre frères Paris qui étaient au nombre des plus puissants financiers de cette époque. Cependant, le Conseil du roi n'eut aucun égard à la demande en cassation, et débouta les créanciers par arrêt du 14 mars 1768.

Tout ce qui concernait les distractions se trouvant ainsi jugé, le marquis d'Esclignac pria le Grand Conseil de l'envoyer en possession des biens substitués. Les créanciers s'y opposèrent encore, réclamant toujours leurs 260.000 livres. Ils voulaient que le Grand Conseil déclarâ nuls les arrêts du parlement de Bordeaux que le roi venait de confirmer. Pensant mieux réussir par ce moyen, ils appelèrent à leur secours le marquis d'Aubaïs qui se prétendait créancier de 64.000 livres, quoique par le compte de ses jouissances dont il éludait la cloture depuis vingt ans, il se trouvat débiteur d'une somme considérable.

Malgré les efforts des adversaires, le Grand Conseil refusa de statuer sur ce déclinatoire, et, sur les contestations relatives aux détractions, et, par arrêt du 27 août 1768, envoya le marquis d'Esclignac en possession des biens substitués puis, par un second arrêt du 23 juin 1769, il condamna les créanciers à restituer au marquis tous les revenus qu'ils avaient perçus des mêmes biens depuis l'ouverture de la substitution. Ce n'était là que le premier acte, mais en attendant le commencement du second, Henri de Preissac prit solennellement possession du marquisat et des baronnis de Seysses et d'Auradé (1).

Pendant ces débats, les créanciers et le marquis d'Esclignac s'entendaient cependant pour fair aux bâtiments du marquisat les réparations nécessaires. En 1764, Claude Forestier, syndic général des créanciers, envoyait l'ingénieur Jacques Prax pour faire les devis et l'estimation des réparations nécessaires aux châteaux, métairies, ponts, chaussées et autres dépendances du marquisat. L'ingénieur Prax vint, accompagné de deux experts désignés, l'un par Henri de Preissac, l'autre

---

(1) Tout ce que nous avons dit de ce procès et tout ce que nous en disons encore, ce que nous avons dit aussi des arrêts et des jugements rendus pendant la vie d'Eymeric de Fimarcon est pris dans un rapport fait au grand conseil pour le vicomte d'Esclignac, par l'abbé Boyer, maître des requêtes.

par la comtesse de Goas, et tous ensemble portèrent leur estimation , 10.112 livres.

Le 6 août de la même année, Desmoulins, bourgeois de Lectoure, entreprenait pour 11.100 livres les réparations de Caussens, Lagarde, Marsolan, Moulin de Lamothe, Mas de Fimarcon, La Romieu, Castelnau, Gazaupouy et Astaffort. Les travaux étaient terminés le 20 août 1765 (2).

Henri de Preissac avait épousé, le 25 novembre 1716, par contrat passé devant M{es} Maharon et Gourdo, notaire de Mauléon en Soule, Madeleine Marguerite, fille d'Armand-Jean, marquis de Moncins, issue des marquis de Montréal, en Espagne. A cette époque, Henri venait de servir pendant la guerre de succession d'Espagne sous son oncle Jacques de Fimarcon. Il dut probablement au renom acquis par sa bravoure et ses talents militaires une aussi brillante alliance, car son beau-père était un grand personnage ; il ajoutait à son titre de marquis de Moncins celui de comte de Trois-villes, et les charges de grand bailly de Navarre, et de gouverneur du pays du Soule, et du château de Mauléon. L'épouse d'Henri de Preissac, était, par sa mère, petite fille du maréchal de Gassion.

Henri ne vécut qu'une dizaine d'années avec Marguerite de Moncins. Dans le cours de l'année 1727, il épousait en secondes noces, Marie-Jeanne de Pélissier de Chavigny dont il n'eut pas d'enfants.

Trois étaient nés de son premier mariage, c'étaient : Charles Madeleine qui fut connu et désigné toute sa vie sous le nom de Vicomte d'Esclignac ; Françoise Madeleine qui devint, le 5 mars 1744, l'épouse d'Alexandre, Armand, comte de Gontaud-Biron et marquis de St-Blancard ; Jeanne Henriette, morte religieuse à Toulouse au couvent de St-Sernin dans l'année 1744.

Henri de Preissac émigra de ce monde dans le courant du mois de mars 1747.

III

CHARLES-MADELEINE DIT LE VICOMTE D'ESCLIGNAC
XIIIe MARQUIS DE FIMARCON (1771-1783)

Charles-Madeleine de Preissac, dit le vicomte d'Esclignac, fut d'abord cornette dans le régiment du comte de Peyre, son

---

(2) Archives départementales du Gers, E, 90.

oncle ; pourvu, en 1742, d'un brevet de guidon dans la gendar-
merie, il monta successivement dans ce corps aux grades d'enseigne, sous-lieutenant et capitaine-lieutenant d'une compagnie d'ordonnance de Sa Majesté sous le titre de Monseigneur
le duc de Berry. Charles franchit tous ces grades dans l'espace
de quatre ans, et, dans l'année 1746, il fut nommé mestre de
camp du régiment de son oncle, dans lequel il avait débuté.
Fait brigadier en 1757, il prit part, avec ce grade, à la guerre
d'Allemagne, et reçut deux coups de feu, le 1er août 1759, à la
bataille de Minden. Deux ans après, le 20 février 1761, Charles de Preissac recevait le brevet de maréchal des camps
et armés du roi. Là s'arrêta sa fortune militaire (1).

Comme il avait continué son père sur les champs de bataille, Charles-Madeleine le continua devant les tribunaux. Les
créanciers d'Eymeric de Cassagnet exécutèrent pendant quelque temps l'arrêt qu'avait rendu le grand conseil le 23 juin
1769; mais bientôt, ils se fatiguèrent de payer, et le vicomte
d'Esclignac dut les poursuivre dans une nouvelle instance. A
sa requête, le Grand Conseil rendit, le 20 août 1776, un arrêt
qui apura les comptes et fixa le reliquat à la somme de 128.574
livres, deux sols, dix deniers, que les créanciers furent condamnés à payer, ainsi que les intérêts, du jour de la demande.
L'arrêt ajoutait que le notaire sequestre de la direction, obligé
de payer comme dépositaire de justice, y serait contraint au
besoin par toutes les voies de droit.

Charles-Madeleine ayant fait signifier cet arrêt avec commandement aux créanciers et à leur sequestre, ce dernier répondit qu'il ne pouvait payer s'il ne recevait auparavant main-
levée d'une opposition faite par le marquis d'Aubaïs.

Le marquis refusa la main levée qu'on lui demandait, mais
le Grand Conseil la donna de sa propre autorité par arrêt du
4 septembre 1776, et ordonna, par ce même jugement, au notaire sequestre de rendre compte dans deux mois de ses
recettes et de ses dépenses.

Sur ces entrefaites, le marquis d'Aubaïs mourut dans le
cours de l'année 1777 et le marquis d'Yrre, son petit-fils et son
héritier, reconnut qu'il n'avait rien à prétendre contre le vicomte d'Esclignac, ni sur les biens substitués de la maison de
Fimarcon. Il se désista des oppositions formées entre les

____

(1) Archives du château d'Esclignac.

mains du sequestre et des autres prétentions de son aïeul ; mais, en même temps, il demanda d'être exonéré de toute reddition de comptes, ce que Charles-Madeleine accepté.

Le Grand Conseil, par arrêt du 26 août 1779, donna au vicomte d'Esclignac et au marquis d'Yrre acte de leurs conventions, et, reprenant ses conclusions du 26 janvier 1776, ordonna qu'il serait payé à Charles-Madeleine la somme de 128.574 livres, deux sols, dix deniers et les intérêts, frais et dépens, le tout, pris sur les deniers qui étaient entre les mains du notaire sequestre.

Tout semblait fini et la victoire de la maison de Preissac paraissait complète, mais le vicomte d'Esclignac ayant voulu renouveler ses poursuites contre le sequestre. les créanciers présentèrent contre lui une requête au Grand Conseil. Ils y demandaient qu'il fut établi compensation entre les 128.574 livres auxquelles le conseil les avait condamnés et les 260.000 livres de détraction qu'ils réclamaient depuis si longtemps, et que Charles-Madeleine fut contraint de leur payer la différence.

En vertu d'une ordonnance du 13 août 1779, mise au bas de leur requête, ils firent assigner par exploit le vicomte d'Esclignac au Grand Conseil. Le vicomte était alors à son château de Castillon-sur-Save. Il s'était donné un procureur qui le conseilla mal, du moins, la suite semble devoir le faire conclure. Ce procureur crut découvrir des cas de nullité dans l'assignation, et, au nom de son client, il la déféra comme atteinte de ce vice au Grand Conseil qui débouta la vicomte d'Esclignac de sa demande en nullité, ordonna qu'il fournirait ses défenses au fond, et la condamna aux dépens sur cet incident.

Charles-Madeleine accepta cet arrêt, mais il demanda que l'on continuât les poursuites contre le sequestre. et que, pour ce qui était des 260.000 livres toujours réclamés par les créanciers. on renvoyât l'affaire au parlement de Bordeaux. Les créanciers insistèrent pour que le vicomte d'Esclignac fut tenu de donner par écrit ses fins déclinatoires, et cela fut ordonné par arrêt du 15 décembre 1779.

On porté de nouveau la cause à l'audience du Grand Conseil. D'après les créanciers : 1º Le vicomte d'Esclignac n'était pas recevable dans son déclinatoire parce qu'il avait constitué procureur : 2º Il y était mal fondé, car le parlement de Bordeaux avait pouvoir pour liquider les détractions. non pour déclarer la manière dont elles devaient être payées : 3° Le Grand Conseil étant compétant pour connaître de la demande du vicomte d'Esclignac en paiement de la restitution des fruits, l'était également pour connaître de la défense et des offres de compensation proposés par les créanciers, les juges de la demande étant naturellement, disaient-ils, juges des exceptions et défenses. 4° Le vicomte d'Esclignac avait renoncé au bénéfice de l'arrêt du Parlement de Bordeaux du 7 mars 1767, par lequel les créanciers étaient déclarés non recevables à faire aucune demande touchant les détractions.

D'après Charles-Madeleine, au contraire : 1° Son procureur s'était présenté pour requérir la nullité de la prétendue assignation avec réserve des fins déclinatoires. Le Grand Conseil lui avait si bien reconnu le droit de les proposer, que, par arrêt du 15 décembre 1779, il lui ordonnait de les faire signifier ; et quand on pourrait supposer, ce qui n'était pas, que le vicomte d'Esclignac eut consenti à procéder devant le Grand Conseil sur les détractions, la compétence de ce tribunal ne serait pas mieux établie. Un arrêt définitif de sa part serait toujours cassable, parce que les juridictions sont de droit public et il ne dépend pas des parties de se choisir des juges, surtout lorsque le roi lui-même leur en a donné. Enfin, les juges d'attribution ne sauraient franchir les bornes de leur pouvoir sans attenter à l'autorité souveraine du législateur.

2° Le Conseil du roi, en déboutant les créanciers par arrêt du 14 mars 1778, de leur demande en cassation de l'arrêt du parlement de Bordeaux du 31 mars 1767, avait jugé que le parlement avait seul le droit, non seulement de liquider les détractions, mais encore, de défendre aux créanciers aucune poursuite ni demande qu'ils n'eussent auparavant payé au vicomte d'Esclignac les intérêts de sa créance de 180.000 livres. Le Grand Conseil était incompétent pour en connaître puisque le roi l'avait ainsi jugé.

3° Les créancier faisaient une mauvaise application du principe que le juge de la demande est celui des exceptions et de la défense. La demande formée par l'exploit du 14 octobre, n'était pas, comme les créanciers voulaient le persuader, une simple exception aux poursuites du vicomte d'Esclignac ou un moyen pour s'acquitter : c'était, de leur part, une demande principale et directe au paiement de 260.000 livres.

4° Quant à l'allégation que le vicomte d'Esclignac avait renoncé au bénéfice de l'arrêt du parlement de Bordeaux du 31 mars 1767, c'était une fausseté insigne, une absurdité imaginée après coup pour le besoin de la cause. Le vicomte d'Esclignac défiait ses adversaires de prouver cette renonciation qui n'avait jamais existé.

Ces raisons paraissaient bonnes en droit. Néanmoins, le grand conseil jugea contre Charles-Madeleine, et, par arrêt du 21 janvier 1780, ordonna qu'il fournirait ses défenses au fond, et la condamna aux dépens envers toutes les parties.

Le vicomte d'Esclignac demanda la cassation des deux arrêts du Grand Conseil du 11 décembre 1779 et du 21 janvier 1780. L'arrêt qui fut porté sur cette demande n'est pas venu jusqu'à nous, mais nous verrons plus bas que le procès fut définitivement jugé par le parlement de Bordeaux.

Durant les débats que nous venons de reporter, s'étaient élevés des contestations nouvelles. La comtesse de Beaumont, petite-fille de la comtesse de Goas, voulut faire revivre les prétentions de son aïeule et soutint que le marquisat et ses dépendances, devaient lui appartenir. L'affaire fut portée devant le conseil du roi qui, le 16 janvier 1783, confirma Charles-Madeleine dans son titre et dans ses droits de Marquis de Fimarcon.

Charles de Preissac eut encore d'autres affaires à soutenir. Vers 1776 ou 78, les consuls de Condom et ceux de Lagarde, Marsolan, Castelnau, Gazaupouy, St-Martin de Goyne, Le Mas de Fimarcon, Abri Rignac, La Romieu et Astaffort, lui contestaient devant les tribunaux la nobilité de certains biens qu'il possédait dans ces juridictions. Après avoir prouvé victorieusement cette nobilité, le marquis gagna sa cause.

Si nous cherchons à nous expliquer le revirement subit que nous venons de constater dans la fortune des Preissac et les décisions de l'autorité judiciaire à leur égard, nous n'avons qu'à nous rapporter à la date des premiers arrêts contre le vicomte d'Esclignac. C'était l'époque où Turbot et Necker, devenus l'un après l'autre premiers ministres, commençaient à bouleverser, sans arriver à l'exécution de leurs généreux desseins, les institutions fondamentales de l'ancienne monarchie. Les magistrats de nos parlements avaient pour la plupart ouvert leur esprit aux idées nouvelles dont ils devaient être les premières victimes.

Nous l'avouons, une évolution de la société assise désormais sur une nouvelle base et sur des droits nouveaux devenait nécessaire, mais, il aurait fallu se garder de tout excès. On ne le fit pas, et nous doutons que les droits de la justice aient seuls dirigés les magistrats du Grand Conseil et ceux du parlement de Bordeaux dans les décrets de 1779 et 1780 et surtout, dans ceux qui amenèrent, en 1787, l'insuccès définitif de Thomas-Charles d'Esclignac et la ruine de la maison de Fimarcon.

Charles-Madeleine avait épousé, par contrat du 2 novembre 1742, Marie-Charlotte, fille de Charles de Varagnes, marquis de Cardonches et de Belètes. Il en eut trois enfants dont l'aîné Henri-Thomas-Charles porta les titres d'Esclignac et de Fimarcon.

Le vicomte d'Esclignac mourut à Paris le 2 juillet 1783. Par un testament fait le 21 janvier 1779, il déclare vouloir être enterré au tombeau de ses pères dans l'Eglise de Castillon-sur-Save où on devra le transporter s'il ne meurt pas dans son château de ce nom. On prendra sur ses biens la somme de 1.000 livres pour faire célébrer des messes basses de Réquiem et 3.000 seront distribuées aux pauvres de ses terres afin qu'ils prient pour le repos de son âme. Le testateur lègue 1.500 livres de rente au Sieur de Villemur, comme reconnaissance des services qu'il a rendus à la maison d'Esclignac de Fimarcon, et qu'il le prie de continuer, après son décès, à sa femme et à ses enfants. Charles-Madeleine lègue encore 400 livres de rente viagère au sieur Mazères, chargé de ses affaires dans le marquisat de Fimarcon, et au nommé Lallemand, concierge du château de Lagarde, une somme de deux cent livres pendant toute sa vie.

IV

THOMAS-CHARLES DUC D'ESCLIGNAC ET DE FIMARCON

Henri-Thomas-Charles, fils du vicomte d'Esclignac, fut pair de France, grand d'Espagne de première classe, chef de nom et d'armes de sa maison et grand croix de St-Jean Jérusalem.

Il poursuivit le procès entrepris par son aïeul et son père et le vit juger définitivement par le parlement de Bordeaux le 27 août 1787. Les magistrats de cette assemblée maintinrent, il est vrai, Charles de Preissac dans ses titres et ses privilèges de marquis de Fimarcon, mais ils le condamnèrent à payer aux créanciers d'Eymeric de Cassagnet ou à leur ayant droit, et aux héritiers de la veuve d'Eymeric, Elisabeth du Haillet, la somme énorme de : 2.277.000 livres. A cela était estimée comme placée au dernier cinq la somme primitive, augmentée des intérêts échus depuis 1760 et des frais de procédure.

Charles possédait dans les environs de Lombez, du chef de la maison d'Esclignac, une fortune que l'on croyait s'élever à onze ou douze millions de livres, aussi, ne fit-il pas appel de cette condamnation et se mit-il en devoir de payer par annuités cette énorme dette, mais la révolution le surprit avant qu'il n'eut terminé.

Le marquis d'Esclignac émigra et ses biens de Fimarcon, vendus révolutionnairement, produisirent une somme à peine suffisante pour payer ceux de ses créanciers qui n'étaient pas gentilshommes.

Rentré définitivement en 1815, à la seconde restauration de Louis XVIII, Charles reçut les titres de duc d'Esclignac et de Fimarcon, mais, lorsqu'en 1825, on accorda des indemnités aux émigrés, il n'en put recevoir aucune en vertu de son second titre ducal.

Charles de Preissac avait épousé, le 21 octobre 1787, Ursule-Anne-Cordule-Xavière de Saxe. Dans ses pactes de mariage, il donnait à un des enfants mâles qui naîtraient de cette union, le marquisat de Fimarcon et ses dépendances.

Xavière de Saxe lui donna trois enfants. C'étaient : I. Charles-Philippe, Cécile, Claire, Henri, Sanche, Othon, Xavier, Auguste de Preissac, duc de Fimarcon pair de France, colonel des lanciers de la garde royale, gentilhomme de la chambre du roi, chevalier de St-Louis, officier de la légion d'honneur, chevalier de l'ordre de St-Jean de Jérusalem et de St-Ferdinand d'Espagne. Né en 1790, il épousa, dans le cours de Janvier 1868, Victorine de Talleyrand-Périgord qui mourut le 16 janvier 1868. Il n'y eut de ce mariage qu'une fille mariée le 2 avril 1845, au marquis de Persan.

II. Marie-Elisabeth-Charlotte d'Esclignac, mariée à Frédéric-Charles-Hermann, baron de Wissembach, chambellan de Sa Majesté le roi de Saxe, seigneur de Franeiheim où il demeurait.

III. Henri, Ernest, Charles, Marie, Albert, Xavier, Auguste, Aymeric, Guillaume, Odon, Eugène, duc de Fimarcon après la mort de son frère, comte d'Esclignac, capitaine dans la garde royale.

Le duc d'Esclignac, premier duc de Fimarcon quitta ce monde en 1827.

Ici finissent les notes de notre prédécesseur à Caussens. Ni les documents qu'il nous a laissés, ni nos recherches personnelles ne nous permettent d'en dire davantage. Personne au monde ne porte aujourd'hui le titre de duc, ni de marquis de Fimarcon et sans les recherches de M. l'abbé B. Laffite, les grands seigneurs et les illustres personnages de ce nom seraient demeurés complètement inconnus. Disons, cependant, pour terminer, que le sang de Preissac coule encore dans les veines des deux frères du juge Montespieu, dont le second, M. Louis de Juge, fut châtelain de Mons en Caussens. Leur grand-mère, épouse d'un préfet du premier empire, appartenait à cette illustre maison.

FIN DES SUZERAINS DE FIMARCON.

APPENDICES

I

NOTICE SUR LES SEIGNEURS DE CAUSSENS

Caussens, grand et joli village à quatre kilomètres environ de Condom, sur la route qui conduit de cette ville à Lectoure, a tout d'abord dépendu de l'abbaye de Condom. Il fit partie des nombreuses possessions dont cette abbaye fut dotée par son second fondateur, l'abbé Hugues, en 1011. Cependant, Caussens possédait au XIIe siècle un château dont l'existence est constatée par les documents du temps qui nous le montrent déjà comme une importante demeure féodale. A quelle époque ce premier château fut-il détruit ; nous ne le savons pas ; mais il fut remplacé dans les premières années du dix-septième siècle par un nouveau manoir féodal que fit bâtir, selon toutes les probabilités, Bernard de Cassagnet. Nous le concluons de la présence, sur la porte d'honneur, des écussons unis de Fimarcon et de Cassagnet, souvenir probable du mariage de Bernard avec Jeanne, fille de Bernard de Narbonne-Lara-Tallairan, marquis de Fimarcon, et de Françoise de Bruyère Chalabre. Il en reste la base des murs qui marquent l'enceinte du château, des parties appréciables des tours d'angle, dont une ronde, et un côté de la porte d'honneur visible jusqu'au départ de l'arc surbaissé. Le colombier seigneurial, voûté en forme de coupole, s'élève encore intact, à quelque distance du village, et l'on peut voir sur sa porte deux écussons à peine dégradés. Un écusson était encore, il y a peu de temps, visible sur le moulin voisin de la hune et à la clef de voûte de la fontaine du village.

Cette place fut-elle donnée en fief à une famille noble par les abbés de Condom ? M. l'abbé Lafitte n'a pu le découvrir et nous n'avons pas été, à ce sujet, plus heureux que lui ; mais il est certain que ce château était alors habité et que des gentils hommes en portaient le titre. Le cartulaire de Condom dans sa description des biens, territoires et dépendances de l'église de St-Pierre, nous fournit le nom d'Arnaud de Caussens : « Arnaldus de Caussenio, juvenis ». Ce damoiseau figure comme témoin dans un acte de donation de la moitié de l'Eglise de St-Aignan à l'Eglise St-Pierre de Condom.

Vers 1229, un Raymond de Caussens essaie de décliner la suzeraineté de l'abbaye pour se mettre sous celle de Centule, comte d'Astarac, (1) auquel il cède tous ses droits sur sa seigneurie ; mais il est probable que l'abbaye de Condom ne tarda pas à recouvrer les siens.

Un seigneur de Caussens apparait dans un rôle de 1236. Il y est porté au nombre des seigneurs de Gascogne qui sont tenus de faire au roi « ost et chevauchée pour raison de sa terre d'Agen et des apartenances d'outre-Garonne ». Le 13 Septembre 1272, Arnaud de Caussens est présent comme témoin, à l'acte d'accord et de transaction qui est passé entre Ayssieu III de Galard et son frère Géraud (2).

Le château de Caussens fut compris dans le paréage conclu en 1286, entre Edouard Ier, roi d'Angleterre et l'abbé de Condom, Auger d'Audiran. Une pancarte écrite sur parchemin contient les hommages rendus au roi d'Angleterre par les seigneurs de l'Agenais et du Condomois au mois de novembre de la même année : on y remarque celui de Gailhard de Caussens. Il y reconnait tenir du roi la quatrième partie de la seigneurie, juridiction, haute et basse justice dans Caussens et ses droits seigneuriaux dans St-Caprais, Le Poumaro, Mascalac et Tresens. Lui et les co-seigneurs de ces mêmes places doivent au roi d'Angleterre, à cause de son domaine majeur sur leurs seigneuries, une redevance annuelle de cinquante sols morlas sur laquelle Gailhard de Caussens et son fils Guillaume-Arnaud sont tenus de payer douze sols et demi. De plus, le seigneur de Caussens et ses co-seigneurs dans les quatre seigneuries ci-dessus nommées, doivent fournir le quart des dépenses nécessaires à l'entretien d'un écuyer et de ses armes. Ils enverront cet écuyer lorsqu'il y aura prise d'armes commune dans l'agenais. Ils reconnaissent enfin devoir au roi d'Angleterre serment de foi et d'hommage.

Au nom de son épouse Géraude d'Andiran, Gailhard de Caussens dit tenir du roi d'Angleterre tous les biens et tous les droits que cette dame possède dans la paroisse de Comalac. Il se déclare, de ce chef, soumis à la juridiction du roi, sous la garantie de Bernard de Ste Railhe, seigneur du dit lieu. Géraude d'Andiran était peut-être de la même famille que l'abbé Auger de Condom.

<hr>

(1) *Art de vérifier les dates.*
(2) Généalogie de la maison de Galard. Manuscrit de M. de Moncade.

En 1278 ou 79, une Assarile de Caussens était religieuse de
l'ordre de Fontevrault, au couvent du Brouilh. Quelques années
après, 2 juin 1289, Othon de Caussens, prieur des dominicains
de Condom, figure comme témoin dans un acte de paréage entre Edouard 1er, roi d'Angleterre et Guilhem de Malvin, vicomte de Juillac (1). Othon de Caussens, nommé septième
prieur des dominicaines de Condom en 1286, fut transféré en
1291 au prieuré de Montpellier où il mourut l'an 1297, dans la
fleur de ses talents et de sa jeunesse. Nul doute que ces
deux personnages n'appartinsent à la famille de Gailhard de
Caussens. Peut-être même étaient-ils ses enfants.

A partir de ce moment jusqu'à la deuxième partie du XVe
siècle, le plus grand silence règne sur la seigneurie de Caussens. Il nous faut, en effet, aller jusqu'en 1469, date à laquelle
nous trouvons, dans un acte du 6 septembre, Pierre du Boulet
et Jean son fils héritiers de Jean de Caussens.

La famille du Boulet qui habitait alors une salle noble ainsi
nommée, bâtie non loin du ruisseau de l'auvignon, remontait
elle-même aux premières années du XIIIe siècle, mais avant
la date que nous venons d'écrire, sa généalogie n'est pas connue et les actes publiés ne nous présentent, sous ce nom, que
des personnages isolés.

L'héritière de Jean de Caussens épousa Marie d'Arcamont.
Le 20 février 1480, noble Marie d'Arcamont veuve de Jean du
Boulet mort peu de temps avant cette époque, faisait inféodation, en faveur de Jean Bassalères, de terres en Caussens, sous
le fief annuel de douze gros et d'une paire de poules.

Jean du Boulet eut trois fils ; François et Odet qui portèrent
simultanément, peut-être par arrangement de famille, le titre
de seigneur de Caussens, et Pierre, qui devint archer dans la
compagnie du capitaine Jean d'Estrac. Un fils de Pierre, Raymond du Boulet, embrassa l'état ecclésiastique et fut camérier
de l'Eglise de Condom.

François du Boulet, également connu sous le nom de François de Caussens, fut d'abord, lui aussi, homme d'armes dans
la compagnie du capitaine Jean d'Estrac ; mais, plus tard, il
quitta les armées de terre pour signaler dans la marine sa bravoure et son habileté. François fut heureux dans cette carrière et y parvint aux plus hauts grades, il porte, dans son testament, le titre de vice-amiral de Guienne.

____

(1) Collection Bréquigny. Ad annum 1289.

Le vice amiral de Guienne qui servit si vaillamment ses suzerains de la terre, était aussi sans peur et sans reproche comme chevalier de Dieu. Dans son testament monument d'une foi vive et d'une rare piété, il instituait à Caussens une chapellenie que six prêtres devaient désservir et la dotait de biens assez riches pour entretenir noblement ces six chapelains, chargés de prier et d'offrir des Saints Sacrifices à perpétuité pour les défunts de la maison du Boutet.

Monsieur Aurio, prédécesseur de M. l'abbé Lafitte à la cure de Caussens, faisant lever un jour le dallage de la sacristie actuelle, ancienne chapelle de l'Eglise, a retrouvé le tombeau du vice-amiral de Guienne à la place qu'il s'était choisie dans son testament.

Ainsi que nous l'avons écrit plus haut, Odet du Boutet, frère du précédent, est qualifié lui aussi, chevalier, seigneur de Caussens. Odet fut un des hommes les plus distingués de sa race. En 1509, il commandait un corps dans l'armée à la tête de laquelle le roi Louis XII gagna sur les vénitiens la bataille d'Agnada. L'honneur de cette journée mémorable revint à l'Infanterie de Gascogne commandée par le cadet de Duras ; mais on y vit le roi Louis XII s'engager assez avant dans la mêlée en s'écriant : « que ceux qui ont peur se mettent derrière moi ». « Enfants, le roi vous voit » s'écrie à son tour La Trémouille dans un moment où la fortune semblait douteuse. Il n'en fallut pas davantage et rien ne résista plus à l'infanterie française. Odet du Boutet fut un de ceux qui se battirent le plus vaillamment. Ce fut lui qui fit prisonnier Barthélémy d'Alviano général de l'armée ennemie, et qui était réputé l'un des plus habiles capitaines de son temps. On mena ce général au camp français où il fut traité avec honneur ; mais aigri par l'humiliation de sa défaite, il ne répondit aux plus bienveillantes paroles que par une sorte de fierté brusque et dédaigneuse. Le roi le fit simplement conduire au quartier où l'on gardait les prisonniers. « Il vaut mieux le laisser là, dit-il, je m'emporterais et j'en serais fâché. Je l'ai vaincu, il faut me vaincre moi-même ».

Après le traité de Paris, d'Aviano fut renvoyé sans rançon et Louis XII s'occupa d'indemniser Odet du Boutet ; mais ce prince mourut sur ces entrefaites. François 1er son successeur, fit régler l'indemnité due au seigneur de Caussens par le connétable de Bourbon et le maréchal de Lautrec qui la fi-

xèrent à deux mille livres. Au lieu d'argent, Odet du Boutet
reçut du roi de France le droit de haute justice dans la terre
de Caussens et tous les droits que ce monarque y possédait.
Des lettres patentes expédiées en 1518 font foi de cette donation qui fut durement vérifiée, tant à la chambre des comptes
que devant les trésoriers généraux de France. Odet du Boutet fut, l'année suivante, mis par le juge mage de la sénéchaussée d'Agenais et de Gascogne, en possession de la haute justice en Caussens, et il en jouit jusqu'à sa mort. François
1er, par commission du 6 avril 1518, lui avait donné, en outre,
la charge de capitaine de mille hommes d'armes.

En 1517, Odet du Boutet maria sa fille unique Claire ou Clarette, avec Bertrand de Preissac d'Esclignac, deuxième du
nom, baron d'Esclignac, seigneur de Blanquet, Garac, Marac,
Lartigue, Cadeilhan, Bivès, Larcau, Laffitau, Montagnes de
Comminges et surnommé le grand baron. A la mort de son
père, Claire du Boutet hérita de tous ses biens dont une partie,
cependant, lui fut disputée par François du Boutet, son oncle.
Ce ne fut pour la noble dame que l'occasion de faire éclater sa
piété filiale. Autorisée par son mari, elle fit, le même jour, vente à son oncle de la terre de Caussens. A son tour, dans son
testament du 15 avril 1529 dont nous avons fait connaître une
pieuse clause, François du Boutet institua pour son héritier
Friz de Preissac, son petit-neveu ; mais il voulut que le second
fils de Friz héritât de la terre de Caussens, après la mort de
son père et qu'il prit le nom et les armes du Boutet. Le reste
de l'histoire féodale de Caussens se confond avec celle des
Marquis de Fimarcon :

II

LES MONLEZUN-LIGARDES

La généalogie des Monlezun, comtes de Pardiac, se trouve
dans le premier fascicule de l'histoire de l'abbaye de La-case-
Dieu par M. l'abbé Joachin Gaubin. Arnaud-Guilhem III eut
plusieurs enfants, mais M. Gaubin, qui ne s'occupe que de la
branche comtale cite seulement l'aîné, nommé Armand-Guil-
hem, comme son père dont il fut le successeur.

De ces enfants issurent plusieurs branches cadettes qui toutes portèrent le titre de Monlezun. La principale fut celle des
marquis de Campagne. Elle poursuivit, non sans gloire, ses

destinées jusqu'aux premières années du XIXᵉ siècle. Au commencement du règne de Louis XVIII, la dernière des Monlezun-Campagne, réduite par les troubles révolutionnaires à ne posséder que son nom, donna sa main à un riche espagnol établi en France M. Planès. Leurs enfants et leurs petits enfants vivent encore et suivent les nobles traditions de leurs aïeux dans la branche maternelle. Une disposition particulière de la Divine Providence a voulu que la famille, très roturière, de l'auteur de cette étude, devint leur alliée.

Une autre branche des Monlezun se montre au pays de Fimarcon dans la première moitié du XVᵉ siècle. Vers l'an 1420 ou 1423, Bertrand de Monlezun est dit seigneur de Caussens. Le Caussens dont il s'agit ici n'est pas la seigneurie de ce nom, voisine de Condom, et qui joue un rôle si important dans notre étude ; c'était un château ainsi nommé dans la juridiction de Ligardes. On en voit encore les ruines non loin de ce village. Bertrand épousa Flore d'Arvissac dame de Villepinte et de ce mariage naquirent : Amanieu et Jeanne de Monlezun. Jeanne devint, en 1450, l'épouse de Mathieu de Poudenas, seigneur de Marambat.

Amanieu de Monlezun, seigneur de Caussens en Ligardes, prit en mariage, le 10 septembre 1452, demoiselle Jeanne de Pouy-Carréjelard. Il en eut six enfants qui sont nommés par cette dame dans un testament fait en faveur de son mari. Ce sont : Gailhard, Jean, seigneur de Caussens, Sébastien, Esclarmonde, Maudeline et Marguerite.

Gailhard de Monlezun épousa, le 5 janvier 1491, dame Catherine de Couey, fille de noble Pierre de Couey seigneur du Busca.

Le second des fils d'Amanieu, Jean de Monlezun, seigneur de Caussens en Ligardes et co-seigneur de Lamontjoie, prit pour épouse, le 10 ou le 9 septembre 1503, dame Marguerite de Révignan, fille de Jean de Révignan, seigneur de Ligardes. Il reçut en 1505 une donation de Jacques de Lomagne, premier marquis de Fimarcon, et assista, le 10 mai 1508, aux épousailles de Jean III de Poudenas avec Jeanne de Monlezun. Cette dame était fille d'un autre jean de Monlezun, seigneur de Sempesserre. Le 15 juillet 1510, on passait devant lui et plusieurs autres seigneurs, le contrat de mariage entre Giles de Galard et Gailharde de Rigault de Vaudreuil, fille de Vital de Rigault, baron d'Auriac et de Trémolet.

Le 8 avril 1531, Jean de Monlezun transigeait avec son neveu Martin de Monlezun, seigneur du Busca, au sujet de la seigneurie de Caussens. Martin prétendait que la maison noble de Caussens avec ses dépendances, lui avait été donnée par son père François de Monlezun, frère du dit Jean.

Jean 1er de Monlezun fut établi comme arbitre, dans le partage des biens d'Odet de Goth seigneur de Rouillac. Il donna sa sentence le 15 mars 1534. Il fit son testament le 12 août 1537. Jean s'y qualifié seigneur de Caussens, et de Ligardes, déclare vouloir être enterré dans l'église de Ligardes, au tombeau de son p're et de sa mère, et fait son exécuteur testamentaire noble Martin de Monlezun, co-seigneur du Corréjelard. Il nomme ses enfants dans l'ordre suivant : Jean, Seigneur de Caussens, Jeannot, seigneur de Ligardes, autre Jean, Anne, Françoise mariée, le 4 janvier 1329, à noble Antoine de Montesquieu, seigneur de Campanès.

Jean II de Monlezun, dit le capitaine Caussens, fut un des hommes les plus remarquables de son siècle. On le trouve sur tous les champs de bataille et les mémoires du temps sont pleins de son souvenir. C'était un catholique farouche et d'une effrayante austérité. Brantôme raconte qu'un jour il fit jetter dans le Rhône « deux cent garces » qui suivaient ses troupes. Il fut au nombre de ceux qui poignardèrent l'amiral de Coligny. « A la suite de Guise » dit le chanoine Monlezun « Marchaient Tavannes, Cardailhac vicomte de Sarlabous et le capitaine Caussens, altérés de sang comme lui. Caussens ouvrit le carnage en poignardant Labeaume, maître d'Hôtel de l'amiral de Coligny. On parvint bientôt jusqu'à l'amiral lui-même qui tomba percé de coups ». 24 août 1572. Poursuvi par les remords qui lui venaient de ces scènes atroces, Jean de Caussens alla se faire tuer au siège de La Rochelle en 1573.

Il avait épousé en 1568, Anne dame de Fages en Agenais, seconde femme et veuve de Joachin de Monluc, seigneur de Lieux en la juridiction de Gimbrède, et l'un des frères du maréchal. Dans une quittance de ses gages de colonnel de l'Infanterie française, il s'intitule seigneur de Caussens et de Fages.

Le capitaine Caussens mourut-il sans enfants ? D'après M. l'abbé Lafitte, ce point reste à éclaircir. On trouve, dit-il, en 1556 le testament d'un Jean de Monlezun qui ne peut être que le capitaine Caussens: Il le fait avec substitution en faveur du marquis de Fimarcon en cas de mort de son fils.

Le fils du capitaine Caussens, continue l'abbé Lafille, pourrait bien être celui qui est mentionné dans une lettre d'Henri IV aux Condomois le 6 septembre 1580. Il leur annonce qu'une partie de l'armée de Biran a été défaite par M. de Vezins. On a fait quelques prisonniers parmis lesquels sept gentilshommes « desquels prisonniers vous en nommeray deux de ce quartier de ce que vous les cognoissez par nom et réputation, qui est le sieur de Malvin et un jeune Caussens de Legardes (Ligardes) sans que jamais le sieur Biron les ait secourus ».

Sans vouloir décider la controverse, qu'on nous permette ici une réflexion. En admettant un fils du capitaine Caussens, issu d'un premier mariage dont la date nous serait inconnu, ce fils, dont il serait question dans un testament de 1556, aurait eu au moins trente cinq ans en 1580. Le qualificatif de jeune appliqué à ce gentilhomme par Henri IV, qui, lui-même, à cette époque n'était guère plus âgé paraîtrait un peu singulière. Nous avons d'ailleurs trouvé deux frères du capitaine Caussens qui portaient aussi le nom de Jean. Le jeune Caussens dont il s'agit ici ne serait-il pas le fils de l'un des deux ? Quoiqu'il en soit, il est sûr que l'un des trois frères se survécut en des successeurs qui portaient le titre de seigneur de Ligardes. Nous les avons rencontrés plusieurs fois dans cet étude.

III

LE PREMIER MARÉCHAL DE ROQUELAURE

Roquelaure était un ancien château situé sur un point culminant et dont le nom rappelle une des plus anciennes maisons du pays. La terre de Roquelaure fut érigée en duché pairie, en 1632. Les Roquelaure descendaient des comtes d'Armagnac par la ligne des vicomtes de Bruilhois.

Le père de Marie-Angélique, Antoine, sieur de Roquelaure, Gaudon, Ste-Christie, Mirepoix, Monbert et Lagarde ; baron de Lavardens, Biran et Montaut, maréchal de France, grand maître de la Garde-robe du roi et chevalier de ses ordres, sénéchal et gouverneur de Rouergue et de Foix, lieutenant-général de la Haute-Auvergne et du Gouvernement de Guienne, s'était le fils puisné de Géraud seigneur de Roquelaure et de Catherine de Bezolles. On le destina dès sa jeunesse à l'état ecclésiastique, mais, après la mort de son frère aîné, n'ayant pas encore reçu les ordres, il quitte cet état pour la carrière des armes où il se distingua sous le nom de seigneur de Longarde qu'il porta dans sa jeunesse.

Jeanne d'Albret, reine de Navarre, l'honora de sa bienveillance, lui donna la part qu'elle avait en la seigneurie de Roquelaure et l'engagea dans le parti du prince son fils. Celui-ci le considéra beaucoup et le fit lieutenant d'une compagnie de gens d'armes. Ce prince, voyant fuir ses gens au combat de Fontaine-Française, ordonnait à Roquelaure de courir après eux et de les ramener. « Je m'en garderais bien, lui répondit le brave et spirituel courtisan, on croirait que je fuis tout comme eux ; je ne vous quitte pas et je mourrai à vos côtés ». Henri, devenu roi de France, récompensa les services de Roquelaure et sa fidélité par la charge de grand Maître de sa garde-robe en 1589, par le collier du St-Esprit en 1595, et par plusieurs gouvernements dont le plus considérable fut celui de Guienne. Antoine ne prit possession de ce dernier qu'après la mort de son bon maître qui, dans sa lettre de provision, s'exprimait en ces termes : « Pour son extraction, elle est assez cogneue de tout le pays de Guienne des meilleures et des plus anciennes maisons d'icelluy ; pour sa fidélité, en ayant pour caution trente six années continuelles, qu'il a servi près de nostre personne, estant aujourd'hui le plus ancien serviteur et officier domestique que nous ayons en nostre mais)n, pour sa valeur, grandeur de courage, expérience et bonne conduite en faict d'armes, il a cet avantage sur tous les aultres que les témoignages en sont rendeus par Nous-même qui avons été assisté de lui en tous les combats, batailles et exploits de guerre que nous avons faicts ; auxquels nous avons touziours recegneu les yux sur nostre personne et les nostres sur la sienne ». (Scipion Dupleix). Sur l'ordre du même roi, il fut nommé, le 18 mars de la même année, maire de Bordeaux et fit son entrée en cette ville au mois de juin suivant.

A tous ces titres, Louis XIII ajoutait, en 1614 ou 1615, le bâton de maréchal de France. Roquelaure ne s'endormit pas sur ses lauriers ; il remit dans le devoir Nérac, Clairac et quelques autres places.

Il fit son testament le 9 mai 1618, et mourut subitement à Lectoure dont il était gouverneur, le 9 juin 1626, à l'âge de quatre vingt-un ans. Né au château de Roquelaure, il fut enseveli dans l'Eglise de Roquelaure comme il l'avait demandé.

Ce maréchal avait eu pour frères et sœurs : Jean, seigneur de Roquelaure tué au combat d'Orthez. Bernard , tué au combat de La Roche-Abeille en 1568, Antoinette épouse de Bertrand le Dangereux de Beaupuy comte de Maillé; Marguerite alliée à Jacques de Maignaut seigneur de Montaigut. .

Il prit pour épouse, le 9 juin 1581, Catherine d'Ornezan veuve de Jean de Montal baron de Roquelaure. Après la mort de celle-ci, Antoine de Roquelaure reçut, en 1610, la main de Suzanne de Bassabat, fille de Béraud, baron de Pordiac et gouverneur de Verdun.

Le maréchal de Roquelaure eut du premier lit : Jean-Louis baron de Biran, grand-maître de la garde-robe du roi, mort sans alliance ; Louise première épouse d'Antoine duc de Gramont ; Rose qui épousa François de Maille, comte d'Ayen, chevalier des ordres du roi ; Catherine abbesse de Rhodez, morte au Calvaire de Paris ; Marie épouse de Jacques Eshuer comte de Vauguyon, chevalier des ordres du roi.

Du second lit il eut : Louis marquis de Roquelaure mort sans alliance en Lorraine au service du roi : Gaston-Jean-Baptiste duc de Roquelaure, lieutenant général des armées du roi, marquis de Biran et de Pouyguilhem, comte de Gaure et de Pongibaud, chevalier des ordres du roi, gouverneur de Guienne et de Lectoure. Gaston de Roquelaure servit avec honneur, dès 1635, comme capitaine de cavalerie, et mourut à Paris le 16 ou le 17 mars 1683. Le premier maréchal de Roquelaure eut aussi du second lit : Louis, comte de Roquelaure, mort sans alliance ; Antoine chevalier de Malte, mort jeune ; Jacques, marquis de Lavardens ; Armand baron de Biran, tué en duel : Louise épouse d'Alexandre de Lévy marquis de Mirepoix ; Henriette épouse d'Alphonse de Monluc marquis de Balaguy, morte sans enfants ; Marie-Angélique marquise de Fimarcon ; Suzanne morte sans alliance.

Les armes de Roquelaure étaient : d'azur à trois rocs d'argent deux et un. écartelé d'argent à deux vaches accornées et clarinées d'azur. chargé de trois étoiles d'or, sur le haut d'azur à un lion d'or.

IV

LES MARQUIS DE TILLADET

Il y a quelques jours à peine, tombait entre mes mains le cinquième volume des œuvres de Jean Racine, édition elzévirienne de Pierre et Firmin Didot. Paris 1803. Ce volume intitulé : « Ouvrages attribués à M. Racine » contient une « Relation de ce qui s'est passé au siège de Namur », œuvre généreuse de Louis XIV, à laquelle le grand poète tragique, sur la demande du Roi lui-même, a pu faire subir quelques corrections de style.

A la fin de la page 19 du volume, dernier alinéa, se trouve une nomenclature des Lieutenants généraux choisis par Louis XIV lui-même pour commander sous ses ordres pendant le siège. Ils devaient prendre tour à tour, durant une semaine, la direction générale de l'armée. Avant le nom du marquis de Boufflers qui, quelque temps après, fait maréchal de France, se couvrit de gloire à la défense de Lille, on y rencontre celui du Marquis de Tilladet.

Dans une page de ses mémoires, St-Simon raconte, dans son style inimitable de duc enragé, l'anecdote connue, de Louis XIV envoyant Le Notre mesurer une croisée du petit Trianon de porcelaine construit, quelques années auparavant, pour la Marquise de Montespans et qu'il faisait alors réparer. C'était en 1689. Le Roi, qui selon l'expression du narrateur des Mémoires « avait le compas dans l'œil » trouvait celle croisée légèrement plus étroite que les autres et le faisait remarquer à son ministre de la guerre Louvois devenu, après la mort de Colbert, sur-intendant des Beaux-arts. Or Louvois ne savait pas, même devant le Souverain, contenir son caractère acariâtre ; il contesta la chose avec humeur, mais l'opinion de Louis XIV se trouva conforme à la vérité. St-Simon nous peint le désappointement de l'orgueilleux ministre. Il nous le montre ayant quitté brusquement le Grand Roi et rentré dans sa demeure, où il est entouré de ses courtisans qui cherchent à le consoler, et parmi lesquels se trouvaient nous dit-il « les deux Tilladets. »

Me souvenant alors qu'en 1630, date à laquelle la mort de Charles de Narbonne faisait passer l'héritage des Fimarçon aux mains de Paul-Antoine de Cassagnet, ce gentilhomme, destiné à devenir lui-même un brillant officier général, se démit entre les mains de Gabriel son frère, du titre de Marquis de Tilladet et de la charge de capitaine au régiment des gardes françaises, je me suis demandé si les Tilladet nommés dans la « Relation de ce qui s'est passé au siège de Namur et les Mémoires de St-Simon , n'étaient pas les enfants de Gabriel de Cassagnet.

Je n'avais qu'un moyen d'éclaircir la chose, c'était, en l'absence de tout document trouvé dans les archives particulières, de m'adresser à celles du ministère de la guerre. Je ne pouvais de la sorte donner qu'une simple notice militaire, mais le plaisir d'ajouter des noms inconnus jusqu'ici à nos annales guerrières du sud-ouest suffisait bien à m'y déterminer. J'écrivis immédiatement à M. le Ministre, et quelque temps après, M. Longin, chef de service des archives historiques du Ministère de la guerre, avec la complaisance et la courtoisie qui lui sont habituelles, me faisait parvenir les états de service dont j'ai pu tirer les notices suivantes. Encore une fois je regrette de ne pouvoir dire en même temps, la vie de famille de ceux qui en sont l'objet, et j'en demande pardon à mes lecteurs dont la curiosité légitime va se trouver un peu fustrée.

I

GABRIEL Ier MARQUIS DE TILLADET

Gabriel, second fils de Bernard de Cassagnet, Seigneur de Caussens, et de Jeanne de Narbonne-Lara-Fimarcon, était, depuis le mois d'août 1622, lieutenant de son frère aîné, qui, lui-même, était capitaine d'une compagnie au Régiment des gardes Françaises. Bernard, père de ces deux officiers avait, lui aussi, commandé cette même compagnie jusqu'au moment de sa mort.

J'ai dit plus haut, comment, au 31 décembre 1630, Paul Antoine de Cassagnet s'était démis, en faveur de son puiné, de son premier titre de Marquis et de son grade militaire dont le brevet fut aussitôt remis, comme sa propriété légitime, à Gabriel de Cassagnet.

Le nouveau Marquis de Tilladet avait déjà déployé la plus grande bravoure en 1622, au siège de Montpellier, en 1629 à l'attaque du Pas de Suze, puis aux sièges de Privas et d'Alais, et en 1630, durant toute la campagne du Maréchal de Lesdiguières qui se termina par la conquête de la Savoie.

Il servit en 1633, comme capitaine, au siège de Nancy. En 1635, il était avec le même grade à la prise de Bingen ; à la fin de la même année, se trouvant avec sa compagnie dans le corps expéditionnaire que le Roi Louis XIII envoyait au secours de Mayence, il se conduisit avec la plus grande bravoure durant toute cette expédition, mais particulièrement au combat de Vaudrevanges :

Au siège et à la prise de Corbie en 1636, Gabriel de Cassagnet prenait part, l'année suivante, à ceux de Landrecies et de La Chapelle, en 1638 à ceux de St-Omer et de Renti, et combattait en 1540, sous les murs de Hesdins à toutes les affaires qui eurent lieu pendant le siège de cette place. Il se trouvait, en 1641, aux sièges de la Bassée et de Bapaume ; en 1642, à ceux de Colioure et de Perpignan ; il terminait enfin sa carrière d'homme de guerre en 1644 au siège de Graveline.

Louis XIII, qui jusqu'à ce jour avait conservé ce brillant officier dans sa garde royale, lui faisant ensuite franchir les deux grades de Mestre de camp et de Brigadier, lui donnait, le 7 janvier 1645, le brevet de Maréchal des camps et armées du Roi et la charge de gouverneur de Bapaume. Sept jours après, il y ajoutait en sa faveur le gouvernement de Vieux-Brissac (1).

Tels sont les services militaires et les dignités de Gabriel de Cassagnet dont les archives du Ministère de la guerre ont gardé le souvenir. Il mourut au mois d'août 1660, laissant à ses deux fils déjà dans les rangs de l'armée française, le soin de conserver et d'augmenter encore la renommée de son nom.

II

JEAN-BAPTISTE DE CASSAGNET, MARQUIS DE TILLADET

L'aîné, Jean-Baptiste, hérita du titre de Marquis de Tilladet. Il avait, lui aussi, débuté aux Gardes Françaises en 1654 avec le grade d'Enseigne, et servait l'année suivante avec éclat aux sièges de Landrecis, de Condé de Ghislaine. En 1656, devenu capitaine de cavalerie au Régiment de Roquépine, il prenait part, en cette qualité, au siège de Valenciennes, et déployait la plus grande bravoure dans un combat sous cette place. Il était, l'année suivante, au siège et à la prise de Montmédy ; enfin, il se distinguait, sous les yeux du Maréchal de Turenne, à la journée des Dunes, puis prenait part aux sièges de Dunkerque et de Graveline.

____

(1) Archives historiques du Ministère de la guerre, n°° 13 et 16. 3 — n° 14 de la collection (1).

Comme première récompense de ses brillants exploits, Jean-Baptiste de Cassagnet recevait, le 24 avril 1660, la charge de Guidon aux gardes de la Reine. Quatre ans après, 25 Mars 1664, fait aide de camp des armées du Roi, il partait sous le commandement du duc de Beaufort et du Marquis de Gadagne pour aller combattre les Maures en Afrique. Le Marquis de Tilladet se signala parmi les plus braves et les plus habiles, tant dans le combat qui fut livré à l'ennemi à la suite du débarquement qu'à la prise de Gigeri, et revint en France avec les troupes au mois d'octobre suivant.

Le 7 Décembre 1665, il levait une compagnie de cavalerie qui fut incorporée dans le régient des cuirassiers. Il se démit, en août 1666, desa charge de Guidon aux gendarmes dela Reine.

Jean-Baptiste de Cassagnet fut mis, le 8 juillet 1667, avec le grade de Mestre de camp, à la tête d'un régiment de cavalerie de son nom qu'il commandait avec éclat la même année aux sièges et prises de Douai, de Tournay et de Lille. Le régiment de Tilladet fut réformé le 24 mai de l'année suivante, mais on conserva la compagnie de Mestre de camp, et le régiment lui-même fut rétabli le 9 août 1671. En 1672, le marquis de Tilladet prenait part à la campagne de Hollande.

Il se trouvait, en 1673, au siège et à la prise de Maëstrich, puis, fait brigadier de cavalerie le 13 février 1674, il prenait la même année une part des plus brillantes à la bataille de Çenef. M. de Tilladet était, en 1675, aux prises de Liège, de Dinant, de Huy, de Limbourg, de Condé et de Bouchain ; en 1676 à la prise d'Aire.

Fait Maréchal de Camp le 25 février 1677, il se distinguait la même année aux sièges et prises de Valenciennes et de Cambrai, puis, contribuait brillamment à délivrer Charleroi devant lequel les ennemis avaient mis le siège.

En 1678, il était au blocus de Mons, puis gagnait le grade de lieutenant général par sa bravoure et son habileté sur le champ de bataille de St-Denys, pendant que son cousin François de Cassagnet, comte de Fimarcon et Brigadier des armées du Roi, y trouvait la mort.

Le 23 janvier 1679, le Roi Louis XIV lui témoignait son estime particulière en le nommant capitaine-colonnel des Cents Suisses de sa garde et maître de sa Garde-Robe. Jean-Baptiste se reposa jusqu'en 1684, année dans laquelle il prit part à la campagne de Flandre.

Nommé gouverneur de Cognac au mois de Septembre 1688, il était employé, le 20 Mars de l'année suivante, à l'armée d'Allemagne. Au mois de Mai de la même année, Jean-Baptiste s'était démis de son régiment de cavalerie, puis, au 30 juin de son gouvernement de Cognac, mais il recevait à cette dernière date te la charge de gouverneur d'Arras et lieutenant général du pays d'Artois.

En 1691, le Marquis de Tilladet se battait à Leuze. Louis XIV lui-même nous a dit la part brillante qu'il prit au siège de Namur, où, le 2 juin à midi, dans la semaine de son commandement, il faisait enlever la contre-escarpe par les Cent-Suisses dont il était capitaine-colonnel et par le régiment de Stoppa. Louis XIV, avait écrit le nom du Marquis de Tilladet avant celui de Boufflers, dans la liste des lieutenans-généraux qu'il avait choisi lui-même pour commander sous ses ordres. Rien n'était sans signification sous la plume du Grand Roi, et le brillant homme de guerre allait, selon toutes les probabilités, recevoir le baton de Maréchal de France, lorsqu'il mourut le 3 août 1692 des suites d'une blessure reçue à la bataille de Steinkerque.

Jean-Baptiste de Cassagnet Marquis de Tilladet était chevalier des ordres du Roi depuis le 30 Décembre 1688 (1).

III

GABRIEL II, CHEVALIER PUIS MARQUIS DE TILLADET

Son frère Gabriel, alors lieutenant-général des armées du Roi depuis le 24 août de la même année, prit après lui le titre de Marquis de Tilladet.

Entré dans l'ordre de Malte en 1657, Gabriel recevait la même année, le brevet d'Enseigne aux Gardes Français, qu'il échangeait, au mois d'avril, contre celui de capitaine de cavalerie au régiment de la Hillhière. Passé avec son grade en 1667 au régiment de Tilladet, il fut, en 1668, réformé avec le même régiment, mais il recevait l'année suivante, 2 avril 1669, la charge d'aide de camp des armées du Roi. Aussitôt employé près des troupes, que Louis XIV envoyait à Candie, le Chevalier de Tilladet se distingua brillamment à la défense de cette place. Il

____

(1) Archives administratives du Ministère de la guerre, section historique. N° 13016. — 3 — 6 — 1573 — 66 — 36. (2)

y fut blessé dans une sortie le 25 juin 1669. Le 22 avril 1671, il était nommé Mestre de camp lieutenant du Régiment Colonel des Dragons à la tête duquel il fit en 1692 la campagne de Hollande.

Gabriel était en 1673 au siège et à la prise de Maëstricht, se battait en 1674, à côté du Marquis de Tilladet son frère à Senef, assistait en 1675 aux sièges et prises de Dinant, Huy, Limbourg, Condé et Bouchain. Le chevalier de Tilladet avait reçu le 12 Mars de la même année le brevet de Brigadier de cavalerie. En cette qualité, il prenait part en 1676 au siège d'Aire.

Fait maréchal de Camp le 25 février 1677, le même jour que son frère le Marquis, chose rare et qui montre combien les deux Tilladet s'étaient montrés égaux jusqu'à ce jour comme habiles officiers et vaillants soldats, il ne marcha plus dans les grades et les honneurs d'un pas ainsi rapide que Jean Baptiste. Les occasions lui manquèrent peut-être. Cependant il se trouvait la même année aux Sièges et prises de Valenciennes et de Cambrai.

Le chevalier de Tilladet était encore aux sièges et prises de Gand et d'Ipres en 1678, puis servit sous les murs de Luxembourg, en 1684, jusqu'à la prise de cette ville.

. Il reçut le brevet de lieutenant général des armées du Roi le 24 août 1688, et fut envoyé le 16 octobre à l'armée d'Allemagne où il demeura jusqu'à la fin de la guerre.

Le 19 avril 1690, le roi Louis XIV l'envoyait à l'armée de Flandre. Gabriel de Cassagnet prit cette même année le titre de Marquis de Tilladet. Il mourut le 11 juillet 1702, deux ans jour pour jour après que le roi l'eût nommé gouverneur de la ville d'Aire (1). Brillants officiers des belles années de Louis XIV, les deux Tilladet ne virent pas les derniers revers du grand règne. Gabriel, mort sans postérité comme son frère, léguait son titre de Marquis à François d Cassagnet né du mariage en secondes noces de Jean-Jacques, Marquis de Fimarcon, avec Denise de Polastron de La Hilhière. Officier général presque dès le début de sa carrière, et chevalier du St-Esprit avant l'âge de 26 ans, François de Cassagnet passa sur les champs de bataille et dans la vie comme un brillant météore, et fut le

(1) Archives administratives du Ministère de la guérre, section historique, N° 13016 — 3. — 6 — 1573 — 66 — 36 (3)

dernier Marquis de Tiladet. Mais il nous fournit l'occasion
d'élucider en passant un point de notre histoire littéraire.

On sait que St-Simon, Mestre de camp à vingt ans, quitta
l'armée en 1702, parce qu'il s'était vu préférer, pour un grade
supérieur, un officier plus jeune que lui et dont il jugeait le
mérite inférieur au sien. Nous trouvons cet heureux rival en
François de Cassagnet, fait à cette même date lieutenant général des Gendarmes Ecossais. De là, peut-être, l'acrimonie avec
laquelle St-Simon rabaisse dans les mémoires le caractère et
le génie de Louis XIV auteur d'une pareille injustice ; de là,
ce ton dédaigneux avec lequel il nomme les deux Tilladet au
dernier rang parmis les courtisants de Louvois. Mais ici encore, le dédain du duc et pair était mal placé, car, malgré le
titre du roi et la pairie, donc St-Simon était si fier, le
cadet de la maison de Fimarcon, le descendant des premiers
vicomtes de Lomagne, avait une origine beaucoup plus illustre que la sienne.

IV

NOTICE SUR LES DRAGONS DE FIMARCON

Sachant que les régiments actuels de notre armée ont des
racines dans l'histoire, il nous est venu à la pensée de recher-
cher lequel d'entre eux est aujourd'hui l'héritier du corps de
Dragons que commandèrent quarante ans avec éclat, Gaston,
Jacques et Charles-François de Fimarcon. Pour arriver à ce
but, nous nous sommes adressés à Monsieur le commandant
Conquet du 9e d'Infanterie de ligne, dont nous avons pu apré-
cier plusieurs fois la bienveillance et l'aimable courtoisie.
Monsieur Conquet, s'est empressé de nous communiquer des
documents, puisés aux archives du Ministère de la Guerre, et
nous en avons tiré le rapide historique qui suit.

La formation du régiment remonte à l'année 1676. Il fut
alors créé par un décret de Louis XIV contre signé par Louvois. On en leva les soldats dans la province de Languedoc, et
le régiment reçut le nom de « Dragons de Monsieur » frère du
Roi, sous le titre duquel, le marquis de Barbezières en fut le
premier mestre de camp. Mais, deux ans après, le roi consentit à le vendre à Jean-Jacques de Cassagnet marquis de Fimarcon, en faveur de Gaston-Jean-Baptiste, son second fils du
premier lit.

Nous avons dit, dans cette étude, les hauts faits du régiment sous ses trois colonels de la maison de Fimarcon. En 1708, il passa sous les ordres du marquis de Foix qui le commanda jusqu'en 1713. En cette même année, le comte de Châtillon, son nouveau colonel, le conduisait aux sièges de Landau et de Fribourg et Brigau. En 1714, le marquis de Gœsbriant fut mis à sa tête et le commanda jusqu'en 1738.

Sous ce chef de corps, le régiment contribua aux prises de St-Sébastien, de Fontarabie et d'Urgel, 1719. En 1733, il était au siège de Keil, à la prise de Philipsbourg en 1736, puis, la même année, il prenait part au combat des lignes d'Ettlingen.

Le régiment passa, dans le courant de l'année 1738, sous les ordres du marquis d'Argence. Il portait, depuis 1724, le nom de Condé-dragons, car il était la propriété de la maison de Condé, sous le titre de laquelle, MM. de Gœsbriant et d'Argence furent ses mestres de camp.

De 1740 à 1744, le chevalier de Mailly paraît avoir été colonel en titre comme dans la réalité du commandement. Il eut pour successeur le comte d'Eymont, qui demeura pendant onze ans à la tête du corps. Sous ce colonel, les anciens dragons de Fimarcon combattirent au siège d'Ypres en 1744, à la bataille de Fontenoy en 1745, au siège de Namur et à la bataille de Raucoux en 1746, au siège de Berg-op-Zoom en 1747 et à celui de Maëstricht le 18 mai 1748.

En 1757, le marquis de Corbœuf, qui les commandait depuis 1755, les conduisit au combat de Paramé, puis, l'année suivante à ceux de Parcale et de St-Cest.

A partir de cette époque, les dragons de Fimarcon vécurent en paix sous les ordres du comte de Chatillon en 1761, du chevalier de Montécler en 1763, du comte de La Châtre de Nancay en 1774.

Dans cette dernière année, le régiment changea deux fois de nom. Il fut d'abord dénommé « Comte de Provence » puis « Dragons de Monsieur », nom qu'il garda jusqu'en 1791. A cette dernière date, il devint le 13e régiment de dragons.

L'année 1792 vit à sa tête deux colonels, ce furent : de Malveisin et Gauthier de Mornayd, qui conduisirent le 13e dragons, d'abord à l'armée de Sambre et Meuse, où il prit part à la bataille de Valmy et au combat de Vouziers ; puis, à celle du Nord, où il se battit au passage de la Roër. En 1793, il vit paraître et disparaître un nouveau chef de demi-brigade, Charcoin

de Rocmont. Puis, vint Fouques, qui le commanda jusqu'en
1797. Sous ses ordres, le régiment combattit, en 1794, à la prise
de Bréda, où le brigadier Gaignaut enleva un drapeau à l'ennemi. Il prit part, en 1795, à la guerre de Vendée, puis fut, en 1796,
dirigé sur l'armée du Rhin et Moselle. Là, sous le commandement du baron Roget de Belloguet, il combattit au passage du
Rhin à Diérshem où, conduit par son nouveau chef de brigade, il enveloppa le régiment d'Alton et le réduisit à mettre bas
les armes. Le sous-lieutenant de Garennes et le maréchal des
logis Thourez enlevèrent deux drapeaux. Le régiment assistait la même année au combat d'Hosbach.

En 1798, il passait à l'armée d'Helvétie et se battait, l'année
suivante, sous les ordres de Levasseur, à Fraüenfeld, à Rusper-
chengal et à la bataille de Zurich. Le 7 octobre 1799, le capitaine Dumas, avec son seul escadron, fit reculer un corps ennemi de 2000 chevaux.

L'année 1800 trouvait nos dragons à l'armée du Rhin, où le
25 août, dans un combat près de Fragelhurts, le maréchal des
logis Méans dégagea le lieutenant Hauvel qui, blessé griève-
ment, allait succomber sous les coups de six autrichiens. Ils
étaient encore, la même année, aux gorges d'Enfer, au blocus
d'ugolstad et sur le champ de bataille de Hohenlinden. Le capitaine Lyonais, avec son seul escadron, y fit six cent prisonniers.

Le chef de brigade Levasseur fut remplacé, en 1804, par le colonel baron de Broc. Sous ce nouveau chef, nos dragons firent
dans les rangs de la grande armée, des prodiges de bravoure.
Ils se battirent à Kelle, au passage du Rhin, à Elchingen, à celui du Danube. Le 3 novembre 1805, le colonel de Broc, avec
cinquante hommes de son régiment et autant du 6e Dragons,
enlevait à la baïonnette le fort d'Ems. Nos dragons combattirent encore, la même année, au combat de Hollbrün et à la
grande bataille d'Austerlitz. Ils passèrent, l'année suivante,
sous les ordres du baron Larroche qui se battit à leur tête aux
combats de Vrasisloket de Pulstuk.

De 1809 à 1812, ils servirent sous le même colonel, puis
sous le vicomte de Reizet à la guerre d'Espagne, où ils com-
battaient à La Corogne, à la bataille d'Oporto, et passèrent le
Tage à l'Arzobistro. Le 18 mars 1811, l'adjudant Cazeneuve,
n'ayant avec lui que six dragons, chargea un parti de quarante espagnols qu'il mit en fuite, et le 8 juillet de la même

année, le colonel de Reizet, à la tête de la compagnie d'élite de son régiment, taillait en pièce, près de Ciudat-Réal, deux forte bandes de guéri'las. L'année suivante, au combat de Las Rosas, le même colonel se distinguait encore en entraînant à une charge héroïque la première brigade des Dragons (13e et 18e).

L'année 1813 vit se succéder à la tête du régiment deux colonels : Marginot et le baron Johannés. Cette même année, le 13e dragons prenait part à la grande bataille de Leipzig.

En 1814, il participait sous le commandement du colonel comte de Lignevillé à la campagne de France et se battait héroïquement à Mormant et à St-Dizier. Puis, sous les ordres du colonel d'Astorg, il changeait de nom et devenait le 8e régiment des dragons (Dragons de Condé).

Il reprit en 1815, sous le colonel Saviot, son nom de 13e dragons et suivit Napoléon, revenu de l'Isle-d'Elbe, à la campagne de Belgique où il fit des prodiges de valeur aux combats de Wavres et de Roquencourt. Il fut enfin licencié le 15 décembre de la même année.

Après une éclipse de quarante et un ans, le 13e dragons reparut en 1856. Un décret impérial daté de Fontainebleau, le 1er juillet de cette année, le créa de nouveau sous le nom de régiment des dragons de la garde. Il devint, l'année suivante, « Les dragons de l'Impératrice ». En 1859, le colonel Crespin les commandait sur le champ de bataille de Solférino. Il avait pour successeur, en 1851, M. Pajol qui, à son tour, était remplacé, en 1866, par M. Massue. Ce dernier demeura jusqu'en 1868 à la tête du régiment.

L'armée terrible, trouvait à sa tête le colonel Sautereau-Duport. Conduits par ce chef, les « dragons de l'ex garde » se battirent héroïquement à Rézonville. Enfin, entrés à Paris avec le général Vinoy, ils prirent part jusqu'à la fin de la guerre à la défense de la capitale.

Depuis lors, se sont succédés à la tête du 13e dragons, MM. Barbant de la Mothe en 1871, de Villeneuve-Bargemont en 1876, Herman en 1878, Lecomte-de-l'Isle en 1883, de Garnay en 1890, de Cléric en 1893.

Et les héritiers de gloire et d'espérance des vieux dragons de Monsieur, de Fimarcon, de Condé, du comte de Provence, de la garde et de l'Impératrice, sont encore aujourd'hui les soldats du 13e dragons en garnison à Lure (Haute-Saone) sous le commandement du colonel Durand de Viller qui est à leur tête depuis, 1898.

PIÈCES JUSTIFICATIVES

I

PACTES DE MARIAGE DE BERNARD TRENCALÉON DE LOMAGNE, SEIGNEUR
DE FIMARCON, AVEC MATE D'ARMAGNAC, DU JEUDI AVANT LA
NATIVITÉ DE NOTRE-DAME, 1291. (VIDIMÉ) (1).

Noverint universi quod nos Petrus de Mirmanda miles, senescallus Agenn et terre Vasconiœ domino nostro regi
Francorum noviter acquisitœ, vidimus, inspeximus palpavi-
mus et (legere fe) cimus quoddam instrumentum publicum
manu magistri Guilhelmi Bec condam notarii Condomiensis
confectum, ut prima facie apparebat non viciatum, non can-
cellatum (ec aliqua parte sua abolitum, [cujus] tenor talis est :

Conoguada causa sia qu'en Bernart Trenchaleon dauseds, fils
del noble baron senhr Nod de Lomanha cauer senhor del Fieumarcon, dens lo castet de Maubezin [de Fezen]saguet perso-
nalment establits, en presencia del ondrat pay in Xst senhr
Amanieu per la divinal gracia arcebesque d'Aus e de molts
autres prelats e baros e cauers e autras personas e de mi notari e dels testimonis dejus nominadors, fe matrimoni per palaura de present ab na Mata d'Armanhac, seror paternal e
maternal del noble baron senhor en Berna[d per] la gracia Dieu
compte d'Armanlhac e de Fezensach, dizens en questa maneyra : Eu en Bernad Trencaléon arcebi vos na Mata d'Armanhac en molher mia segont la lei romana . E la na Mata dis autresi aqui present en questa maneyra : Eu na Mata d'Armanhac
hac recebi vos en B. Trencleon en mon marit segont la lei romana. E aqui mesis, apres lodit matrimoni celebrat a autrelat, lo
predit senhr comte, per si e per son heret et per son orden e
pr los successors de si enant perpetualment venidors, donet e
autreiet e assignet e liuret, de palaura e de dict, ab auctoritat
d'aquesto present carta, en dot e per nom de dot de la dita na
Mata sua seror, al dit en B. Trencaleon aqui present e aisso recebent per si e per son hered venient e descendent de si e de la
dita sa molenr, la castet de Santa Chrestia e la castet d'Arblada
lou contau, qui son en la contat d'Armanhac, ab totas lors pertinencias e distredhs e juridiction auta e bassa e mer e gatges e

---

(1) Archives départementales du Gers, fonds Fimarcon.

incorrements apertenens e apertenir debens aus mesis castets,
tot francament e sos tot autre retenement, d'algun dret e de
servitut que no i fe de part senhoria, aissi cum al mesis compte, al dia e hora en que aquesta present carta fo requerida e
autreiada, apertenian e apertenir deuian en los mesis casteds
e en lors pertinencias per nom et per causa del complat d'Armanhac o en autra maneyra. E sen establi lo mesis senhor
comte de qui enant possedir, per nom e en loc del mesis en
B. Trencaleon, dels dits castets e de lors pertinencias, de la-
qual arceber a retenir de si enant lo det licencia e poder e
franca auctoritat totas begadas quel playra cum de
las suas proprias causas dotals. E si los dits castets ab lors
pertinencias no valian L libra de Morlas cascun an l'arrenda,
lo mesi senhor comte promes al dit B. complir e assignar, ses
tota dilation, en autres locs circumvesis e plus probdas als
preditz castets, suficens (?) tanta d'arrenda annual ab justicia
autia e bassa e er e mix imperi que ab l'autra renda deus dits
castets valba L libra de Morlas ascun an d'arrenda. Promes
autresi lo dit senh. comte que donra al predit B. Trencaleon
per nom de la dita na Mata sa seror en dot e per nom de dot D
libras de Morlas per las quals donaderas e paguaderas promes liurar ades al predit en B. Trencaleon los castets de
Castilhon e de Lupiac e la bastida de Belmont, qui son en lo
contat de Fesensach, ab totas lors pertinencias e ab tota lor
juridiction auta e bassa, ad auer e tenir e usar et possedir e
recebre e culhir per si mesis o per autre o autres per nom de
si mesis los fruyts-els provenimens e las rendas et las cis-
sidas e gausenssas e escasenas dels predits castets de qui en
dret proveniens continuadamen persebedors e culhidors entro
de las D libras de Morlas al dit B. Trenchaleon sia satisfecyt.
E l'en mes de dret en plenera e pasibla et veraia e entegra
quays corporal possecion ab auctoritat de questa present
carta. E totas aquestas causas preditas e sengles lo predit
senh. compte fe e donet e liuret et promes far e liurar, present la nobla dona madona Mata per la gracia Dieu comtessa d'Armanhac e de Fesensach sa dona maire. Lasquals causas totas e sengles de sus ditas contengudas en aquesta present carta la predita dona comtessa lausech e aproet per si e
per tot son ordenh ; e primerament, certana de feit per si
mesissa e ben certiorada de son dret per mi notari de jus es-
criut, son autrei e son assentiment donet e autreyet en las pre-

ditas causas en renuncia de son bon grat, primerament certiorada de son bon dret, a tot dret deus fruitz e autre dret, si algun n'auria o auer podia o debia per dot o per layssa o en autra nayera en las preditas causas o alguna d'aqueras. Los quaus castets de Castilhon e de Lupiac predits e bastida deuandita lo dit en B. Trencaleon ab autrei e assentiment
del dit senher son pai aqui present promet rendre e restituir al
senh' comte o a son mandament, dels fruitz e de las rendas e
dels provenimens dels dits castets feitas despensas et compte
feit d'aqueras leialment. Apres d'aiso e aqui mesis lo prenom-
nat en B. Trencaleon ab auctoritat e express assentiment del
dit senh' Nod son pai, promes e autrega per ferma e per leial
stipulacion a la prenommada na Mata s amolher aqui present,
per si e per los sos aisso recebent, rendre e restituir la dita dot,
si hered no auia, o a son hered en cas o en cais en lo qual o
en los quals restitucion sere de dret fazedora. En aissi empe-
ro que las causas no moblas reda e restituisca dens I mes apres
qu'en sia requerit, el dit moble dens V ans, o cascun an C. libras de qui enant continuadament contadors. Apres d'aisso
e aqui mesis lo predit senh' Nod de Lomanha promes e donet
per donacion per nossas apres sa mort al dit en B. son filh e
a son hered procreat de si e de leial matrimoni tot quant ha e
auer deu en Fimarcon e en Fesensach per succession paternal. Las quals causas totas e sengles contenguds en aquesta
present carta lo senh. en B. comte predit eu dit se h' Nod,
tant cum cadaun de lor tocara, deuon e an promes tenir e
complir e gardar et observar ferme estable per tos temps e no
venir en contra per lor ni per autra persona en nulh loc ni en
nulh temps. El dit comte promes e autreia per si e per los sos
al predit B. Trecaleon e a son ordenh far e portar bona e ferma guarentia de si mesis e de totas autro personas homes o
femnas, clergues o laics, qui en cort o foras cort, en jutjament
o foras jutjament, deuant senh. maior o loc tenent de senher
o deuant judie delegat o subdelegat ordenari vel (sic) extraor-
denari o deuant quelque autre senher temporal o esperital o
deuant qualque autra personna, demando o contest o questio o
algun embargament l'en fessan o moguessan en alguna maneyra o en algun temps, en obligment de si e de son hered e de
son orden e de tots sos bes mobles e no mobles presentz e
avieders, on que sian, luenh o pres, per tos locs.

E per tot aysso tenir e gardar e obervar ferm e estable per

so bon grat sobre sans Euangelis de Diu tocats corporalment ab sa propria man dextra.

Actum, requisitum et concessum fuit hoc apud Malum vicinum supradictum die jovis proxima ante festum nativitatis beate Virginis Marie mensis septembris presentibus testibus domino Augerio de Tilheto officiali Auxitano, domino Rogerio de Montefalcone, domino Guilhelmo Arnaldi de Montaldo canonicis Auxitanis, domino Raymundo Arnaldi de Larrama canonico Vasatensi, domino Guilhelmo Arnaldi de Lamota archidiacono Gavaldensi in ecclesia Vasatensi, domino Elia Talairandi vicecomite Leomnnia, domino Arnaldo de Marmanda, domino Augerio de Podio Bardac, domino Bertrando deGalardo, domino Bernardo de Forcesio, domino Vitale de Filartiga militibus, Arsino de Galardo, Vitale de Filartiga domicelis, et pluribus aliis nobilibus et bonis personis et me Guilhemo Bec canonco (?) et pubico notario Condomiensi qui ab omnibus prediclis partibus hoc presens negocium et factum tangentibus ad hoc et super hoc ex meo officio fui vocatus et cum instancia rogatus et de mandato et voluntateque (*sic*) assensu utriusque partis ad instanciam et requisicionem earumdem parcium predicta omnia et singua in publicam formam redegi et de eisdem unius ejusdemque substancie (?) duo publica instrumenta recepi, feci et scripsi et signo meo signavi in testimonium premissorum anno domini M. CC. nonagesimo primo. regnantibus illustrissio dofino Philippo, rege Francice et domino Eduardo rege Anglie duccque Aquitanie, et religioso viro domino Arnaldo Othone abbate Condomii existent·

In cujus visionis et inspeccionis in (*sic*) testimonium et ad majorem roborem, firmatem omnium premissorum, nos senescallus predictus, sigillum quo utimur in senescallia nostra predicta, autentice huic presenti *Vidimus* apponi fecimus et appendi. Actum et datum et sub januarii, anno domini M° CCC° XXX p°.

Facta et collacio cum originali per me Raymundum de la Cassanhola notarium Aginnensem.

Facta est collacio per me Martinum (?) de Benela notarium.

Sachent tous que Nous, Pierre de Mirmande, chevalier, sénéchal d'Agenais et de la terre de Gascogne récemment advenue à notre Seigneur le roi de France, avons vu, examiné et touché, et fait lire, un instrument public fait de la main de M°

Guillaume Bec autrefois notaire à Condom, comme il paraissait à première vue non vicié, non cancellé, ni aboli dans aucune de ses parties et dont la teneur suit :

Soit la chose connue que En Bernard Trencaléon, damoiseau, fils de noble baron Seigneur Nod de Lomagne, écuyer, seigneur de Fimarcon, dans le château de Mauvezin de Fezensaguet personnellemnt établi, en présence de l'honoré père dans le Christ, seigneur Amanieu, par la grâce divine, archevêque d'Auch, et de beaucoup d'autres prélats, barons, écuyers et autres personnes, et de moi notaire, et des témoins bas nommés, fait mariage par parole de présent avec Na Mathe d'Armagnac sœur paternelle et maternelle de noble baron, seigneur En Bernard, par la grâce de Dieu comte d'Armagnac et de Fezensac, disant de cette manière : Moi, En Bernard Trencaléon, je vous reçois Na Mathe d'Armagnac, pour ma femme selon la loi romaine. Et Na Natha d'Armagnac, aussi là présente, donna son consentement de cette manière : Moi, Na Mathe d'Armagnac, je vous reçois En Bernard Trencaléon, pour mon mari selon la loi romaine.

Et là même, après le dit mariage célébré, le prédit seigneur comte, pour lui et pour ses héritiers, en son nom particulier et au nom de tous ses successeurs à venir de là en avant et à perpétuité, donna, octroya, assigna et livra de parole et de dit, par l'autorité de cette présente charte, en dot et par nom de dot de la dite Na Mathe, sa sœur, aud. En Bernard Trancaléon, là présent, et cela recevant pour lui et pour ses héritiers venant, et descendant de sa dite femme, le château de Ste-Christie et le château d'Arblade-le-Comtal qui sont dans le comte d'Armagnac, avec toutes leurs appartenances, districts, juridiction haute et basse et en rentes, droits, devoirs, seigneuries, mandements, lois, gages et encourements, appartenant et devant appartenir sur biens aux mêmes et châteaux, le tout franchement et sans autre retenue d'aucun droit et servitude que le droit de seigneurie revenant au même comte et lui appartenant aux jours et heure où cette présente charte fut requise et octroyée, en sa qualité de comte d'Armagnac ou à tout autre titre. Mais le dit comte se réserve de posséder de là en avant, pour nom et en lieu du dit même En Bernard Trencaléon, les dits chateaux et appartenances, jusqu'à ce que le dit En Bernard Trencaléon ou tout autre en son nom ait reçu possession corporelle des dits châteaux et de leurs appartenances ; de laquelle possession recevoir et retenir de là en avant il lui donnera licence, pouvoir et franche autorité aussitôt qu'il lui plaira, comme de ses propres causes dotales.

Et si les dits châteaux et leurs appartenances ne donnent pas cinquante livres morlas de rente, chaque année, le même seigneur comte promet au dit En Bernard de les compléter et assigner sans délai aucun, en autres lieux voisins et plus fructueux que les dits châteaux et suffisants pour que le cas échéant, ce supplément de revenu avec la justice haute et basse, donne avec l'autre rente des dits châteaux, cinquante livres de rente chaque année. Le dit seigneur comte promet et octroi qu'il donnera au prédit Bernard Trencaléon, les châteaux de Castillon et de Lupiac et la bastide de Belmont qui sont dans le comté de Fezensac, avec toute leurs dépendances et toute leur juridiction haute et basse pour en avoir, tenir, utiliser, posséder, recevoir et recueillir par luimême ou par autre ou autres, les rentes, sorties, jouissances, fruits, revenus et autres choses à /pouvoir de prédits châteaux, et de là, en droit en provenant, continuellement percevables et cueillibles, jusqu'à ce qu'il ait été satisfait au prédit Bernard Trencaléon de ses D livres morlas ; et il l'en met de droit, en pleine, paisible, véritable et entière possession corporelle de par l'autorité de cette présente charte.

Et toutes ces choses prédites et chacune d'elles, le prédit seigneur comte fit, donna et livra, et promit de faire et livrer, en présence de noble dame Madame Mathe, par la grâce de Dieu comtesse d'Armagnac et de Fezensac, sa dame mère ; et toutes ces choses et chacune d'elles susdites contenues dans cette présente charte la prédite dame comtesse loua et aprouva pour elle et pour toute sa descendance ; et tout d'abord certaine de fait par elle- même, et bien certifiée de son droit par moi, notaire soussigné, son octroi et son consentement donna et octroya pour les prédites choses, par renoncement de son /bouge, tout d'abord certifiée de son bon droit, à tout droit de fruits et autres droits, si quelqu'un elle en avait, ou pouvait, ou devait en avoir par dot, par legs ou de toute autre manière, sur les choses prédites ou quelqu'une d'elles.

De son côté, le dit En Bernard Trencaléon promit, avec l'octroi et assentiment du dit seigneur, son père, de rendre et restituer au dit seigneur comte ou à son mandement les châteaux de Castillon et de Lupiac prédits et bastide susnommée, mais lesdites D livres mortas préalablement eues et reçues par ledit Bernard Trancaléon, et par son mandement les frais des fruits, rentes, et revenus desdits châteaux et compte de ces fruits loyalement fait.

Après cela et là même, le prénommé En Bernard Trencaléon, de l'autorité et exprès assentiment du dit seigneur Nod. son père, promit et octroya, par ferme et loyale stipulation, à la prénommée Na Mathe, sa femme, là présente, pour lui et pour les siens cela acceptant, de rendre ou restituer la dite dot s'il n'y avait pas d'héritier. ou à ses héritiers dans le cas ou dans les cas dans lequel ou dans lesquels restitution devra être faite de droit ; et ceci encore, de rendre et restituer les immeubles un mois après qu'il en sera requis, et les meubles dans cinq ans ou C livres chaque année de là en avant continuellement payables.

Après cela et là même, le prédit seigneur Nod de Lomagne promit et donna. par donation pour noces. après sa mort. au dit En Bernard Trencaléon son fils et son héritier procédé de lui et de loyal mariage, tout ce qu'il a/doit avoir en Fimarcon et en Fezensac pour succession paternelle.

Et toutes ces choses et chacune de celles contenues dans la présente charte, le seigneur En Bernard. comte prédit et le dit seigneur Nod, en tant qu'à chacune touchera. doivent et ont promis de tenir et accomplir, de garder et observer ferme et stable pour tous les temps, et de ne pas venir à l'encontre par eux ni par autre personne en nul temps ni en nul lieu. Le dit comte promet et octroi. pour lui et pour les siens, audit Bernard Trecaléon et à sa lignée, de faire et porter bonne et ferme garantie de soi-même et toutes personnes. hommes ou femmes cleres et laïques. en cours ou hors cours, en jugement ou hors jugement. devant seigneur majeur ou lieutenant de seigneur. ou devant juge délégué ou sous délégué. ordinaire ou extraordinaire, ou devant quelqu'autre seigneur temporel ou spirituel, ou devant quelqu'autre personne, ne lui suscitant demandes ou contestations, ou question ou quelque grave embarras. en aucune manière ou en aucun temps. en obligation de soi-même, de son héritier, de sa lignée, de tous ses biens meubles ou immeubles, présents et à venir où qu'ils soient, loin ou près, en tous lieux.

Et pour cela tenir garde et observer ferme et stable et n'y pas venir à l'encontre, jura. le prédit seigneur comte de son bon gré sur les Saints Evangiles de Dieu, qu'il toucha corporellement de sa propre main droite.

Fait acquis et concédé fut cet acte au lieu susnommé de Mauvezin, le dernier jeudi avant la fête de la Nativité de la Bienheureuse Vierge Marie, du mois de Septembre, en présence des témoins : Auger du Tillet official d'Auch. Seigneur Roger de Montfaucon. seigneur Guillaume Armand de Montaut chanoine d'Auch. Seigneur Raymond-Arnaud de Larramé chanoine de Bazas. Seigneur Elie de Talleyrand vicomte de Lomagne. Seigneur Arnaud de Marmande. Seigneur Auger de Puy-Bardac. seigneur Bertrand de Galard. seigneur Bernard de Fourcés. seigneur Vital de Filartigue, chevaliers. Arsin de Galard. Vital de Filatigue damoiseaux, et de plusieurs autres nobles et bonnes personnes, et de moi Guillaume Bec canonique et public notaire de Condom qui fut appelé à ce et sur ce à cause de mon office ; et supplié avec instance par toutes les parties ayant intérêt à la présente affaire et au présent acte, et du mandement, volonté et assentiment de l'une et l'autre partie. sur l'instante réquisition des mêmes parties, je rédigeai en acte public toutes et chacune des choses prédites et reçus. fis et écrivis deux instruments publics d'une et même teneur, et les signai. de mon seing en témoginage de ci-dessus l'an du Seigneur mil deux cent quatre vingt onze, régnant très illustre Seigneur. prince Philippe roi de France, Seigneur Edouard roi d'Angleterre et duc d'Aquitaine ; Seigneur Armand-Othon étant abbé de Condom.

En témoignage de cette vue et examen et pour une plus grande force et vigueur de tout ce que dessus, Nous Sénéchal prédit avons fait apposé et appendre à ce présent *Vididus* et pour authentique, le sceau à notre usage dans notre sénéchaussée prédite.

Fait. concédé et scellé de notre sceau fut cet acte à Condom. neuvième jour du mois de janvier de l'an mil trois cent trente et un.

La collation a été faite sur l'original par moi Raymond de 'a Cassagnolle. notaire d'Agen.

La collation a été faite par moi.

(Martin de Bénéla. notaire.

II

1338 14 Janvier

Lettres de Jean, roi de Bohème et lieutenant du roi de France en Languedoc, adressées au sénéchal d'Agenais et de Gascogne, lui interdisant ainsi qu'à ses officiers et au bailly de Condom, de faire citer ou faire saisir les habitants de Gazaupouy, sans la requête du baili du dit lieu.

Ces lettres données sur la requête de Jean de Lomagne. fils et héritier de Bernard Trencaléon, autrefois seigneur de Fimarcon, constatent que Gazaupouy et la justice haute et basse de ce lieu appartiennent à Jean de Lomagne.

(Parchemin texte latin).

III

1338 2 février

Procuration donnée par Allemanne de Cazenove, dame de Fimarcon, veuve de Bernard Trencaléon, tutrice de Jean de Lomagne, son fils, faite à noble Bertrand de Lomagne co-tuteur de ses fils, de rendre pour son fils comme seigneur de Fimarcon hommage au roi de France pour la terre de Fimarcon et autres qu'il peut avoir, et de recevoir de même les hommages, dus à lui-même par ses vassaux.

(Parchemin. texte latin).

IV

1339 7 mars — 1340 3 avril

Lettres de Philippe roi de France commettant le sénéchal d'Agenais pour fixer les limites entre les territoires de Gazaupouy. Castelnau et Blazirt sur lesquels il y avait débat.

Entre l'évêque et les consuls de Condom d'un côté.

Et le seigneur de Fimarcon de l'autre.

Ces lettres sont données à la requête de Jean de Lomagne. Le sénéchal d'Agenais, en vertu de ces lettres, donne à son tour commission pour le même objet à Bernard de Cassaigne, docteur es-lois et à Bernard Calvet clerc et juge ordinaire du roi en Agenais. Les lettres du sénéchal sont du 3 avril 1340.

(Original parchemin latin, traduction en français papier).

V

TESTAMENT DE NOBLE ET PUISSANT BARON
Mgr JEHAN DE LOMAGNE, SIRE DE FIMARCON

(Analyse)

Il choisit pour lieu de sa sépulture, comme ses ancêtres, l'église de la maison d'Abrin, de l'ordre de St-Jean de Jérusalem.

Il lègue dix florins à la cathédrale de Condom, plus un obit de trente sols tous les ans ;

Dix florins à l'église d'Abrin et l'obit ;

Quarante sols Guiennois à chaque Eglise paroissiale de ses terres.

Il donne à sa femme, Guiraude de Montezun, en cas de survie (selon qu'il avait été convenu dans les pactes matrimoniaux) le lieu du Mas de Fimarcon et celui de Courrensan ; il reconnaît que la dite dame a acheté le lieu de Montagnac, maison, terres, vignes et un droit de devoirs, de Monseigneur Manaud de Montagnac et du Poumaret.

Il institue son héritier particulier Jean son fils pour le lieu de Montagnac avec toutes ses appartenances et pour le bien d'Astaffort, pour tout ce qu'il peut y avoir, excepté ce qu'il a laissé à sa femme Guiraude de Montezun.

(Nous signalons en passant cette revendication d'une part dans Astaffort, si longtemps avant le mariage d'Odet II avec Mathe de Comminges).

Item, il institue Jean son héritier particulier pour tous les devoirs qui lui appartiennent sur les lieux de Fieux, Pouy-sur-l'Osse, Lamothe-Mauléon.

Il laisse à Arnaud-Guilhem son fils, chanoine d'Auch, cinq cent florins, plus une rente annuelle de dix florins qui reviendra, après la mort du donataire, à l'héritier universel du testateur.

Il laisse à Mgr Guiraud, son fils, chevalier de l'ordre de St-Jean de Jérusalem, cinq cents florins d'or et une rente annuelle de dix florins, aux mêmes conditions de retour que ci-dessus pour Arnaud-Guilhem.

Item, il laisse pour douaire à sa fille Marguerite, six mille florins d'or et un vestiaire de cent.

Item, il laisse à Paucette sa fille, au service de Dieu dans

la maison de Prouillan au couvent du Pont-Vert de Condom,
200 florins d'or et 25 florins de rente qui lui seront payés
annuellement à titre de pension.

Item, pour sa terre de Fimarcon et les lieux de Courrensan,
Moncrabeau, Calignac et tous ses autres biens, il institue
son héritier universel Odet de Lomagne son fils aîné. En cas
de prédécès d'Odet, il lui substitue ses autres enfants et à
leur défaut, il substitue pour la terre de Fimarcon, son cher
neveu, Mgr Eubet (?) comte d'Astarac, et pour les lieux de
Courrensan, Fieux, Pouy-sur-l'Osse, sa chère sœur dame de
Pardeilhan ou son héritier. Et pour les lieux de Moncrabeau,
Calignac et Astaffort, il substitue son cher cousin, Monseigneur Pons de Castillon, lequel sera tenu, dans ce cas, de
payer 2.000 livres à son neveu fils du seigneur de Montpezat
et à sa sœur Madame Guiraude. Et en cas de mort du comte
d'Astarac et de la dite dame de Pardeillan, il institue pour
tous les biens susdits, noble Pons de Castillon. Et si toute la
terre venait à échoir à Pons de Castillon, il ordonne qu'il soit
tenu de payer 2.000 livres au fils de M. de Montpezat et de
dame Guiraude, sa sœur, et il veut en outre que son neveu
ait 200 livres de rente perpétuelle.

Reconnaissant que son oncle, Monseigneur Bertrand de Lomagne, l'avait chargé de fonder deux chapellenies pour le
repos de son âme, il les fonde, et veut qu'avait tout legs, il
soit prélevé sur ses biens 600 florins d'or pour acheter des
rentes qui permettent aux chapelains de vivre selon leur état.
Lesquels chapelains diront Messes de Requiem etc. pour l'â-
me de son oncle Bertrand, pour la sienne, et celles de ses parents, et seront nommés par son héritier universel. L'institution appartiendra à Monseigneur l'évêque de Condom. Il
nomme pour tuteurs à ses dits fils et filles leur mère, et
Monseigneur Arnaud-Guilhem comte de Pardiac, leur oncle.

Pour exécuteurs testamentaires il nomme : l'évêque de
Condom, noble et puissant Jean-d'Armagnac, vicomte de Fezensaguet et de Brulhois, Jean de Labarte seigneur d'Aure,
Moss Vidau de Feumant ouvrier de Condom, le commandeur
d'Abrin, le prieur du couvent des Frères Prêcheurs de Bagnères, maintenant lecteur à Périgueux.

Fait à Castelnau le 2 septembre 1345 régnent... et Pierre
évêque de Condom... témoins et Pierre de Caubone recteur
de Castelnau de Iubains./

Et moi Pierre Barclay, notaire de Lectoure etc.

Suit codicile à ce testament par lequel il est fait des dispositions au sujet des dettes du testateur, il est ordonné que l'on paira tout ce que lui ou ses gens ont pris aux habitants, de Fimarcon. Il veut que... Conques condomoises de froment soient données aux Augustins d'Agen et Lectoure *sengles sertis* de Froment. Il veut que toute sa vaisselle et ses ceintures d'argent et d'or, et son chapeau de perles, et le manteau d'Hermine et toutes ses autres fourrures qu'il a à Castelnau, et ses cristalleries soient vendus pour payer son testament, plus pour le même objet, 200 conques de froment et 150 pipes de vin. Il veut qu'on recouvre ce que lui doit le roi de France. Il veut que Moss Bernard de Fimarcon ait cent florins d'or.

Fait le 2 novembre à Castelnau de las Loubères.

VI

1455 2 mars

Entérinement par Guillaume de Larribeau de Rivoli, juge ordinaire du condomois et de l'Agenais deça la Gascogne, tenant cour à Condom.

Lettres patentes du roi Charles de France, ordonnant de procéder à l'expédition entérinement de lettres par lui concédées en 1442 à Odet de Lomagne son chambellard et sénéchal d'Agenais, et portant don au dit Odet de Lomagne de la part et portion qu'avait le roi sour La Romieu, en considération de ses services, soit à la guerre contre les Anglais, soit comme sénéchal. Les dernières lettres de Charles sont de 1445.

VII

7 septembre 1469

Lettres de nomination

A l'office de chambelland du roi en faveur de Jacques de Lomagnes, chevalier, sire de Montagnac.

N. B. La pièce et les six analyses ci-dessus ont été prises aux archives du grand séminaire d'Auch.

VIII

Procès

Entre le procureur du roi ; l'évêque et les consuls de Condom, d'une part et le seigneur de Fimarcon, d'autre part au sujet de la possession et juridiction de certains territoires 1377-1518.

1° Approbation par Louis, duc d'Anjou, frère de Charles V et son lieutenant dans le Languedoc de la décision prise par l'évêque et les consuls de Condom et par Odon de Lomagne, chevalier, seigneur de Fimarcon, de s'en remettre à des arbitres pour le jugement de leurs différents. 1377.

2° Lettre du roi Louis XII, ordonnant au parlement de Bordeaux de juger sans délai le procès entre la ville de Condom et le seigneur de Fimarcon, procès pendant depuis plus de quatre vingt ans. 1501.

3° Procès verbal de la mise en exécution par Pierre Palet, abbé de Verteuil, conseiller du parlement de Bordeaux, d'un arrêt rendu par cette cour le 8 avril 1517, entre le procureur du roi, l'évêque et les conseils de Condom d'une part ; et du roi, l'évêque et les consuls de Condom d'une part ; et le arrêt qui maintien les premiers en possession de la justice haute, moyenne et basse de tous les lieux et territoires situés et assis entre la ville de Condom jusqu'au milieu du ruisseau de l'Auvignon tant qu'il dure et s'étend en courant tout droit du lieu d'Estrapoy et du pont de Tardon, tirant tout le long du milieu du dit ruisseau à certain moulin à vent au Père Boute (alias crebots) et des dits lieux à deux pierres, étant auprès d'un gros chêne faisant division de l'archevêché d'Auch et des évêchés de Condom et de Lectoure et « d'illecq » à la font de Guersin jusques à la juridiction de Pouypetit et au ruisseau de Molyasses d'une part ; et jusqu'à la juridiction de Messire Géraud d'Armagnac et à la juridiction de Saint-Pouy et jusqu'à la terre et juridiction de Montcrabeau d'autre part.

Pierre Palet fit planter des bornes en pierre portant les armes du roy de l'évesque et de la ville, dans le lit de l'Auvignon.

1° Au pont de Tardon ;

2° A l'endroit où le ruisseau de Gaurres, entre dans l'Auvignon à Estrépouy ;

3° Au pont d'Orgueil ;

4° Au pont de la Caussade, route de La Romieu ;

5° Au pont du moulin de Castelnau, dans l'ancien lit de l'Auvignon ;

6° Près du pont de Maquin ;

7° Près du pont de la Pierre, chemin de Condom à Blaziert, sous le château du Boutet.

(Archives départementales du Gers FF. 29 (liasse) une pièce parchemin, sept pièces papier.

IX

Extrait du procès verbal

Par François de Sage premier président au parlement de Bordeaux et Giles de Noailles conseiller au même parlement commissaires députés pour visiter le pays de Condomois, d'Agenais et de Gascogne, faire dresser la figure accordée des villes et villages situés dans la dite sénéchaussée et s'enquérir de la distance de chaque juridiction aux deux sièges d'Agen et de Condom.

1° Accord sur le marquisat de Fimarcon : Le marquisat de Fiefmarcon et terres d'icelluy consiste en places que s'ensuyvent, scavoir : Castelnau, Abrin, Blaziert, Roquépine, Le Mas de Pellegrue, Marsolan, Lagarde, La Roque, Sainct-Martin de Goyne), Berrac, Ligardes et Gazaupouy ».

(Archives départementales du Gers FF. 35 (registre) m. 44, 88 feuillets parchemin).

X

Acte de l'hommage rendu au roi Louis XIV
par Paul-Antoine de Cassagnet, marquis de Fimarcon

« Le 3 juillet 1649, Haut et puissant Seigneur, Messire Paul-Antoine de Cassagnet, chevalier, capitaine de cinquante hommes d'armes des ordonnances du roy, mestre de camp du régiment d'Infanterie de Monseigneur le duc d'Anjou, marquis de Fieumarcon, seigneur d'Auradé, Seyches, Caussens et autres places, et dame Paulle-Françoise de Narbonne et de Lomagne son ezpouse, marquise dudit Fieumarcon, seigneurie de Larromieu et Estaffort » rendait à par devant MM. les Prési-

dents trésoriers de France et généraux des finances en la généralité de Bordeaux, au bureau du domaine du roy, hommage
du marquisat, fiefs, arrière fiefs, hommages des vassaux du dit
marquisat et aultres droits et dépendances de la dicte seigneurie et maison noble de Caussens, appartenances et dépendances,
en la personne de Maître André Gardey procureur juridictionnel du même marquisat de Fieumarcon, constitué par eux
procureur ad hoc par acte du 30 juin précédent retenu par de
Rizon notaire.

Lequel en présence de M⁰ Antoine de Nort advocat du roy,
estant le dict Gardey, aud. nom, teste nue, les deux genoux en
terre, sans ceinture et sans espèe ni espérans, tenant les
mains jointes en la manière a coustumée, a faict et rendeu au
bureau les foy et hommage lige et séverement de fidélité qu'il
doibt et est teneu de faire au roy nostre Sire. Louis XIV, roy de
France et de Navarre, à présent régnant, pour raison du marquisat de Fieumarcon, ses appartenances et dépendances, baronnies, biens, droicts seigneuriaux, justices, fiefs et aultres
droits et devoirs en dépendants généralement quelconque, relevant de Sa Majesté à cause de sa couronne de France. A promis et juré sur les Saincts Evangiles, qu'il sera bon, fidèle et
loyal serviteur et vassal du roy et des successeurs, tout son
bien et honneur pourchassera et gardera, son mal évitera de
tout son pouvoir, servira, gardera et défendre Sa Majesté contre toutes personnes sans aucune exception et généralement,
tiendra et accomplira les choses contenues ez chapitres de
fidélité vieux et nouveaux... auxquels foy et hommage led. Gardey a été reçeu aud. nom... Et au cas que led. marquisat de
Fieumarcon et dépendances d'icelluy auraient été saisis faute
d'hommage, non rendeu avons faict et octroyé main-levée aud.
sieur marquis de Fieumarcon et deschargé les commissaires
establés sur led. marquisat et ses dictes appartenances en
payant leur frais et pr préalable au cens de la saizie, et sera
teneu led. sieur seigneur de Fimarcon bailler ses adveus et dénombrements dud. marquizat de Fieumarcon dans les quarante jours portés par l'ordonnance et icelluy remettre au
greffe pour estre communiqué aud. procureur du roy pour les
blasmer et dire ce qu'il verra estre à faire, pour ce faict, estre
procédé par saizie sur icelluy marquisat et ses dictes appartenances et aultrement ainsi qu'il appartiendra par raison. Es
témoignage de ce nous avons faict apozer le sceau du roy à ces

présentes. — Faict à Bourdeaux au bureau du domaine du roy
et royne, en la généralité de Guyenne, le troisième jour de juillet mil six cent quarante neuf. Ainsi signé. Richon. Monten-
don, Hulga, de Tortatz, de Cazal, de Nord et à Gardey hommages aud. nom ».

XI

*Acte de procuration pour rendre hommage au roi
de France, au nom de Jean-Jacques de Cassagnet
marquis de Fimarcon*

Aujourd'hui, dix-septième jour du mois de septembre mil
six cent cinquante six, régnant, Louis roy de France, dans le
château de Lagarde de Fimarcon, par devant nous notaire royal
soussigné... a été constitué haut et puissant Seigneur, Messire
Jean Jacques de Cassagnet de Narbonne et de Lomagne, seigneur marquis de Fieumarcon, d'Astaffort, d'Auradé, de Seysses de Larromieu et autres places, donataire contractuel de
haut et puissante dame Franç. Paule de Narbonne de Lomagne
marquise dud. Fieumarcon, lieutenant général des armées du
roy, ses père et mère, lequel de son bon gré et franc vouloir a
fait et constitué son procureur général spécial sans dérogation
à la généralité savoir est maistre... pour et au nom dud. sieur
constituant soi présenter par devant MM. les présidents trésoriers de France généraux des finances et juges du domaine
du roy en la généralité de Bordeaux et par devant y ceux produire le dénombrement de tous les biens nobles, fiefs, cens,
rentes, justices, devoirs, privilèges, auctorités et autres droits
que le dict seigneur tient et possède dans l'étendue dud. marquisat de Fieumarcon et sénéchaussée de Condom, avec les
arrières fiefs relevant dud. sieur marquis, ainsi que tout est
spécifié aud. dénombrement, et jurer en l'âme dud. seigneur
constituant led. dénombrement contenir vérité, et ne posséder
autres biens en lad. sénéchaussée, avec pouvoir de substituer
et élire tels procureurs que le dict... verra estre à faire pour
négocier en lad. présentation tout ainsi et en la forme et manière que led. sieur constituant ferait si présent était, auquel
ensemble et en icelluy qui par luy sera constitué et en luy donné tout pouvoir de ce faire, promettant led. seigneur constituant avoir et tenir pour fait et négocié tout ce que par led.
procureur et son substitut sera fait et de ce que dessus le rele-

ver indemne. Sous hypothèque et obligation de tous et cha-
cuns de ses biens présents et à venir, et ainsi l'a promis et juré
aux quatre saints évangiles de N. S. M⸍ a requis lui être retenue la présente procuration, par moy notaire royal soussigné,
etc. » Doazan notaire royal à Marsolan, signé.

(Archives du département de la Gironde, série E. 2241).

XII

Décomposition de la dette réclamée à Eymeri de Cassagnet
marquis de Fimarcon par Madeleine de Baschi d'Aubaïs

1° Le premier droit de Madeleine consistait dans la dot d'Angélique de Roquelaure qui avait fait héritier Jacques de Fimarcon par testament du 8 octobre 1678, au 31 mars 1731, cette dot
montait à la somme de 225.932 livres 14 sols 6 deniers.

2° Paule Françoise de Narbonne, au contrat de mariage de
Jean Jacques de Fimarcon et d'Angélique de Roquelaure, avait
donné 30.000 livres à Charles-Henri de Cassagnet, abbé de Fimarcon et celui-ci institua son héritier Jacques de Fimarcon,
son neveu.

3° Jacques de Fimarcon avait payé avec les deniers de Madeleine de Baschi, à la dame de Polastron épouse en secondes noces de Jean-Jacques de Fimarcon, une somme de 63.691 livres,
18 sols, 8 deniers. Cette somme lui était due comme légataire
du chevalier de la Hillière, concessionanire des droits des héritiers de Charles-François, marquis de Tilladet, premier
créancier de la maison de Fimarcon. Jacques avait aussi payé
des mêmes deniers, au même Charles-François, son frère du
second lit, 30.000 livres qui lui revenaient sur la maison de
Fimarcon. Jean Jacques leur père avait reçu cette somme en
qualité de tuteur.

4° Jacques avait payé à Louise de Fimarcon, marquise d'Esclignac 2.500 livres pour les intérêts de sa légitime maternelle;
cette somme lui était due par Jean Jacques de Fimarcon leur
père.

5° Madeleine réclamait 12.000 livres pour les légitimes pa-
ternelles des enfants de Jean-Jacques de Fimarcon sur
le pied de 12.000 livres chacun. Savoir : 48.000 livres
que Jacques son mari avait payé aux dames d'Esclignac,
de Miran, de Narbonne et de Goſ, et 24.000 livres qu'elle avait

le droit de répéter à titre d'héritière de Jacques de Fimarcon
et du comte de Latour.

6° Il était dû à Jacques de Fimarcon une somme de 12.000
livres par Charles- François de Cassagnet son frère du second
lit pour reste de la vente d'un régiment de dragons, et pour
cette somme, l'héritière de Jacques avait hypothéqué, sur la
légitime de Charles-François.

7° Madeleine réclamait une créance de 39.444 livres 5 sols 10
deniers que Jacques avait payée tant pour son père et la dame
de Polastron de la Hillière que pour son frère Eymeric de Fimarcon.

Le total de toutes ces réclamations s'élevait à la somme de
475.068 livres dix neuf sols,

XIII

*Extraits mis par ordre de date de l'Inventaire des archives
du château de Lagarde, dressé en 1760 par Me Pélauque
Notaire à Condom*

I

GUILLAUME

1169 4 avril. — Hommage contenant serment de fidélité fait
par Mabile fille de Vierrue et par Raymond de Triaville, son
mari, en faveur d'Ermengarde, vicomtsese de Narbonne, fille
d'une autre Ermengarde et d'Eymeri son neveu, fils d'Ermessinde, pour raison du château de Peyriac, etcé à par lett. 50 0 /coté
1195. — 4 des nones de Septembre. Fondation de la commanderie d'Abrin, écrite en lettres gothiques sur velin... lett. SSS /9

OTHON 1er

1259 28 mai. — Donation faite par Etienne, abbé de St-Victor de Marseille, au comte de Toulouse Alphonse et à Jeanne sa femme, de toute la justice que le dit abbé et monastère
de St-Victor avaient à La Romieu. Copie datée du 10 des kalendes d'octobre 1259 lett. 33 N.

OTHON *II*

1268 20 août. — Donation faite par Salomon de Lomagne
roy de Navarre, en faveur de Marcon de Lomagne, son cou-

sin germain, joint deux hommages, l'un du 7 mars 1200, l'autre du 7 may 1300 lett. MMM.

1269 Lundi dans l'octave de la Saint-Martin. — Acte de sommation faite par le sénéchal de Gascogne pour le roy d'Angleterre, de lui bailler le dit lieu de Blaziert, attendu les maléfices qu'il avait commis ; lequel fit réponse qu'il s'était donné au seigneur de Fimarcon, comme relevant le lui. lett. 46 T.

1271. — Copie de procès-verbal de la prise de possession de de Toulouse par Philippe roi de France. lett. 7 F.

1275 10 mars 1305. 5 may. — Etat de certaines reconnaissances faites par certains habitants de La Romieu en faveur de l'abbé St-Victor de Marseille, prieur de La Romieu lett. 199 L.

1278. — Ordonnance du sénéchal d'Agenais qui enjoint au bayle de La Romieu pour le roy. de ne prendre que les droits qui appartiennent à celui-ci et de ne pas inquiéter Othon de Lomagne dans la perception des siens. 35 Y.

1279 Mercredi après St-Barnabé. — Procès-verbal pour l'emplacement des bornes qui divisent les juridictions de Condom et du marquisat de Fimarcon. fait au couchant du ruisseau de l'Auvignon. 59 S.

1280. — Sentence arbitrale entre Gaston de Blaziert portant partage de biens.

1287. — Testament de Messire Bézian de Blaziert 12 S.

1291 1er avril. — Compromis entre le comte d'Armagnac et Othon de Lomagne sur le mariage à contracter entre le fils du dit Lomagne et la sœur du dit comte d'Armagnac. 10 S

1295 Jeudi avant la Nativité de N. D. — Contrat de mariage entre Bernard Trencaléon, fils du seigneur de Fimarcon et Marthe sœur du comte d'Armagnacs. 10 S.

1297 Vendredi avant la fête de la chaire de St-Pierre. — Sentence arbitrale et acquiètement à celle donnée entre Messire Othon de Lomagne, seigneur de Fimarcon et Raymond Delor au sujet de la seigneurie de Blaziert. 49 B.

1297. — Compromis d'entre M. de Fimarcon et Guillaume et Raymond Delor co-seigneur de Blaziert. 46 R.

1297 3 octobre. — Reconnaissance contenant aussi donation de la terre et seingeurie de Fimarcon. 40 P.

1298 mai. Lettres du roy Philippe le Bel contenant approbation et confirmations des accords faits entre Gaston de

Blaziert et Othon de Lomagne pour raison de la seigneurie de Blaziert qui demeure propre au dit de Lomagne, seigneur de Fimarcon moyennant mille livres. 66 V.

1298. Mercredi après l'octave de la Purification. — Donnation de la terre de Blaziert faite par Gaston de Blaziert à Othon de Lomagne, seigneur de Fimarcon. 46 M.

1303 2 mars et 1308 7 avril. — Titres par lesquels il conste qu'Edouard, roi d'Angleterre rend au seigneur de Fimarcon la justice sur les gentilshommes hauts justiciers, le droit de ressort sur leurs justiciables et leur enjoint de ne reconnaitre autre que le dit seigneur de Fimarcon. 8 C.

303 5 juin. — Deux contrats pour concession de la justice dans les terres des hommagers et vassaux de Fimarcon 8 A..

1304 9me de la sortie d'avril. — Rescrits par lesquels le roy d'Angleterre rend au seigneur de Fimarcon la justice sur les gentilshommes hauts justiciers et le ressort sur les justiciables dans l'étendue de la seigneurie. 8 D.

1308. — Lettres de sauvegarde pour le seigneur de Fimarcon et autres seigneurs de Gascogne. 7 K.

1310. — Bulle du pape Clément . V concernant les dîmes possédées par les nobles et les non nobles de la vicomté de Lomagne, de l'année cinquième de son pontificat.

1313. — Dernier octobre, testament de noble Mathe d'Armagnac. 13 A.

BERNARD TRENCALÉON

1314. — Hommage rendu à M. de Fimarcon par les seigneurs de Pouy-Carréjelard, Berrac, St-Mézard, Larroque et St-Georges. 65 F.

1314, mardi après la fête de St-Martin. — Procuration faite par le vicomte de Lomagne.

1325-1327. — Privilèges qui défendent aux sergents royaux de n'exploiter lettres à la seigneurie de Fimarcon sans la permission du seigneur de Fimarcon. 6 N.

1330 8 janvier. — Fondation de la chapellenie appelée Dujac, fondée dans l'Eglise d'Abrin par noble Bernard Trencaléon. RRR.

1335 29 juin. — Sentence arbitrale et accord fait entre les Seigneurs de Fimarcon et de Terraube pour limites et droits de chacun au terroir de Bordes 6 C.

1336 27 janvier. — Testament de rescission volontaire du contrat qui avait été passé entre Jean comte d'Armagnac et

Jeanne première fille du seigneur de Fimarçon et d'Allemane de Cazenore. 33 K.

1336 14 mars. — Procès verbal d'inquisition des revenus que le roy a coutume de tirer de la ville et juridiction de La Romieu, portant donation faite au seigneur de Fimarçon de 15 sols morlans sur la maison de St-Aignan. 33 R.

1336 Mercredi avant la fête de St-Pierre. — Transaction entre les seigneurs de Terraube et de Fimarçon au sujet des territoires de Terraube Doazan et Le Mas. 26 N.

1337 19 juin. — Transaction entre Bernard Trencaléon seigneur de Fimarçon et les consuls et les habitants du Mas pour raison des droits seigneuriaux. 26 R.

JEAN 1er

1337 26 août. — Confirmation du droit et octroi fait par le roy à Allemanne de Cazenove à Jean son fils que eux et leurs sujets ne ressortissent dorénavant que devant le juge ordinaire d'outre Garonne c/la sénéchaussée d'Agen, 6 C.

1338, 25 février. — Lettres patentes du roi Jean de Bohème pour M. de Fimarçon concernant la justice de La Romieu, 36 T.

1338. Jeudi avant la St-Vincent. — Inventaire des biens meubles et immeubles délaissés par noble Bernard Trencaléon. seigneur de Fimarçon, fait à la requête de noble Allemanne de Cazenove, sa veuve. pour Jean son fis. dans lequel inventaire, entre autres choses. il est fait mention de la moitié de la justice haute en La Romieu. en faveur du dit seigneur. 35 V.

1339, 24 février. — Lettres patentes du roy Jean de Bohème pour M. de Fimarçon. concernant la justice de La Romieu, 36 T.

1340 4 avril. — Lettres patentes de confirmation des dites lettres par Philippe roy de France. 36 V.

1341. 12 janvier. — Accord fait entre le seigneur de Fimarçon et les habitants de Gazaupouy pour la construction d'un nouveau fort dans le dit lieu. 17 N.

1345. novembre. — Lettres de confirmation du roy Philippe de la même donation. 33 P.

1347. mai. — Autres lettres de confirmation. 33 P.

1347 juin.— Privilège du roy. Philippe par lequel il veut que les causes de la seigneurie de Fimarçon ressortissent au sénéchal d'Agen. 6. M.

1347, 5 août. — Hommage fait par Jean d'Aux, co-seigneur de Roquépine à Dame Allemanne de Gazenove pour 26 concades de terre appelées à Lavacan, de Meissan, de Maugret et au Martin, dépendances de Villefontan. C. D.

1354, 25 Décembre. — Déclaration faite par le seigneur de Fimarcon aux consuls de La Romieu, portant que si les consuls et les habitants du dit lieu de La Romieu lui ont fourni pain, vin, viande et autres choses nécessaires, et à ceux de sa suite, cela n'a été que par amour et non par obligation. 39. C.

1365, 9 mars. — Sauvegarde de Mgr le duc d'Aquitaine en faveur de la dame de Fimarcon. 13. O.

ODET 1er

1368. — Lettres de Sauvegarde accordées au seigneur de Fimarcon et aux autres seigneurs de Guienne. 7 K.

1370, juillet. — Lettres de Loys, fils du roy de France, frère du roy, duc d'Anjou, portant certains dons en faveur de M. de Fimarcon, 6 L.

1374, 5 mai. — Transaction passée entre le roy, l'évêque de Condom et le seigneur de Fimarcon, concernant la justice du lieu de St-Orens. 59 C.

JEAN II

1379 25 mars. — Hommage de certains lieux en Marsolan par Dominique de Sargrade. 6 A.

1379, 25 mars. — Hommage rendu au seigneur de Fimarcon par Guilhem Arnaud de Filartigue 4 G.

1387, 17 juin. — Donation faite en faveur des cordeliers de Douzenac, par Bernard de Ventadoux. seigneur du dit lieu d'une pièce de terre et d'une vigne. 15 N.

1388, 24 janvier. — Hommage de certains biens en Gazaupouy par Gaillardine de Castillon en faveur du seigneur de Fimarcon. 5 Z.

1385, 29 novembre. — Hommage de Jean du Boutet, écrit en latin sur velin. 4 H.

1399. — Testament de dame Mathe, vicomtesse de Constantin, seigneur de Pouy-Carréjelard. 4 E.

1399. — Testament de dame Mathe, vicomtesse de Causserans, 16 K.

GERAUD

1403. — Articles du mariage de Géraud de Lomagne Fimarcon avec Cécile de Périllos, 11 F,

ODET II

1427, 27 août. — Transaction entre dame Mathe de Comminges vicomtesse de Cousserans et Arnaud Roger de Comminges. 27 N.

1429, 24 may. — Contrat de mairage entre noble Odet de Lomagne et dame Mathe de Comminges 10 N.

144, 25 juillet. — Acte de serment de fidélité fait par les habitants de La Romieu à M. de Fimarçon. 33 V.

1442. — Donation faite par le roy Charles de la part qu'il avait en La Romieu en faveur d'Odet de Lomagne. 35 S.

1446, 8 décembre. — Relachement de la terre de Roquelaure par le seigneur de Fimarçon en faveur de noble Gravas de Mondenard. 5 D.

1447, 6 mars. — Hommage d'un moulin à vent en Marsolan et autres lieux par Gaston de St-Lanes. 6 B.

1447, 26 juillet. — Relachement fait par Odet de Lomagne. seigneur de Fimarçon, en faveur de noble Pierre du Boutet de la salle du Boutet et de ses appartenances, sous la redevence de douze sols tournois et hommage. 59 A.

1448, 15 avril. — Acte de protestation et de notification fait à la requête du comte de Foix contre Jean de Narbonne. 7 O.

1448, 24 avril. — Acte de protestation fait par Jean de Narbonne de Taillaran, touchant l'usurpation de la vicomté de Narbonne. 38 E.

1448, 30 décembre. — Procuration faite par Jean de Narbonne. seigneur de Tallairan pour prendre possession de plusieurs terres dans la vicomté de Narbonne 38 J.

1448, 30 décembre. — Protestation contre l'hommage et serment de fidélité que le comte de Foix exigeait de la ville et vicomté de Nabonne. faite au nom de Jean de Narbonne, substitué à la dite vicomté. 38 V.

1458, 14 octobre. — Reçu de la somme de 200 écus que dame Mathe de Comminges. dame de Fimarçon. a donnés au chapitre de La Romieu pour établir deux messes basses chaque lundi et vendredi de l'an. une messe chantée le jour de St- Martial en l'autel St-Georges. 37 K.

1458, 18 décembre. — Procuration faite par odet de Lomagne. seigneur de Fimarçon pour demander le douaire de dame Cécile de Périllos, sa mère. 38 L.

1461. 2 juin. — Contrat de mariage de Messire Jacques de Lomagne et Anne de Latour. 9 M.

1467, 31 mars. — Hommage rendu par Catherine de Bordes, femme de noble Pierre de Monluc d'Aygues-mortes, de la terre de Roquépine en faveur du seigneur de Fimarcon. 5 J.

1470, 25 juillet. — Transaction entre Edouard de Massiac, administrateur du prieuré de Layrac, et noble Jean de Lomagne, co-seigneur d'Astaffort, seigneur de Montaigut, concernant la perception de la moitié de la dime de Lajoanenque. 43 V.

1470, 30 juillet. — Lettres patentes du frère du roy, Charles, duc de Guienne, en faveur d'Odet de Lomagne, seigneur de Fimarcon, pour assembler les nobles, vassaux et gentils hommes pour la garde des pays et seigneuries du dit seigneur roy. 7 E.

1477-1481. — Lettrse patentes pour les sommes à lever aux fins de l'entretien des gens de guerre dans les pays, terres et seigneuries de Gascogne, manans et habitants du Condomois et du pays de Fimarcon. 59 R.

1478, 15 septembre. — Testament de noble Mathe de Lomagne. 13 P.

1478, 17 septembre. — Testament d'Odet de Lomagne. 14 A.

JACQUES

1479, 1er avril. — Procuration faite par nobe Giles de Lomagne au seigneur de Fimarcon, son frère, pour vendre les droits qu'il a en seigneurie de Montagnac. 7 N.

1480, 15 féveirr. — Accord entre Jacques et Odel de Lomagne, frères au sujet de la baronnie de Terrides. 27 A.

1480, 7 mars. — Enquête concernant les droits du seigneur de Fimarcon dans Astaffort pour l'exercice de la justice dans la dite ville et la prestation du serment de fidélité réciproque. 41 O.

1480, 13 mars. — Procuration de Jacques de Lomagne pour consentir que son fils soit légitime héritier d'Odet de Lomagne. 31 V.

1481, 12 septembre. — Echange de fiefs entre Jacques de Lomagne, marquis de Fimarcon, et le syndic du chapitre de La Romieu. 33 J.

1482, 24 avril. — Procuration faite par M. le marquis de Fimarcon pour régir la moitié du moulin d'Astaffort, l'autre moitié étant au seigneur de Montaigut. 45 C.

1482, 25 avril. — Acte de serment de fidélité réciproque du seigneur de Fimarcon et des consuls d'Astaffort. 40 S.

1482, 20 octobre. — Achat par Géraud Paratge, maréchal de

Blaziert, de la dame Mathe de Comminges, dame de Fimarcon,
d'une maison et place vacante au dit lieu de Blaziert. 28 B.

1484, 10 juin. — Contrat de mariage entre Messire Manaud
de Cassagnet et Anne de Lasséran. 10 D.

1484, 22 septembre. — Lettres de l'état et office de collecteur
au marquisat de Fimarcon, accordées par Jacques de Lomagne, marquis de Fimarcon, à Hugues Gendrier. 59 V.

1485, 12 juillet. — Commission du Grand Conseil pour infor-
mer sur les faits des confins et limites de Gazaupouy, Castelnau des Loubères et Blaziert, accordée à Jacques de Lomagne,
marquis de Fimarcon, contre le lieutenant général, consuls et
habitants de Condom. 59 X.

1488, 20 février. — Inféodation faite par noble Marie d'Arcamont, veuve de Jean du Boulet, seigneur de Caussens, en faveur de Jean Bassalères, de certaines mazures et d'autres biens
en Caussens sous le fief annuel de douzes grosses et une paire
de poules. 58. Z.

1488, 21 juillet. — Procuration faite par M. de Fimarcon pour
limiter les territoires d'Astaffort et de Moyrax.

1488, 28 juillet. — Procuration entre les consuls d'Astaffort
et le curé d'Armans en Astaffort et les consuls et le curé de
Moyrax, concernant les limites de ces juridictions. 45 P.

1490, 15 février. — Accord entre MM. Jacques de Lomagne,
seigneur de Fimarcon, Odet, sieur de Terrides et Giles, sieur
de Montagnac, frères. 17 L.

1491, 10 janvier. — Vente de toutes les censives, revenus et
autres droits seigneuriaux dans le lieu de Rignac, par Gailhard
de Montezun au seigneur de Fimarcon. 30 G.

1491, 14 janvier. — Lettres consulaires pour M. le marquis
de Fimarcon, aux fins de faire expédier toutes les pièces nécessaires pour le procès qu'il a contre l'évêque, le procureur du
roy et les consuls de Condom. Datée de Bordeaux. 59. Z.

1492, 28 septembre. — Transaction entre Jacques de Lomagne, et Anne de Beaufort sa belle-mère. 27 E.

1494, 24 mars. — Arrêt de Bordeaux entre M. de Fimarcon,
l'évêque et les consuls de Condom qui ordonne que Monseigneur l'évêque et le syndic répondent à certains articles. 60 A.

1494, 10 mai. — Lettres qui inhibent aux consuls de Condom
de rien entreprendre sur les limites du Fimarcon pendant le
procès.

1500, 20 may. — Jugement de la chancellerie de Bordeaux

sur le droit de ressort du sénéchal de Condom pour la terre de Fimarcon et non à Agen. 6 K.

1502. — Dispense de Mariage pour Aymeri de Narbonne et Anne de Lomagne. 9 S.

1505, 11 novembre. — Testament de Messire Jacques de Lomagne. 13 R.

1507, 3 juillet. — Fondation de la Chapellenie des onze mille vierges, fondée et desservie dans l'église de Lagarde N N X.

1508, 13 septembre. — Arrêt de réintégrande pour Anne de Lomagne contre le sieur de Terrides. 38 C.

1508, 23 septembre. — Enquête faite par M .de Maisonnières, conseiller au parlement de Bordeaux, à la requête d'Anne de Lomagne, marquise de Fimarcon, contre Géraud de Lomagne, protonotaire apostolique du St-Siège, frère du sieur de Terrides, qui prétendait part à la succession de Fimarcon. 38 A.

1509, 17 avril. — Prestation du serment de fidélité par les consuls et habitants de La Romieu à Aymeri de Narbonne et à dame Anne de Lomagne, marquise de Fimarcon. 33 Z

1509, 3 juillet. — Fondation de la chapellenie de Gingoy, desservie par l'Eglise de Castelnau. PPP.

1511, 1er décembre. — Procès-verbal d'exécution de la condamnation et liquidation des fruits et meubles que Georges de Lomagne avait pris en Fimarcon. 38 B.

1513, 29 août. — Collationné d'une reconnaissance de Goazis par M. de Fimarcon de l'archidiacre de Bruilhois, à cause des dîmes inféodées d'Astaffort. 43 P.

1516, 8 avril. — Arrêt de Bordeaux entre le procureur général du dit Bordeaux, l'évêque, syndic et consuls de Condom et Messire Jacques de Lomagne, marquis de Fimarcon, rendu sur le fait de limites des juridictions de Condom et de Fimarcon.

1517, 17 janvier. — Testament de dame Anne de Lomagne. 13 G.

AYMERI.

1517, 1er octobre. — Assignation donnée à M. Aymeri de Narbonne et à la dame de Fimarcon devant M. Palet, conseiller au parlement, à la requête de Monseigneur l'évêque et des consuls de Condom, pour l'exécution de l'arrêt du 8 avril.

? Enquête sur des contestations élevées lors de la sépulture d'Anne de Lomagne, dame de Fimarcon décédée à Castelnau et enterrée à La Romieu. 57 X.

1518, 8 avril. — Commission de François 1er, roy de France, de la charge de capitaine général de mille hommes de guerre pour Odet de Caussens. 8 Ç.

1519, 21 may. — Attestation portant que le seigneur de Fimarcon n'est tenu de paraître à l'arrière ban s'il ne lui est commandé par lettres expresses du roy. 7 L.

1520, 10 des kalendes de janvier. — Bulle de Léon X portant commission aux officiaux de Lectoure, Condom et Carcassonne, d'enjoindre sous peine d'excomunication, aux détenteurs d'une transaction concernant Astaffort, de la rendre à Aymeri de Narbonne. 45 B.

1520, 26 septembre. — Accolement et ampliation d'enquête, pour Bernard de Lomagne, seigneur de Fimarcon, entre François de Lomagne, seigneur de Montagnac. 57 Z.

1521, 20 avril, 31 mai et 1er juin. — Enquête aux fins de la vération de certaines écritures et seing de feu Giles de Lomagne, seigneur de Montagnac, pour Messire Bernard de Narbonne, marquis de Fimarcon. 58 A.

1523, 25 février. — Contrat de mariage entre Jean-Jacques d'Astarac, seigneur de Fontarailles, de Castillon de Marestaing et dâme Anne de Narbonne, fille de noble et puissant seigneur Aymeri de Narbonne. 10 A.

1524, 22 mars. — Lettres royaux pour contraindre les consuls de La Romieu à montrer leurs titres. 39 S.

1525, 27 juillet. — Appointement du sénéchal d'Agen entre M. de Fimarcon et les consuls de La Romieu qui réintègre le dit seigneur dans la justice du dit lieu de La Romieu. 36 B.

1526 9 septembre. — Protestation faite par Aymeri de Narbonne et Bernard de Narbonne, père et fils à Mgr de Ferrière vicaire général et official d'Auch, concernant le prieuré de St Pardon desservi dans l'Eglise du Mas.

1527, 4 octobre. — Afferme de la seigneurie d'Astaffort faite par M. le marquis de Fimarcon en faveur de Jean Dupeyret. 43 O, 45 F.

1527 22 juillet. — Lettres assignatoires du sénéchal de Condom, prises par M. de Fimarcon contre le sieur du Boutet, sur ce que le sieur du Boutet détournait le cours ordinaire de l'Auvignon. 49 A.

1529, 29 août. — Transaction entre M. de Fimarcon et les habitants du Mas touchant la queste du Mas. 26 P.

BERNARD *II*

1530 21 novembre. — Commission de greffier de la baillie de La Romieu par M. de Fimarcon à Doazan. 35 P.

1530, 29 novembre. — Transaction passée entre Bernard de Narbonne, marquis de Fimarcon et les consuls et habitants de La Romieu. 34 A.

1531, 14 août. — Contrat de mariage entre M. de Moléon et noble Catherine de Narbonne. 60 A.

1531 30 octobre. — Contrat de mariage entre noble Bernard de Narbonne et dlle Cécile de Moléon .10 P.,

1532, 21 mai. — Prise de possession de la ville de St-Giron/*s* par Michel de Narbonne, vicomte de Coussérans. 31 X.

1533, 30 octobre. — Lettres patentes du roy François 1er, touchant l'hommage rendu du marquisat de Fimarcon et seigneurie d'Astaffort par Bernard de Narbonne. 40 V.

1534 27 avril. — Echange entre noble Bernard de Narbonne et noble Anne de Cassagnet, veuve de noble Bernard du Boutet, son fils concernant des biens situés dans St-Orens et Blaziert. 20 Z.

1535 21 mai. — Contrat de vente de la pace St-Girons, faite par Messire Bernard de Narbonne à M. de Fontarailles. 23 Q, 30 H.

1536, 29 mars. — Achat fait par le sieur Elie du Lorens de la place d'Astaffort appartenant à M. de Fimarcon. 43 N.

1538, 15 mai. — Bail à ferme des terres de Castelnau, Gazaupouy, Blaziert et Abrin en faveur de Pierre Gazenave par Messire Bernard de Narbonne. 54 F.

1538, dernier de juin. — Hommage fait au seigneur de Fimarcon par le sieur de Berrac. 4 N.

1539, 12 et 13 juin. — Acte de rachat de la place d'Astaffort par Messire Bernard de Narbonne, laquelle avait été vendue à M. Elie du Lorens. 52 C.

1539, 16 juin. — Appointement qui condamne le syndic de l'église collégiale d'Aurillac à faire revente de la place d'Astaffort, moyennant 4.000 livres, en faveur de M. le marquis de Fimarcon. 40 X.

1539, 18 juin. — Promesse des prêtres obituaires d'Aurillac de faire revente au seigneur de Fimarcon de la seigneurie de Belmont près La Romieu. 36 Z.

1539, 11 septembre. — Contrat de vente de la ville de La Romieu, fait par Bernard de Narbonne, marquis de Fimaron, au syndic du chapitre de l'Eglise collégiale d'Aurillac. 37 R.

1542, 17 juin. — Commission de la cour des aydes de Paris, prise par les habitants de Fimarcon pour assigner en la dite cour ceux du pays de Condomois, à l'occasion de la surcharge des tailles et autres impositions. 60 E.

1543, 26 juin. — Contrat de mariage entre noble Bernard de Narbonne et dlle Françoise de Bruyères. 9 A.

1544,2 mars. — Sentence du sénéchal d'Agen qui maintient M. de Fimarcon dans la perception de certaines dîmes en Astaffort et le relaxe de la demande de M: Desplatz, évêque de Bazas et prieur de Layrac. 43 M.

1544, 23 Août. — Arrêt du parlement de Bordeaux qui maintient le seigneur de Fimarcon. co-seigneur d'Astaffort, en la possession de retenir les prisonniers dans sa tour appelée du Marre. au préjudice des autres co-seigneurs.

1545, 16 Avril. — Arrêt de Toulouse pour Bernard de Narbonne, marquis de Fimarcon, concernant la place de St-Girons. 18 E.

1546, 28 octobre. — Procuration de noble Friz de Preissac concernant une chapellenie. OOO.

1547, 15 septembre. — Arrêt de Toulouse qui adjuge par décret la terre de Castillon à Messire Bernard de Narbonne. 20 J.

1548, 27 avril. — Arrêt pour défaut de mettre pièces, pour M. de Fmarcon contre M. Desplatz, évêque de Bazas. 43 L.

1548, 25 juillet. — Transaction entre Messire Bernard de Narbonne et Messire Gabriel de Marestaing. 27 P.

1548, 28 juillet. — Arrêt de Toulouse entre M. de Fimarcon, contre Michel Grégoire. curateur de M. de Fontarailles. 19 H.

1548, 7 août. — Transaction et autorisation de contrat d'accord entre Messire Bernard de Narbonne et Messire Gabriel de Marestaing. 27 Q.

1553. Arrêt de Bordeaux pour M. de Fimarcon contre les consuls de La Romieu. touchant les différends qui s'étaient élevés en cette ville. 37 R.

1553, 13 septembre. — Appointement du juge du comté de Gaure

1554. 36 août. — Arrêt de Toulouse pour le seigneur de Fimarcon pour les fiefs qu'il possède dans le Sempuy et la Sauvetat sera enregistré. 57 P.

1554, 36 août. — Arrêt de Toulous epour le seigneur de Fimarcon contre le seigneur de Terrides concernant la terre de Fimarcon. 19 O.

1556, 24 septembre. — Arrêt de renvoi au parlement de Toulouse entre M. le marquis de Fimarcon contre M. de Terrides. 19 C.

1558, 27 janvier. — Contrat de prorogation consenti par le cardinal de Ferrare, abbé de Fontfroide en faveur de M. le marquis de Fimarcon et de sa femme pour pouvoir racheter pendant cinq ans la terre de Saint-Martin. 45 X.

1558, 14 février. — Appointement du sénéchal d'Agen portant pourvoyance de curatelle de Gabriel de Narbonne, sieur de Combelonnet. 32 X.

1558, 26 mars. — Lettres de décharge de tutelle accordée par le chambellant du roy et reyne de Navarre, en faveur de Bernard de Narbonne seigneur de Fimarcon. 7 A.

1559, 4 mars. — Contrat de mariage entre noble Jean de la Courtade, seigneur de Fendeilles et dmlle Jeanne de Narbonne. 9 A.

1560, 6 mars. — Contrat de mariage entre Jean de Labarthe, baron de Montcorneil et dlle Marguerite de Narbonne, fille de Messire Bernard de Narbone, marquis de Fimarcon. 9 D.

1560, 17 juin. — Procuration du sieur de Rouillan pour faire hommage en son nom d'une partie de St-Mézard à M. le marquis de Fimarcon. 4 K.

1560, 27 juin. — Contrat de mariage entre noble et puissant seigneur Frédéric d'Ornézan, seigneur d'Auradé et dlle Marguerite de Lambes, 10 K.

1560, 24 ovembre. — Contrat de pension viogère de 25 livres par haut et puissant seigneur Bernard de Narbonne, marquis de Fimarcon, en faveur de noble Françoise de Narbonne, sa fille religieuse du monastère de Prouillan.

1562, 25 mars. — Transaction entre le sieur de Roquépine, PouyCarréjelard et les consuls de Pouy-Carréjelard, par laquelle le dit sieur affranchit ses biens des tailles et impositions, en vertu des hommages et dénombrements qu'il fait au marquis de Fimarcon. Avec l'arrêt d'autorisation de la dite transaction, et les autres arrêts de confirmation de la dite transaction, homonologués au parlement le 28 août 1614. 8 O.

1563, 25 janvier. — Mariage entre noble Jean de Bezolles et dlle Paule de Narbonne. 8 Y.

1563, 26 décembre. — Mariage de Messire Jean de Narbonne et de dame Paule de Narbonne, fille du seigneur de Combelonnet. 9 K.

1564. — Articles du mariage entre Charles de Rigault, baron de Vaudreuil et dlle Marguerite de Narbonne fille de Messire Bernard de Narbonne de Lomagne. 8 V.

1564, 10 décembre. — Contrat de mariage entre Charles de Rigault, baron de Vaudreuil et d'Auriac et dlle Marguerite de Narbonne. 9 II.

1565, 27 Octobre. — Achat de la seigneurie de Castelnau de las Loubères, faite par MM. du Tilladet et Garros de M. de Fimarcon. 48. II.

1566, 8 octobre. — Bail de plusieurs lieux en Blaziert fait par le sieur du Boutet, par lequel il charge Jean Courrent, procureur, de payer à la décharge de M. de Fimarcon un cartel de bled annuellement, pour autant qu'un moulin sur l'Auvignon que le dit du Boutet a fait de redevance dud. seigneur de Fimarcon, et il le charge encore de plusieurs autres articles. 47 D

1567, 21 juin. — Mainmise de la ville et seigneurie de La Romieu, faite par voisins, huissier de Bordeaux, à la requête du procureur général du parlement. 35. D.

1567, 21 octobre. — Procuration de M. de Fimarcon pour retirer la place et seigneurie de St-Martin des mains de l'abbé et religieux de Fonfroide. 45 O.

JEAN III

1568, 9 avril. — Protestation faite par Jean de Narbonne, seigneur de Fimarcon, lors du bâtiment du moulin à vent de M. de Bouet, à Blaziert. 47 II.

1571, 14 juillet. — Donation faite par les consuls et les habitants du Mas en faveur de Messire Jean de Narbonne d'un bois appelé au Commun. 15 Ç.

1571, 14 novembre. Don fait par le roi à M. de Fimarcon des biens confisqués à delle Armoise de Lomagne. 52 D.

1571. — Baptême de la cloche de Castelnau. Parrain: Jean de Narbonne et Paule de Narbonne marquis de Fimarcon.

1572, 2 août. — Arrêt pour Messire Michel de Narbonne, vicomte de St-Girons, contre Armoise de Lomagne, dame de Montaigut. 20 H.

1573, 29 octobre. — Accord entre MM. de Narbonne père et fils au sujet d'une pension indiquée sur les revenus d'Astaffort. 42. N.

1573, 28 septembre. Cession de la seigneurie d'Astaffort faite par Jean de Narbonne en faveur de Bernard son premier fils 44 P.

1573, 30 novembre. — Vente sous rachat de la seigneurie d'Astaffort pour noble François de Laville contre M. de Fimarcon, 43 K.

1576, 29 mai. — Arrêt de Bordeaux rendu entre M. de Fimarcon, le syndic du chapitre de La Romieu et le syndic des consuls et habitants du même lieu, qui adjuge au dit marquis l'entière justice dans la Romieu et d'autres droits. 34 C.

1777, 19 mars. — Rôle du serment de fidélité juré par les habitants de La Romieu à M. le Marquis de Fimarcon.

1578, 7 mars. — Transaction passée entre Messire Jean de Narbonne de Lomagne, faisant pour dame Germaine de Béon, dame comtesse de Combelonnet, avec M. Jacques de Béon, vicomte de Cères, portant que le sieur vicomte donne pour toutes prétentions à la dame la somme de mille trois cent trente trois écus d'or un tiers. 26 M.

1578, 11 septembre. — Déclaration faite par Augustine Sagette, veuve du sieur de Laville, qu'elle a deux livres de reconnaissances d'Astaffort qu'elle promet de restituer à M. de Fimarcon, 40 Z.

1579, 19 août. — Contrat de mariage entre Jean-François de Narbonne, baron de Tallairan et noble Isabelle de Cous. 9 P.

1581, 7 février. — Sentence du sénéchal de Condom rendue contre Armoise de Lomagne , dame de Montaigut et Angélique de Cantres, demoiselle, veuve de François de Laville. 18 L.

1582, 24 novembre. — Acte de consignation de 5.000 livres fait par M. de Narbonne, marquis de Fimarcon pour retirer la place d'Astaffort. 41 A.

1582, 12 mai. — Transaction entre Jean de Narbonne, Aymeric et Agésilan de Narbonne, frères pour partage de biens. 27 R.

1582 31 juillet. — Contrat de mariage entre Messire François de Cassagnet et dame Charlotte de Loudun. 51 H.

1583, 28 septembre. — Transaction passée entre M. Pierre de Redon et Mlle Angéline de Chazettes, veuve de noble Antoine de Laville. 14 X.

1583, 29 décembre. — Jugement rendu par le présidial de Condom dans lequel le renvoi requis par le seigneur marquis de Fimarcon lui est dénié.

1585, 23 février. — Commission de sénéchal d'Agenais pour M. de Fimarcon par la reine Marguerite. 7 O.

1585, 8 mai. — Verbal d'enquête faite par le sénéchal de Condom sur l'âge d'Almaric de Narbonne marquis de Fimarcon. 32 D.

1585, 19 novembre. — Echange entre Messire Jean de Narbonne, chevalier de l'ordre du roi et Jean Eymeric de Léaumont, concernant les métairies de Bazax en La Romieu et celle de Marsolan en La Roque. 20 N.

1588, 15 février. — Arrêt de Bordeaux rendu entre le syndic, consuls, manans et habitants du marquisat de Fimarcon, contre le syndic, manans et habitants de Condom. 19 V.

1589, 30 novembre. — Reçu de Messire Jean de Narbonne, seigneur de Fimarcon, en faveur des Sieurs Rivière et Perriquet de la somme de 5.000 livres écus d'or sol, consignée entre les mains du dit Rivière, Dantan et Perriquet pour le rachat de la seigneurie d'Astaffort. 16 O.

1590, 17 janvier. — Députation d'un consul de La Romieu et du trésorier du marquisat pour aller à Condom assister au département des impositions. 37 N.

1590, 9 décembre. — Testament de noble Antoine de Laville, sieur d'Astaffort. 16 O.

1591, 6 mai. — Contrat d'arrentement des droits seigneuriaux de La Romieu, par dame Charlotte de Lavergne, marquise de Fimarcon, en faveur de Jean Navar.

1592, 7 janvier. — Compromis et sentence arbitrale entre Messire Jean de Narbonne, marquis de Fimarcon et M. Delor, concernant l'aliénation de la place et seigneurie de Blaziert, ci-devant faite au sieur Delor. 49 P.

1592, 20 octobre. — Contrat de mariage de Messire Amalric de Narbonne et dlle Marguerite d'Ornézan. 9 Q.

AMALRIC DE NARBONNE

1593, 10 février. — Acte de répudiation de l'hérédité de Jean de Narbonne, fait par Amalric de Narbonne, seigneur de Fimarcon. 32 D.

1593, 15 mars. Afferme de la baillie de La Romieu faite par Jean Tornerie à la dame Marquise de Fimarcon. 35 T.

1593, 7 avril. — Achat des places de Blaziert et d'Abrin fait par Agésilan de Narbonne, à noble Amalric de Narbonne, marquis de Fimarcon, son neveu. 46 X. 49 J.

1594, 5 janvier. — Achat de la seigneurie de Sallèles par le sieur de La coste de Séguier, de M. le Marquis de Fimarcon. 24 F.

1594, 14 juillet. — Achat des métairies de Tausignac et Gaichies en Blaziert fait par noble Agésilan de Narbonne de la dame Marguerite de Narbonne. 46 Z.

1549, 9 août. — Achat par M. de Fimarcon de la seigneurie d'Astaffort, auparavant vendue à François de Laville par les seigneurs de Fimarcon, ses prédécesseurs.

1595, 25 janvier. — Transaction entre Madeleine de Lavergne, dame de Pardeillan et Messire Amalric de Narbonne. 27 J.

1595, 14 octobre. — Ratification de la vente de Blaziert, par M. de Fimarcon en faveur de M. Agésilan de Narbonne. 49 M.

1596, 14 juin. — Achat de terre et seigneurie de Combelonnet par le sieur Jean Gardes, bourgeois et marchand d'Agen à Messire Amalric de Narbonne. 28 L.

1596, 29 juillet. — Arrêt du parlement de Bordeaux, obtenu par M. de Fimarcon, contre dlle Jeanne de Béarn, veuve du sieur de Laville. 52 K.

1596, 31 juillet. — Délibération des états du marquisat de Fimarcon contre le département de la somme de cent trois écus, trois sols sur les communautés du dit marquisat pour l'entretien de la garnison de Bayonne. 60 O.

1596, 1er août. — Lettres royaux obtenues par le syndic des consuls et habitants de Fimarcon, appelans de certains départements faits par le marquisat, contre les consuls de Condom. 60 P.

1596, 8 décembre. — Arrêt donné sur requête au parlement de Bordeaux, par lequel, conformément aux précédents arrêts on fait défense aux consuls de Condom de bailler plus grandes cottes des impositions qui se font dans la sénéchaussée de Condom que la neuvième partie au marquisat de Fimarcon. 60 Ç.

1596, 18 décembre. — Arrêt du parlement de Bordeaux pour le syndic du marquisat de Fimarcon contre le syndic et consuls de Condom. 17 Z.

1597, 6 mars. — Afferme de la seigneurie d'Astaffort, faite par M. de Fimarcon à maitre Jean Labatut. 43. II.

1597, 26 avril. — Transaction passée entre Messire Amalric de Narbonne et les habitants, du lieu de Lagarde. 16 V.

1597, 1er mai. — Transaction passée entre haut et puissant seigneur, messire Amalric de Narbonne et les consuls et habitants du lieu dit de Marsolan. 16 Y.

1598, 3 janvier. — Acte fait à M. de Fimarcon par les consuls de St-Martin, portant présentation de la liste des consuls et prière au dit seigneur de l'agréer s'il la trouve bien faite, portant aussi l'agrément de la dame de Fimarcon en l'absence de son mari. 45 Z.

1598, 15 janvier. — Protestation des consuls de Blaziert à M. de Narbonne avec le serment des dits consuls prêté entre ses mains. 47 K.

1598, 7 septembre. — Fondation d'une chapellenie dans la chapelle du château de Lagarde, par Messire Amalric de Narbonne, marquis de Fimarcon. TTT.

1599, 11 janvier. — Hommage rendu au roi Henri IV par M. le marquis de Fimarcon. XXX.

1599, 1er novembre. — Dénombrement fait par M. le marquis de Fimarcon, à la suite duquel est sa procuration pour se rendre devant la sénéchaussée d'Agenais. 41 D.

1599, 30 décembre. — Consultation touchant l'élection consulaire de La Romieu. 37 D.

1600, 9 avril. — Accord entre Messire Amalric de Narbonne et les consuls et habitants du lieu de Marsolan, portant échange des arrérages de rente de cinq années par le dit seigneur en faveur des dits consuls, et cession par ceux-ci des arrérages de tailles dûs en Marsolan par le sieur Bertrand du Bousquet. 53 J.

1600, 15 mai. — Arrêt de décret de Bordeaux rendu au profit de M. de Fimarcon, contre la dlle Jeanne de Béarn, veuve du sieur Antoine de Laville co-seigneur d'Astaffort, tutrice de ses enfants. 41 E.

1601, 9 et 16 décembre. — Procuration des consuls du Mas, Abrin et Saint-Martin pour le rétablissement du trésorier qui était au marquisat de Fimarcon. 55 F. 48 C. 53 J.

1602, 30 mai. — Transaction entre M. le marquis de Fimarcon et M. de Redon de la place d'Astaffort. 41 F.

1602, 2 juillet. — Lettre de requête civile accordée à Messire Amalric de Narbonne, contre Armoise de Lomagne, dame de Montagut et le sieur de Laville, pour raison de la seigneurie d'Astaffort. 52 N.

1602, 14 juin. — Dénombrement des biens et droits exécutés aux hers de feu François et Antoine de Laville. 40 H.

1603, 17 juillet. — Arrêt de Bordeaux entre Armoise de Lomagne et le seigneur de Fimarcon. 52 P.

1603, 13, 17, 18, 20, 21, 22 et 23 novembre. — Verbal d'exécution d'arrêt de décret des biens de noble Jean de Laville pour la dame Armoise de Lomagne. 52 O,

1604, 7 mars. — Contrat de prêt de cinq cent livres par M. du Breit à messire Amalric de Narbonne et obligé de 700 livres pour M. de Fimarcon en faveur de M. de Breil. 51 X 42 O.

1604, 25 juillet. — Consultation pour M. de Fimarcon, faite sur les droits seigneuriaux d'Astaffort. 43 B.

1604, 17 novembre. — Transaction entre M. de Fimarcon et M. de Clermont. 27 S.

1604, 31 décembre. — Contrat de ferme d'Astaffort par M. le marquis de Fimarcon à Me Jean Labeyrie notaire royal du dit Astaffort. 52 E.

1605, 26 juillet. — Contrat de la revente de la seigneurie de Blaziert par M. de Birac à M. de Fimarcon. 41 II.

1605, 4 août. — Achat de la seigneurie d'Astaffort par M. de Fimarcon de Jean de Lomagne son frère, et vente de la seigneurie de Blaziert par le dit seigneur de Fimarcon au profit du dit sieur Jean de Lomagne. 43 R.

1606, 16 juillet. — Assignation donnée à M. de Fimarcon à comparoir à la chambre de l'Edit à Nérac, sur l'appel d'un apointement du sénéchal de Condom fait par le sieur de Lavile.

1607, 31 janvier. — Arrêt de Bordeaux qui ordonne que M. de Fimarcon, en conséquence du don et cession du droit de prélation à lui fait par la reine Marguerite, retiendra par puissance de fief la seigneurie d'Astaffort. 41 C 51 J.

1607, 3 mars. — Arrêt de la chambre de l'édit de Nérac entre M. de Fimarcon et de la dlle de Pardeillan. 18 K.

1607, 18 mars. — Procuration faite par M. le marquis de Fimarcon pour rendre hommage d'Astaffort. 41 H.

1607. — Acte portant paiement de la somme de 500 livres à M. de Breit par Marguerite d'Ornézan, dame de Fimarcon qui demeure subrogée à l'hypothèque du sieur de Breit sur la seigneurie d'Astaffort. 51 X.

1608, 4 février. — Transaction passée entre Messire Amalric de Narbonne et les consuls, manans et habitants du lieu de Castelnau. 16 X.

1609, 15 janvier. — Bail à ferme de marquisat de Fimarcon, par messire Amalric de Narbonne en faveur du sieur Pierre Dathie, marchand de la ville de Bordeaux. 52 Z.

1611. — Arrêt de Bordeaux entre M. de Fimarcon, Michel Bédès et Louis Caillous, concernant l'élection consulaire du Mas, 13 T.

1612, 1er septembre. — Commission du parlement de Bordeaux pour M. de Fimarcon contre le syndic du chapitre de La Romieu. 35 F.

1612, septembre. — Certificat de la perte de la production que M. l'avocat général avait dressé au procès d'entre M. de Fimarcon et ceux de La Romieu. 34 T.

1612, 20 novembre. — Arrêt de Bordeaux entre M. de Fimarcon et le chapitre de La Romieu qui renouvelle le délai pour faire preuves et enquêtes. 31 G.

1612, 12 décembre. — Cahier de douze déclarations faites par les principaux gentilshommes et habitants de La Romieu qu'ils n'entendent ni ne veulent plaider avec M. de Fimarcon. 41 R.

1612. — Procédure faite devant M. de Montaigne, entre la reine Marguerite et M. de Fimarcon, de laquelle il résulte que le dit sieur de Fimarcon fut déchargé des lods et vente de la seigneurie d'Astaffort, attendu que la reine Marguerite lui avait auparavant cédé le droit de prélation. 41 K.

1613 1er avril. — Arrêt de Bordeaux entre M. de Fimarcon et le syndic du chapitre de La Romieu et autres, qui met pièces et congédie les arrêts. 35 Z.

1613, 16 juin. — Arrêt de Bordeaux entre Jean Rivière procureur juridictionnel du marquis de Fimarcon et le syndic des consuls et du chapitre de La Romieu, qui condamne ces derniers aux dépens d'une exécution de cour 35 B.

1643, 25 août. — Arrêt de jonction de certains incidents au procès principal, rendu à Bordeaux entre M. de Fimarcon et le syndic du chapitre de l'Eglise et des consuls de La Romieu. 34 N.

1613, 7 septembre. — Commission donnée aux sénéchaux d'Agen et de Condom, à la requête de M. de Fimarcon et autres pour procéder aux enquêtes, par arrêt du 7 septembre 1613. 36 X.

1614, 12 janvier. — Accord entre la dame de Pardeilhan et Messire Amalric de Narbonne portant relâchement de droits. 25 Y.

1614, 5 avril. — Quittance de 500 livres par M. de Breil, en faveur de M. de Fimarcon. 46 O.

1614, 8 juin. — Consultation de deux avocats de Bordeaux

touchant la seigneurie de La Romieu appartenant à M. le marquis de Fimarcon. 34 Z.

1614, 13 août. — Rachat de la terre de Castelnau par M. de Fimarcon à M. de Magnaul. 48 S.

1614, 25 août. — Transaction entre le sieur de Roquépine, Pouy-Carréjélard et les consuls de Pouy-Carréjélard, par laquelle le sieur affranchit ses biens des tailles et impositions en vertu de l'hommage et dénombrement qu'il fait au seigneur marquis de Fimarcon, homologué au parlement le 25 août 1614, et autre arrêt de confirmation de la dite transaction datée du 20 mars 1625. 8 O.

1614, 15 octobre. — Arrêt du conseil privé entre la reine Marguerite et M. de Fimarcon qui renvoie les parties au parlement. 34 C.

1614, 15 octobre. — Arrêt du conseil privé portant renvoi du procès de La Romieu au parlement de Bordeaux. 40 B.

1616, 15 octobre. — Arrêt du conseil privé portant renvoi du procès de La Romieu au parlement de Bordeaux. 40 B.

16 14, 22 octobre. — Commission prise par le parlement à la requête de M. de Fimarcon. 34 H.

1615, 20 janvier. — Procuration de Messire Amalric de Narbonne pour la poursuite du procès au conseil du roy contre les consuls et le chapitre de La Romieu. 35 A.

1615, 29 août. — Arrêt de renvoi au parlement de Bordeaux entre M. de Fimarcon et le syndic du chapitre de La Romieu. 39 M, 40 C.

1615, 19 août. — Déclaration et tache de dépens pour M. de Fimarcon contre le syndic du chapitre et habitants de La Romieu. 35 H.

1615, 9 novembre. — Saisie faite à la requête de M. de Fimarcon contre le syndic du chapitre de La Romieu.

Quinze pièces du procès d'entre la reine Marguerite, M. de Fimarcon, le chapitre et les consuls de La Romieu sur le fait de la seigneurie du dit lieu.

1616, 15 mars. — Procès verbal dressé par M. le procureur général de Condom à cause du refus que faisaient les habitants de La Romieu d'obéir à une ordonnance de Mgr le gouverneur de la province. 37 V.

1616, 10 juin. — Acquisition de la moitié de Roquépine par M. d'Ancas au sieur de Marin. 28 S.

1616 19 septembre. — Contrat de vente de la terre et seigneurie de Blaziert sous faculté de rachat, par Messire Amalric de Narbonne à Messire Bernard de Cassagnet. 28 O, 41 S

1616, 28 octobre. — Arrêt de main levée des fruits saisis au chapitre de La Romieu à la requête de M. le marquis de Fimarcon. 35 X.

1618, 28 janvier. — Transaction entre M. le marquis de Fimarcon, le syndic du chapitre de La Romieu, les consuls et les habitants du même lieu, sur le procès qu'ils avaient au parlement de Bordeaux. 34 K.

1618 19 juillet. — Contrat d'accord entre M. de Fimarcon et Mme la comtesse de Rieu portant revente de la place de Castelnau. 48 D.

1618, 19 juillet. — Contrat d'accord de la seigneurie de Castelnau fait par M. le marquis de Fimarcon à M. le comte de Rieux. 23 V.

1619, 25 mai. — Compromis, procès verbal d'arbitres et actes de sommation à nommer un tiers pour Messire Amalric de Narbonne, contre Mlle Brandelize de Narbonne, dame de Flamarens, sa tante. 39 A.

1619, 12 juin. — Inventaire des meubles et effets du château de Lagarde à l'occasion d'un incendie. 62 L.

1620, 30 janvier. — Accord entre Messire Amalric de Narbonne, marquis de Fimarcon, et Messire Jean Bernard de Biran, seigneur de Goas et Lamothe au sujet de la justice et hommage de Lamothe. 27 B.

1621 2 février. — Transaction entre M. de Fimarcon et les communautés du Mas et du Sempuy au sujet des limites des deux juridictions. 26 Q.

1621, 24 avril, 7 mai et 17 juillet. — Dénombrement fait par M. de Fimarcon devant le sénéchal de Condom. 40 H.

HECTOR

1623 19 février. — Délibération du chapitre de La Romieu concernant des ornements de velour noir que la dame Marguerite de Fimarcon avait donnés à la dite Eglise. 34 L.

1623, 25 avril. — Délibération du chapitre de La Romieu aux fins de faire homologuer un accord fait entre M. le marquis de Fimarcon et le dit chapitre sur la requête civile présentée au parlement de Bordeaux. 35 R.

1624, 2 mars. — Transaction d'entre noble Paul-Antoine de Cassagnet et Gabriel de Cassagnet son frère. 14 N.

1625, 8 mars. — Commission pour M. de Fimarcon sur des contestations avec le chapitre de La Romieu. 37 P.

1625, 14 mai. — Contrat de mariage entre Messire Paul-Antoine de Cassagnet et Tilladet et dll. Paule-Françoise de Narbonne. 9 O.

1527 1er juin. — Enquête de ressomption des témoins huméraires du testament de dame Marguerite d'Ornézan, marquise de Fimarcon.

CHARLES

1628, 25 décembre. — Transaction passée entre M. de Fimarcon et Mme du Tilladet.

1629, 2 août. — Quittance de bijoux et pierreries reçues par la dlle du Chatelet de M. de Fimarcon. 31 P.

PAUL-ANTOINE

1631, 20 mars. — Accord d'entre Paule-Françoise de Narbonne, marquise de Fimarcon et dame Gabrielle du Chatelet, veuve de Messire Charles de Narbonne, marquis de Fimarcon. 14 B.

1633, 7 janvier. — Enquête faite devant le juge bailly pour le roy et le seigneur de Fimarcon dans la ville et juridiction d'Astaffort, touchant les élections consulaires et les exercices de la juridiction basse et criminelle du dit Astaffort. 51 M.

1693, 15 mars. — Signification d'arrêt de Bordeaux à la requête des consuls d'Astaffort contre M. de Fimarcon. 51 M.

1633, 13 juin. — Contrat d'engagement de la seigneurie de Seysses, fait par la dame de Narbonne au profit de la dame du Chatelet, pour lui tenir lieu des intérêts qui lui étaient dus. 31 Q.

1633, 18 août. — Exploit de signification et arrêt de la cour des Aydes qui confirme M. de Fimarcon dans le droit de nommer les consuls d'Astaffort. 51 M.

163. — Consultation faite à Paris, signée Gaulier, contre la dame Gabrielle du Chatelet douairière de Fimarcon. 39 C.

1635, 1er mars. — Jugement des Requêtes du Palais en faveur du seigneur et dame de Fimarcon, en paiement des droits seigneuriaux, contre les consuls et habitants, possesseurs et bientenants de la ville et juridiction d'Astaffort. 51 J.

1637, 10 mars. — Arrêt de la cour des aydes de Guienne, sur la requête des consuls et syndics du marquisat de Fimarcon, par lequel il est ordonné que les parties seraient plus amplement ouïes, et, cependant, fait inhibition et défense au lieutenant général, élus et consuls de Condom de donner au dit marquisait plus que la neuvième partie des impositions de la sénéchaussée de Condomois. 61 G.

1637, 26 avril. — Vente de la Salle du Tilladet faite par M. de Fimarcon à M. de Birac. 31 M.

1637, 9 juin. — Acte de protestation du syndic des communautés de la sénéchaussée de Condomois, concernant l'assiette et les départements des tailles. 61 II.

1637, 28 juin. — Arrêt de remise en audience entre le syndic et les habitants du marquisat de Fimarcon et le syndic et les habitants de Condom. 61 K.

1637, 10 juillet. — Arrêt de la cour des aydes à mettre pièces entre le syndic et les consuls de Condom et les syndic et les habitants du marquisat de Fimarcon. 61 T.

1638, 17 janvier. — Consultation des avocats de Bordeaux contre Mme la douairière de Fimarcon. 39 C.

1638, 27 avril. — Inventaire des pièces fait par le syndic et habitants du marquisat de Fimarcon dans le procès pendant au conseil privé contre les consuls de Condom. 61 H.

1638, 27 avril. — Certificat de remise au greffe des producductions du conseil du roy, par Thibault, pour le syndic et les habitants du marquisat de Fimarcon contre le syndic et les consuls de Condom. 61 M.

1638, 12 juillet. — Arrêt du conseil rendu entre le syndic et les habitants de la ville et sénéchaussée de Condom et les consuls et habitants du marquisat de Fimarcon, portant qu'il sera informé des faits contenus au procès et exploits donnés en conséquence. 61 N.

1642, 3 décembre. — Acte fait à l'agent de M. d'Ausargues co-seigneur d'Astaffort, par les consuls du dit lieu, de se trouver à la maison de ville pour faire les consuls. 44 C.

1643, 1er janvier. — Acte fait par M. de St-Félix, co-seigneur d'Astaffort, portant nomination d'un bayle d'honneur et de quatre consuls pour la ville d'Astffaort. 44 C.

1643, 22 juin. — Arrêt de Bordeaux sur le droit de nomination du bailli d'honneur et consuls d'Astaffort qu'ont les seigneurs de Fimarcon. 44 II.

1643, 20 août. — Exécution de dépens de la cour des aydes de Bordeaux, contre M. de St-Félix procureur général et la dâme son épouse. 44E.

1643, 20 août. — Acte fait par M. de Fimarcon aux consuls d'Astaffort pour faire l'élection consulaire avec la réponse des dits consuls. 44 II.

1643, 17 novembre. — Accord entre M. de Fimarcon et M. de St-Félix, co-seigneur d'Astaffort sur les contestations qu'ils avaient touchant le droit de seigneurie. 44 K.

Dénombrement des biens que M. d'Ausargues, procureur général au parlement de Toulouse possède dans la ville et juridiction d'Astaffort. 44 J.

1645, 9 juin. — Reconnaissance de goazis sur les dîmes inféodées que le marquis de Fimarcon jouit dans Astaffort et lieux circonvoisins, faits à M. l'archidiacre de Bruilhois, sous la redevance annuelle de deux cartals bled et deux cartals avoine. 44 D.

1646, 3 juillet. — Transaction d'entre M. et Mme de Fimarcon et Mme du Chatelet d'Hocquincourt. 31 R.

1646, 6 juillet. — Quittance du paiement du sixième denier de la finance du domaine d'Astaffort payé par Mme d'Ausargues. 41 V.

1647, 11 et 14 janvier. — Consentement de M. de Fimarcon pour les arrérages de tailles prétendus par les consuls d'Astaffort aux fins qu'il en dispose comme il avisera. 51 L.

1647, 13 janvier. — Délibération de la communauté de Blaziert pour laquelle les délibérants députent les consuls pour se transporter à Paris vers M. de Fimarcon, pour lui demander de leur continuer ses bonnes affections aux fins d'obtenir un arrêt du conseil privé contre les consuls de Condom. 47 Q.

1647, 18 juillet. — Requête de M. de Fimarcon, tendant au déboutement de l'opposition formée par Mme d'Ausargues à l'adjudication qui devait être faite à M. de Fimarcon d'une partie d'Astaffort. 42 S.

1647, 2 septembre. — Engagement de la portion de la seigneurie d'Astaffort qui appartenait au roy fait au profit de M. de Fimarcon. 41 T.

1647, 23 septembre. — Brevet du roy qui fixe le rang du
du régiment d'Anjou. 7 A.

1649, 3 juillet. — Hommage rendu au roy devant MM. les
trésoriers de France à Bordeaux par M. le Marquis de Fimarcon. 5 L.

1654. — Contrat de mariage entre Jean Charles du Bouzet,
marquis de Marin et dlle Marie Claire de Cassagnet de Fimarcon, fille de Messire Paul-Antoine de Cassagnet et de dame Paule-Françoise de Narbonne. 8 Z.

1655, 24 octobre. — Contrat de mariage entre haut et puissant seigneur, Messire Jean Jacques de Cassagnet de Narbonne, marquis de Fimarcon et dlle Marie-Angélique de Roquelaure. 11 C.

JEAN-JACQUES

1664, 24 mars. — Délibération du chapitre de La Romieu et
acte du même chapitre, par lequel il est arrêté qu'n sera
sonné le chante-pleure pendant quarante jours à partir de
la mort de M. de Fimarcon. 36 G, 40 G.

1664, 25 avril. — Information faite par l'officiel de Condom
contre quelques chanoines de La Romieu avec décret d'ajournement. 37 H.

1664, 20 juillet. — Cahier d'interdit et information contre
M. le doyen de La Romieu et autres chanoines et exploits
faits en conséquence. 36 T.

1664, 6 décembre. — Transaction sur procès passée entre
M. le marquis de Fimarcon et M. du Bouzet de Roquépine,
co-seigneur de Carréjelard, par laquelle le dit sieur de Roquépine, reconnait que la seigneurie et juridiction de Roquépine relève immédiatement du marquisat de Fimarcon, en
tant que les justiciables de la dite juridiction de Roquépine,
relèvent par appellation devant le juge des appeaux de Fimarcon. La dite transaction contient encore l'hommage par
le sieur de Roquépine au sieur et dame de Fimarcon. 62 B.

1665, 15 février. — Transaction d'entre Messire Jean-Jacques de Cassagnet, marquis de Fimarcon, et Mons, l'évêque
de Lectoure, la dite transaction portant relachement en faveur du dit sieur évêque de la dime de Blaziert. 14 C.

1665, 25 juillet. — Afferme du domaine d'Astaffort en faveur de Jean Tourné. 41 Y.

1665, 25 décembre. — Délibération capitulaire du chapitre de La Romieu contre M. de Lescout chanoine. 37 G.

1667, 19 octobre. — Arrêt du conseil privé du roy d'entre Messire Jean-Jacques de Cassagnet et M. François de Lescout de Guilloutet chanoine. 18 A.

1667, 19 octobre. — Lettre d'attribution de juridiction pour le parlement de Toulouse dans le procès de M. de Fimarcon, contre M. de Lescout, chanoine de La Romieu. 35 J.

1670, 24 novembre. — Achat de la métairie de Bidou fait par les religieuses de La Romieu. 36 C.

1671. — Arrêt de la chambre des comptes qui reçoit M. de Fimarcon opposant à l'hommage que le sieur de Pouy voulait faire à la dite chambre.

1678, 9 novembre. — Testament de dame Angélique de Roquelaure marquise de Fimarcon. 16 D.

1680, 1er février. — Commission du sénéchal de Condom pour M. de Fimarcon pour assigner les feudataires d'Astaffort. 42 X.

1685, 11 octobre. — Transaction passée entre M. de Fimarcon et les habitants de La Romieu concernant la nomination des consuls de la chasse. 34 M.

1687, 31 janvier. — Acte de sommation fait à la requête de M. de Fimarcon au syndic du chapitre de La Romieu. 35 O.

1697. — Requête pour M. de Fimarcon avec l'ordonnance du sénéchal de Condom, portant défense de sonner à La Romieu la chante-pleure pour M. d'Aux. 35 K.

1700, 18 novembre. — Appointement du sénéchal de Condom entre M. de Fimarcon et les dames religieuses de La Romieu qui condamne les dites dames à payer les lods et ventes de la maiérie de Bidon et à donner à M. de Fimarcon homme vivant et mourant. 36 D.

1701, 9 novembre. — Lettres de règlement de juges pour M. de Fimarcon contre le sieur Salabert syndic du chapitre de La Romieu.

1701, 7 décembre. — Exploit de lettres en règlement de juges pour M. de Fimarcon, portant permission d'assigner M. d'Auch au conseil. 40 F.

1702, 29 décembre. — Requête présentée par M. de Fimarcon à M. de la Bourdonnaye, intendant, concernant le greffe de La Romieu. 36 F.

1703, 20 juin. — Ordonnance de Monseigneur de La Bourdonnaye intendant de Bordeaux, ~~qui~~ sur les contestations du greffe d'Astaffort entre M. de Fimarcon et le sieur Poulin qui renvoie les parties au conseil. 40 S.

JACQUES

1708, 20 avril. — Compromis entre M. de Fimarcon, ses frères, et ses sœurs. 32 A.

1708, 19 décembre. — Transaction passée entre Messire Charles de Cassagnet-Tilladet de Narbonne comte de Fimarcon, et Messire Bernard de Lary, comte de Latour. 17 D.

1709, 21 mai. — Transaction entre Messire de Cassagnet-Tilladet-Narbonne et les religieuses du tiers ordre de St-François de Miramont-Latour. 17 J.

1710, 1er février. — Avis de M. de Caussade, avocat au parlement de Toulouse, sur l'élection consulaire de La Romieu. 37 A.

1710, 20 octobre. — Ordonnance de Monseigneur Lamoignon concernant l'élection consulaire de La Romieu. 36 N.

1710, 4 novembre. — Signification de la jurade de La Romieu concernant l'élection consulaire de cette ville, portant que la liste sera présentée à M. de Fimarcon pour faire le choix. 37 B.

1737, 15 septembre. — Arrêt rendu à Toulouse par les commissaires nommés par le roi, d'entre M. le marquis de Fimarcon, Mme de Polastron et autres. 18 V.

1729, 21 juillet et 17 octobre. — Actes de protestation faits aux consuls d'Astaffort à la requête du procureur juridictionnel concernant le greffe d'Astaffort. 40 O et 40 P.

1730, 20 décembre. — Ordonnance de M. de Boucher, portant injonction aux consuls d'Astaffort de remettre le registre des délibérations à Azam, secrétaire de la ville et au dit Azam d'en délivrer des extraits à M. de Fimarcon 40 K.

XIV

Extrait de l'inventaire du château de Caussens
Fait en Février 1708 par Louis Dupleix sieur d'Ansoulès

1285. — Extrait d'une pancarte quy contient les hommages dénombrements, et reconnaissances qu'avait faits à Edouard roy d'Angleterre et duc de Guyenne les nobles d'Agenais et Condomois de l'an mil deux cent quatre vingt-cinq. 2 B.

1287. — Testament de messire Bézian de Blaziert portant substitution en faveur de M. de Fimarcon. JJ.

1347, 7 may. — Transaction passée entre la communauté de Condom, le seigneur évêque et le seigneur de Fimarcon, pour raison de la justice haute, moyenne et basse, mère, mixte et impaire et tous les autres droits en dépendant qui appartiennent au roy, à l'évêque, à la ville et au dit seigneur de Fimarcon. Cinq sols morlans et vingt deniers morlans. Ecrite en latin du 3 mai 3174, collationée par les sieurs consuls de Condom, le 26 août 1648. 5. O.

Preduction faite par Messire Hector de Narbonne devant le parlement de Bordeaux contre Jean et Pons du Bouzet, Charles et Charlotte de Monlezun, et François de Patras, seigneur des fiefs et terres de Roquépine, Pouy, Berrac et Ligardes, les manants et habitants des dits lieux et Messire François d'Esparbès de Lussan, d'Aubaterre. 9 L.

1636, 30 mars et 2 avril. — Copie de transaction passée entre Messire Paul-Antoine de Cassagnet, seigneur marquis de Fimarcon, les consuls et les habitants d'Astaffort, sur la faction et création des consuls à l'avenir CCG.

1688, 19 décembre. — Commission du roy qui commet et députe MM. les ducs de St-Simon et de Montauzier pour faire l'épreuve de l'ordre de chevalier du St-Esprit pour Jean-Baptiste de Cassagnet Tilladet, capitaine colonnel des cent Suisses. PP.

TABLE DES MATIÈRES

9 782019 938659